南方启航

叶曙明 ◎ 著

从『南海Ⅰ号』看海上丝绸之路

SPM 南方传媒 | 花城出版社　广东教育出版社

中国·广州

图书在版编目（CIP）数据

南方启航：从"南海I号"看海上丝绸之路 / 叶曙明著. -- 广州：花城出版社：广东教育出版社，2024.5
ISBN 978-7-5749-0250-3

Ⅰ. ①南… Ⅱ. ①叶… Ⅲ. ①南海－沉船－考古发掘－阳江－宋代②海上运输－丝绸之路－历史－中国 Ⅳ. ①K875.35②K203

中国国家版本馆CIP数据核字(2024)第101246号

出 版 人：张 懿 朱文清
策划编辑：陈宾杰 夏 丰
责任编辑：王铮锴 刘 帅
责任校对：卢凯婷
技术编辑：凌春梅
封面设计：水玉娘文化
插 画：李巧巧

书 名 南方启航：从"南海I号"看海上丝绸之路
NANFANG QIHANG: CONG NANHAI I HAO KAN HAISHANG SICHOU ZHI LU
出版发行 花城出版社
（广州市环市东路水荫路11号）
经 销 全国新华书店
印 刷 广州市岭美文化科技有限公司
（广州市荔湾区花地大道南海南工商贸易区A幢）
开 本 880毫米×1230毫米 32开
印 张 10.5 2插页
字 数 235,000字
版 次 2024年5月第1版 2024年5月第1次印刷
定 价 68.00元

目录

序章　　怒海沉船　　　　　　　　　　　　[001]

第一章　魂兮归来　　　　　　　　　　　　[007]
　　　　第一节　偶然相遇　　　　　　　　[009]
　　　　第二节　海底的呼唤　　　　　　　[019]
　　　　第三节　十里银滩水晶宫　　　　　[034]
　　　　第四节　重睹天日　　　　　　　　[042]
　　　　第五节　入宫与试掘　　　　　　　[057]
　　　　第六节　步步深入见真容　　　　　[068]

第二章　梦萦丝路　　　　　　　　　　　　[079]
　　　　第一节　千年的风帆　　　　　　　[081]
　　　　第二节　大唐蕃汉万家　　　　　　[098]
　　　　第三节　两宋唯广最盛　　　　　　[108]
　　　　第四节　船上的日子　　　　　　　[119]
　　　　第五节　恰有一万青铜钱　　　　　[133]
　　　　第六节　白银与黄金　　　　　　　[145]
　　　　第七节　穿金戴银的人　　　　　　[154]
　　　　第八节　丝绸是永恒传奇　　　　　[164]

第三章　**器物之光**　　　　　　　|177|

第一节　名瓷初闪耀　　　|179|

第二节　世界为之陶醉　　|192|

第三节　一瓯春雪　　　　|201|

第四节　看不尽的缤纷　　|212|

第五节　漆器震撼　　　　|226|

第六节　罐中乾坤大　　　|236|

第四章　**千古船说**　　　　　　　|251|

第一节　是广船还是福船　|253|

第二节　问君何处来　　　|266|

第三节　海上生死劫　　　|278|

第四节　希望在民间　　　|286|

第五节　越洋过海中国风　|295|

第六节　芳香流韵长存　　|305|

终章　**帆正高扬**　　　　　　　　|319|

怒
海
沉
船

大海起风了。

风力逐渐增强，海面上的巨浪，有如一排排山丘，破空而起，直扑向漆黑的云层，骤然迸碎，四散沉落，然后又涌起一排排新的巨浪，仿佛古生代岩浆的喷涌与沉积，地层的挤压与断裂，群山的形成与消失，地球亿万年地质演变的景象，都在刹那间浓缩呈现，天地如此壮阔，如此苍凉。

这是南宋孝宗淳熙十年，公元1183年深秋的南海。

一艘孤独的远洋帆船在海上颠簸着，挣扎着，船头不断翘出水面，又猛然沉入浪谷。这艘船满载着陶瓷器、铜器和铁器。在狂暴的大海面前，渺小得简直像一片木屑。风猛烈撞击着布帆和利篷①，发出火炮般的爆响。船工们忙着把桅杆放倒，避免大帆被风吹坏。死灰色的海水夹着豪雨，鼓足劲冲上甲板，直灌入船舱，大有不把它吞没不罢休之势。船工们努力挽救这艘被厄运击中的船，但这是一场力量悬殊、胜负早定的对抗。海水肆无忌惮地钻进每个陶罐、瓷盆的缝隙，填满每寸空间，把它们变得如有千钧之重。在狂风与怒涛中，船头每次翘出水面，都比上一次要艰难，每次沉入浪谷，都比上一次要沉得更深。

海上一片漆黑，什么也看不到。这时船与陆地相隔十几海里，却如隔万重山，北侧是新会、阳江的海岸，附近海域有不少岛屿，这艘船刚从川山群岛边上驶过，但回不去了。所有看似可以救命的陆地与海岛，都消失无踪，只有无边的巨浪，排头打来，折断舵杆，船身发出令人毛骨悚然的嘎嘎声。船上不时有人被浪卷入海里，连一声惊呼都来不及发出。

新会在曹魏黄初三年（222）设县，初名平夷县，西晋咸宁六年（280）更名为新夷县，隋开皇十年（590）设

① "利篷"是用竹编织成的船帆。

封州和新会县。明弘治十二年（1499），从新会县划出德行都、文章都、平康都等，设立新宁县，即今台山市。清同治朝《广东图说》描述其临海地理环境："县南海中有上川洲、下川洲，洲中山上产香蜡竹藤，山下有盐田，土人煎盐为业。海船可以寄碇。中为黄麖门、琵琶洲、观鱼洲、平洲，西为南澳洲，又西北为潯洲，地最险阻，凤为盗薮。又西为葛洲山，又西南为大镬、二镬、黄埕、南蓬山。"

阳江是粤西重镇，扼广州通往印度洋航线的要冲，东部、西部和北部群山环抱，南面濒临大海，与海陵岛隔水相望。这一带海域分布着众多岛屿和海湾，有渔村、港口、集市，很适合远洋船只停泊、避风和补给。北津港居漠阳江入海口。清道光朝《阳江县志》记载："大海在北津外，一望无际，南转而东，可由上下川内外以达广惠潮州；南转而西，可由海陵内外以达高雷琼州，故阳江海防北津为要。"闸坡港在海陵岛上。民国《阳江志》记载："又有闸坡市，商务为邑中各澳之冠，商里栉比，店铺三百余间。渔船云集，四百余艘。港口面西北方，广五六十丈，深三丈余……形势弯抱，可以避风，盖全邑最良之港湾也。"东平港在东平镇，"常有帆船数百艘湾泊……自新宁大金门上下川等处航海西来，则大澳与此为必经之路"。

由于气候和土质原因，阳江农业并不发达，直到宋代还有很多荒地。两宋时期，盐、酒、茶、矾、铁、煤、香料、宝货等，都曾被列为禁榷。民间虽然可以制盐，但不准随便销售，只准卖给官府，价格、运输、销售，都由官定、官营，盐户难以生存，纷纷逃亡。《宋会要辑稿》记载，南宋淳熙八年（1181），"广西高、雷、廉、化、钦州诸郡，人烟萧条，亭户（制盐户）煎输官已极困悴"。

阳江人以打渔和海运为业，因此造船业比较发达，能够建造较大型的运输船和渔船。围绕着渔业、海运和造船业，各种织篷、打铁、烧壳灰、刨竹丝、熬桐油、打绳缆、织渔网、搬运、木匠等行业，赖以生存，形成共生关系。也许因为见惯了放洋的海船，这里的男人都怀有一颗海洋之心，向往出门，向往大海。

北宋朱彧在宣和年间（1119—1125）撰写的《萍洲可谈》描述："广州自小海至溽洲七百里，溽洲有望舶巡检司，谓之一望。稍北又有第二、第三望，过溽洲则沧溟矣。商船去时，至溽洲少需以诀，然后解去，谓之放洋。还至溽洲，则相庆贺，寨兵有酒肉之馈，并防护赴广州。"溽洲在今台山广海镇附近地区（宋时属新会县），是从广州赴南洋和印度洋的最后一道门户，海船到这里都会停泊，稍事休整，补充给养，然后重新扬帆。过了溽洲，就是川山群岛，与阳江的南鹏群岛遥遥相望，再往西去，就算真正"放洋"了。前方有什么在等着他们，谁也无法预测。回航时到达溽洲，意味着最凶险的旅程即将结束，巡检司会安排酒菜，招待船员。大家欢呼雀跃，饮酒庆贺。

但这艘在风暴中挣扎的船，不会再有这样的机会了。

此时此刻，船上所有人对走出风暴已不抱希望。十几天前，他们还在广州城里，市舶司在海山楼设宴款待纲首和全体水手，大碗喝酒，大块吃肉，何等畅快。那是个美好的傍晚，窗外就是珠江，朝朝暮暮，奔流不息，阳光下泛着梦幻般的粼粼波光，片片江帆徐徐而过；远处是果林茶园，稻浪翻波，素馨如雪，水乡渔市，万家烟火；近处江边人来人往，有的挑着水桶汲水，有的往船上装货，有的在系缆，有的在扯帆，不知从哪里传来小贩的高声叫卖、工匠的敲敲打打，人群的笑语喧哗；无数不起眼的熟悉景象，诸如街道两旁的鱼栏、桨栏、油栏、咸虾栏、海味栏，空气里的鱼腥味，被夕阳镀上金黄色的成片房顶，依稀可闻的咸水歌声……都是那么和善、宽厚、亲切、安详，让人感到愉悦而舒坦。

这一切已恍如隔世。本来还有很多路要走，还有很多地方要去，船上还有很多酒没来得及饮，但是遇到了这场风暴，结局遽然提前降临。当海水凶猛地灌进船舱时，他们不禁会想，那些明媚、安谧的黄昏，是否真的存在过？

船开始往下沉，四周突然安静下来了。就好像一个疲倦到极点的人，虽然努力保持清醒，但最终还是合上双眼，沉入梦乡。每年消失在海上的船只太多，埋骨海底的人，来者千千，去者万万。当无边黑暗扑面而来的那一瞬间，他们是否还记得上一次见到琵琶洲①岸影、见到坡山翠塔②的导航灯光是什么时候？是否还记得出发前拜祭海神的缕缕香火？是否还记得在晨雾中渐行渐远的广州城楼？

再见了，明天的太阳……

再见了，回不去的家乡……

波谲云诡的大海，风暴、洋流、海盗、断粮、断水、疾病、迷航，无数生死关头，在前方排着队等候过海的人，随便一样都足以把他们推入不归路，就像这艘陷在风暴中的船。本来，祖祖辈辈在海上讨生活的人，对潮汐如何变化，什么时候会起风，洋流会流向哪里，应该了然于胸，从海浪的声响、海水颜色的变化，甚至嗅一嗅海风的味道，也可以判断未来的天气是否合适出海。为什么这艘船会被狂风的利爪死死擒住而无法脱身？是火长对天气的误判？是风暴来得太突然？还是有什么让船无法泊岸避风

① "琵琶洲"即今广州琶洲，古时海舶自狮子洋入，见琶洲即知已到广州。

② "翠塔"即广州怀圣寺光塔，塔顶夜燃灯火为船导航。

的原因？有些谜团永远解不开，只能叹一声天意从来高难问。

不知过了多久，风暴终于疲倦了、退却了。曾经排山倒海的浪涛，忽然转换表情，变得像白瓷一样纯净，像绸缎一样柔和，在微风中起伏有致，浅唱轻吟。晨曦徐徐增长，如同清澈的溪水，与空气融为一体，和谐一致。大海的盛典已经结束。一望无际的海面，现在连一艘船的影子也没有，只有海鸟在远处飞翔、尖叫。

天空还是那么湛蓝，大海还是那么浩旷，日月星辰，万古常在。但一艘在史籍上找不到任何记载的船，就这么无声无息消失了。"人生到处知何似，应似飞鸿踏雪泥"，但偌大一艘船，却没有留下半点雪泥鸿迹。再也没有人记得，它从哪个港口出发？准备到哪里去？船上都有些什么人？有多少人？有逃出生天的吗？甚至这世上到底有没有过这样一艘船？都无人可以解答。就连他们的妻儿老小，可能也以为他们只是"住蕃"①难返，而不是葬身鱼腹，期盼有一天他们会突然出现在家门口，"赚得金银成万两，返来起屋兼买田"呢。

然而，他们是回不来了。但也许并未真正消失，哪怕沧海变桑田，他们仍苦守在大海深处，那一缕不散的魂魄，依然希望，在某年某月某日，在某种机缘巧合的安排下，会有人再次发现他们，找到他们。到那时，他们将大声告诉发现者，他们来过，他们在此。

---

① "住蕃"指过洋的华人长住外国，即早期"华侨"。

第一章

魂
兮
归
来

偶然相遇

这是1987年7月的一天，骄阳似火，天空亮得刺眼，镶嵌着几朵凝然不动的云彩。带盐味的海风轻轻吟唱。大海看上去比以往任何时候都更加碧蓝，宛如一片人迹罕至的仙乡。广州救助打捞局穗救207轮，领着一批中国海洋工作者与英国海洋探测打捞公司人员，正在珠江口以西189千米的阳江东平镇对开海域，展开一趟"寻宝之旅"。

这家英国公司根据历史文献资料，判断荷兰东印度公司商船莱茵堡号，1772年就沉没在这一带海域。据说船上装载着385.5吨锡锭和六箱白银，这是一笔可观的财富。不过，按照中国政府的沉船打捞管理办法，在中国海域内进行沉船勘测和打捞，必须由交通部专业打捞机构负责。南海方面，主要就是广州救助打捞局。于是英国公司与广州救助打捞局谈判，双方签订了合同，一起打捞莱茵堡号。

当轮船经过江门川山群岛和阳江南鹏群岛时，可以看到海上屹立着大小两块巨石，大者名大帆石（又称东帆），小者名小帆石（又称帆仔），远望像两张吃满了风的船帆。这个标志太明显了。

英国人兴奋地嚷着："到了，应该是这里！"

中英联合探测队在附近小岛架设定位仪，划分测量区域，建立探测坐标，然后利用侧扫声呐、金属探测仪等设备，对距离大小帆石约1500米处的海底进行反复搜寻，但就是没有莱茵堡号沉船的踪影。半个月过去了，还是一无所获。

这个结果令人有点沮丧。直到20多天后，侧扫声呐收到的返回声波显示，在海底24米深处，发现一个体积不大的凸起物，有可能是一艘沉船。这个位置的西北方是南鹏岛、黄程（埕）山、二镬岛和大镬岛；距离台山上川岛9海里、距离阳江东平镇15海里，距离海陵岛38海里，靠近外海海域，属台山管辖。

英方人员对此不以为意，认为凸起物太小，不会是莱茵堡号，不想为此浪费时间。但中方的现场总指挥坚持要看个究竟。这时拖船已驶离了那个发现凸起物的位置，总指挥要求把船倒回去，派潜水员下海。

究竟是什么令中方人员如此执着？既然英方人员已判断不是他们要寻找的沉船，为什么中方还要坚持？仅仅是无缘由的灵光一闪，还是冥冥中听到了某种召唤？事后也曾有人这样问中方人员，但谁也解释不清。

这天大海风平浪静。人们站立在甲板上，等候潜水员回来。放眼四顾，除了千重波澜，大海空无一物，长天澄净透明。但海底却恰恰相反，潜水员在潜到10米之前，能见度还有5米，海里鱼儿成群，黄立鲳、黄鸡、大沙尖、黑鲷、白鲳、海蛇、石九公、唱歌婆、哨牙妹、梭罗，凡叫得出名的，仿佛都聚到这里了，畅快地你追我逐，构成一幅五光十色的海底世界图画。但愈往下潜，海水愈浑浊，布满泥沙和海洋生物形成的悬浮物，能见度极低，下潜到18米深度时，已经是一片混沌，能见度接近于零了。

在大海里，每下沉10米就增加一个标准大气压。空气压力高于正常气压时，人体血液和组织中的氮就会高度浓缩；当压力快速减低时，人体血液中的氮气会以气体的形式释放出来，在血液中形成气栓甚至造成血液沸腾，严重时会危及生命。因此，如果是不减压潜水，潜水员一次停留时间，大概只能坚持25到35分钟。

不久潜水员返回水面了，报告说凸起物是一块严重胶结的物体，大约两米长，判断不出性质，所以抠了一块带回来。大家仔细辨认，觉得是一块加工过的朽木，更加证明是一艘沉船。但它是中国的还是外国的？是古代的还是近现代的？有没有打捞价值？这些都不得而知，于是人们决定用抓斗捞些东西上来看看。

成吨重的抓斗沉入海底，挖出了一斗烂泥。人们用水枪冲开泥沙，一截木头出现了，好像是船的桅杆，还有大量碎瓷片，可能是被抓斗挤压烂的，颇为可惜。其中一件瓷器抹去泥污后，底部露出"郑知客"三字，不知是什么意思。

这时，有东西在阳光下闪了一下，又闪了一下。眼尖的人把它捡起来，看似一条长长的金属链子。后面还有一段埋在烂泥里。于是小心翼翼再拉出一点，后面还有；再拉出一点，后面还有；再拉出一点……最后竟拉出一条172厘米长的金链子。人们喜出望外。"是项链吗？""像是腰带喔。""中国人不会系这么长的金腰带，应该是外国人的。"大家议论纷纷。这条长得惊人的金链子，后来被证实是沉船上最重要的文物之一。它的造型风格不像是中国的，更像是东南亚、南亚，或者是西亚的。虽然大家对此也没有太

早期探摸时发现的金链子

多研究，只能留待专家去判断，但这个发现，让人们的精神大大振奋，因为预感到还有更多宝贝深藏在海底。

由于没有专业水下考古人员在场，人们从烂泥中只挑选了247件比较完好的文物，包括大金链子，还有一些瓷器、铜器、锡器、铁器、银锭、铜钱等，其他碎瓷片则重新倾倒回海里。这个举动后来让人们后悔不已，那些差点就要重见天日的物品，又沉回到漆黑荒凉的海底去了。

有幸被相中而保留下来的物品，被送到广东省文物管理委员会，国家文物鉴定委员会、广东省博物馆的专家，从各地赶来"会诊"。经初步鉴定，这些瓷器都是宋代的，来路复杂，有福建的德化窑、磁灶窑，浙江龙泉窑和江西景德镇窑，但没有官窑的瓷器。

由此推断，沉船应该是南宋或元初的一艘民间商船，但准确年份，暂时还无法断定，姑且称为"川山群岛海域宋元沉船"。

英国公司希望用抓斗再多捞些东西上来，但中方反对，因为这样可能会对沉船造成毁灭性破坏。这次中英合作，合同规定只限于打捞莱茵堡号，既然这艘沉船不是莱茵堡号，英方就不应参与，中方决定所有工作船与人员撤回广州。英方心有不甘，继续自筹资金，租用新加坡的潜水工程船腾佳号进行海底搜寻，但在下川岛附近转悠了两年，还是毫无头绪，最后资金耗尽，不得不黯然离去。

发现沉船以后，有将近两年时间不见任何动静，是不是考古人员把这事淡忘了？没有，他们一刻也没忘怀。到底要不要打捞这艘沉船？怎么打捞？一直是人们讨论的话题。在此之前，中国从未开展过水下考古，可谓毫无经验。国家文物局派了三位考古人员到欧洲和日本学习水下考古，还从国家文物局、中国历史博物馆、广东省博物馆、深圳博物馆、广东省文物管理委员会各自抽调人员，到广州潜水学校参加潜水培训班。

由于缺乏海洋的水下考古经验，需要向有经验的人学习。就在英国公司退场那一年，即1989年夏天，国家文物局委托中国历史博物馆与澳大利亚阿德莱德大学联合举办第一期中国水下考古培训班，一共有11位学员完成了潜水技术和水下考古调查，以及发掘、绘图摄影等技术课程，并到福建省连江县白礁I号沉船遗址进行考古实习。

中国水下考古，就从这里起步了。

北京的7月，差不多是一年中最炎热的月份。在中国历史博物馆馆长俞伟超的奔走撮合下，国家文物局在7月12日召开国家水下考古协调小组会议，确定中日合作进行南海沉船的调查与发掘工作。7月31日，中国历史博物馆与日本水中考古学研究所签订"合作进行南海沉船考古调查发掘"的意向书和协议书，并决定本年秋天进行第一次现场勘察。中方出资10万元，日方出资1000万日元，约合人民币30万元，作为这次调查的费用。

紧接着，双方共同组成学术委员会，负责指导南海沉船调查研究工作。中日双方对这次合作都非常重视，派出人员都是高规格的。主任委员是中国考古学会理事长苏秉琦，河北省高阳县人，1934年毕业于北平师范大学，开始从事历史研究工作，1983年出任文化部国家文物委员会委员，1983年担任北京大学考古系学术委员会委员。副主任委员是日本考古学会会长江上波夫，日本山口县人，1930年毕业于东京帝国大学，是著名的日本历史考古学家、中国北方游牧民族史学家，于1983年获日本天皇颁发"文化功劳者"称号。委员会成员还包括中方的宿白、徐苹芳、黄景略、俞伟超和日方的坪井清足、长谷部乐尔、田边昭三。

1989年11月，中日联合南海沉船水下考古调查队在广州成立。56岁的俞伟超担任队长。他是中国考古界的一个传奇，1933年生于上海，童年在乱世中度过，16岁考上北大历史系，21岁到中国科学院考古所工作，24岁回北大攻读研究生，毕业留校任教。身为一名考古专业的知识分子，置身在时代大潮的跌宕浮沉之中，他曾几经生关死劫，竟能绝路逢生，而保持初心不改，在学界留下"风骨俞伟超"之誉。他是秦汉考古学的重要开拓者，在新石器时代考古、楚文化研究、中国古史分期、商周礼制、早期佛教和道教等诸多考古学课题研究上，都有令人瞩目的成就。

　　考古队副队长是日本水中考古学研究所所长田边昭三。中方队员有张威、杨林、王军、刘童童、尚杰，日方队员有小山内恭一、后藤雅次、古崎伸、酒田裕次。日本朝日电视台还派出一个摄制组，随队出发，赴现场拍摄记录。考古队以广州救助打捞局的穗救205轮和穗救201轮作为工作船，并配备四名专业潜水员和一名潜水医生。

　　有经验的航海者知道，南海每年有两个时间段比较适合出海，一是4月—6月，一是9月—11月。季风转换，海上风浪比较平缓。现在万事俱备，脾气变化无端的台风季节也总算结束了。11月11日，星期六，海上吹起北风。中日联合考古队起锚出发。依据考古惯例，在正式启动之前，队长俞伟超为这艘沉船命名——"南海I号"沉船。

　　为什么会有这样的命名呢？国家文物局水下文化遗产保护中心技术总监、南海I号保护发掘项目领队之一孙键，在中央电视台的考古节目中介绍说："在考古工作中，正常命名一个遗址的时候，我们都会选择一个最小的地名，比如说何家村，或者是周口店，这样命名一个遗址。但是南海I号这个命名，跟传统的命名稍微有一点不同。因为这是我们国家最早开始做水下考古工作，特别是针对南海，当时俞伟超先生就提出来，把这个命名为南海I号。他是在我们国家最早倡导做水下考古工作，把水下考古事业引入到中国的人。就是希望以后我们可以找到Ⅱ号、Ⅲ号。但这是一个特例，我觉得更多的是饱含了俞伟超先生对国家水下考古事业的期许和期望。"

　　对于年轻的水下考古工作者来说，这是第一次应用物探技术与潜水探摸相结合，寻找水下沉船的尝试。终于从培训班走向实战，有机会一试身手了，每个人的情绪都受到感染，显得神采飞扬。205轮先行到达大帆石附近海域。船上是中国地质矿产部第二海洋地质调查大队的技术人员，携带SMS-960旁侧声呐系统、PS-10E型回声探测仪、福康484定位系统等设备，负责探测沉船的准确位置。考古队乘坐的201轮，停泊在虎门沙角，静候205轮的扫测结果报告。

由国家文物局水下遗产中心、中国国家博物馆、广东省文物考古研究所、阳江市博物馆联合编著的《南海1号沉船考古报告之一》，对这一带气候与地理环境，有如下描述：据气象资料统计，在每年台风季节中，一般会有四到七个影响该区域的热带风暴、强热带风暴。现场风向无明显规律，以东北、东南为主。每年12月至次年4月，易出现海雾，对海上能见度有显著影响。该区域年平均气温22.8℃，7月—8月份气温最高，1月份气温最低。沿海地区年平均气温高于23℃，最低气温约1.5℃，无霜期多于350天，年均降雨量一般1000~2000毫米，多集中于5月—10月份，雨季分4月—6月前汛期，7月—9月下旬热带气旋后汛期。沉船海域在沿岸近海浅水区，处于近海30米水深的等深线，平均水深24米。海水属于南海沿岸水团，盐度较低，表面盐度30‰~32‰。沉船海域海水的pH值为8.9。海水透明度随水深变化，水深10米以内可达5米，海底几乎为零。海水中泥沙含量与海洋悬浮物的分布，与距离江河出海口岸线相一致，表现出近岸高，远岸低；渔港湾内高，渔港湾外低；海水底层高，浅层低的特点。

负责探测沉船位置的205轮到达1987年发现沉船的坐标点后，对海底进行了扫测，但什么也扫测不到，海面既没有桅杆竖出，海底也不见沉船踪影。于是把范围向四周扩大至500米×700米，并使用一种叫浅地层剖面仪的设备，通过低频脉冲声波穿透海底的泥、沙、石等介质，根据反射波强度、频率变化，绘制出海底地层的剖面结构，还是没有发现。人们的焦急心情随着时间一天天消逝，也在积累和上升着。

直到11月17日中午，终于扫测到一个庞然大物的阴影，记录了位置，并抛设浮标，其水深为22米，作业区风力6~7级。尽管还不确定是不是南海1号，但总算结束干等的日子了。201轮接到报告后，下午3时05分启航，以8节航速赶赴现场。经过通宵行驶，第二天清晨，两船在下川岛会合。

这时的天气，晴空万里，海上刮着北风，风力5~6级，掀起两三米高的浪头，海底水温23.9℃。这并不是一个好的气象条件，考古队又多等了一天。19日上午，风力有所减弱，仍有两米海浪，但不能再等了，于是决定进行水下探摸。上午9时，打捞局的一名专业潜水员率先下水，顺着浮标下潜，确定沉船位置没有变化。中日双方13名队员先后分九次潜入海底。

然而，水下能见度实在太差，照明设备也不起作用，微弱的光线根本穿不透海水，只能靠手摸。几次下潜，仅采集到一块瓷片和一截小木头。电视台的水下录像，也是一片混沌，什么也没拍到。本次调查工作至此结束。当晚205轮和201轮乘夜色返航，20日天亮时返抵广州。

在外人看来，似乎没有打捞到更多新东西，但对考古队来说，收获却很大。此行主要目的是调查，而不是发掘，能够把失踪已久的南海1号再找回来，获取沉船海域的海况、气象等方面的第一手资料，就是最大收获了。

更重要的是，这次调查，被考古界认为具有标志性意义，它意味着，中国的水下考古，经过十月怀胎，终于呱呱坠地了。

虽然大家都迫不及待一睹沉船的真相，但究竟如何发掘这个海底宝库，如何最大限度保护它的完整性，却仍费煞思量。经费也捉襟见肘，这三天的调查，已花了30万元，按广东省文物考古研究院（2022年，原广东省文物考古研究所更名为广东省文物考古研究院）原副院长、曾任南海I号考古发掘队领队的崔勇所说，这笔钱在20世纪80年代，至少可做十个陆地考古项目了。要国家为一艘不太确定的沉船投资上百万元，也不太现实。最后一致认为：在具备必要的资金、专业人员和技术条件之前，最好的办法，就是暂时不去惊动它。

它已经等了800多年，再多等几年吧，相信不会太久了。

海底的呼唤

1993年3月至9月间，由国家文物局、中国历史博物馆、日本朝日新闻社联合举办了"中日南海沉船考古暨海上丝绸之路文物展"，在日本东京、大阪、名古屋、广岛等地巡回展出，获得热烈反响。春芽初发的中国水下考古，向世界交出第一份不俗的成绩单，这让考古队员们更是摩拳擦掌，跃跃欲试。

两年前，辽宁省传出消息，葫芦岛绥中县大南铺村的渔民在三道岗海域捕鱼时，捞出了一些白釉褐花瓷器和烂船板，似乎有一条古代沉船。中国历史博物馆水下考古研究室赶赴现场调查，确认是一条元代沉船。其后六年间，考古队对沉船进行了五次考古调查和发掘，采集大量瓷器，少量陶器、铁器和零星船体构件等，总计613件。其中瓷器599件，以磁州窑的白釉褐花瓷器为主，还有一些绿釉和黑釉瓷器、翠蓝釉瓷，器型则分为盆、罐、坛、梅瓶、碗、碟等。这是中国第一次独立开展具有真正意义的水下考古实战，为将来的水下考古积累了宝贵经验。

福建省连江县定海湾是另一个重要的水下考古现场。1970年以后，定海村渔民在尾仔屿、大埕渣、青屿、白礁等岛屿附近海上作业时，捞到大量宋元时代的文物。1989年11月，中国历史博物馆与澳大利亚阿德莱德大学东南亚陶瓷研究中心联合组织水下考古调查，在白礁附近发现有宋代黑釉盏等。

白礁是定海湾东北一个只有十几平方米的荒礁，随着潮涨潮退，时隐时现。1998年，第二期全国水下考古专业人员培训班在浙江开班，20位学员参加了培训，并到白礁实习。学员们从海底挖出了不少凝结物和陶瓷器，其中有福建福清东张窑的黑釉碗、闽清义窑的白瓷碗，都属于宋末元初的产品，共发现陶瓷器1000多件。更重要的是，发现船体构件（龙骨）和海洋软体动物附着在船上的凝结物多块，从而表明白礁附近海底是一处宋元时期的沉船遗址。

然而，无论是在三道岗，还是在白礁，每一次的下潜，每一次的出水，每发现一件古物，都让考古人员牵挂着那艘还在南海酣睡的沉船。什么时候才能与它再次相逢？什么时候它才能重见天日？

发现南海Ⅰ号沉船的消息，政府一直没有对外公布，担心引来文物盗贼光顾，也怕受到渔民拖网的破坏。三道岗海域的沉船就是渔船拖网捞起一些古瓷才被发现的。白礁沉船也曾被当地渔民打捞了很多古瓷器走私贩卖。1996年海南渔民在西沙群岛华光礁附近发现的华光礁Ⅰ号南宋沉船，多次遭到非法盗掘，盗贼甚至用炸药炸开沉船上的凝结物，导致沉船遗址严重受损。

南海Ⅰ号附近海域，汇聚了江门、阳江两地的渔船，开渔季十分繁忙。阳江市边防支队奉命劝阻渔民在此作业，但又不能说出原因，这让他们伤透脑筋，想出的各种理由，常被渔民质问到哑口无言，最后被逼急了就说："这里有炸弹。"没想到这个理由还挺管用，渔民立即掉转船头，飞也似的开走。以后他们就一直用这个理由，劝离进入该海域的船只。

但这个秘密还要守多久呢？1989年的那次相遇，仿佛擦肩而过，南海1号沉船的考古工作，无法再向前迈进一步。缺乏经验是原因之一，但更现实、更紧迫的原因，是缺乏资金。要完成这样一项史无前例的水下考古，需要很多资金支持。尽管那时国家经济正处在起飞时期，但各地都还忙于还历史欠账，有钱都用于修建公路、桥梁、医院、学校、高楼大厦，无暇顾及水下考古。所谓一文钱难倒英雄汉，没有钱寸步难行。其间英国、法国、澳大利亚等国家曾先后提出合作打捞，条件是分享文物，都被中国婉拒了。但这是一个警示，说明世上没有不透风的墙，文物盗贼很快会逐膻而至。

世事很玄妙，失之东隅收之桑榆的事情，往往在人们意想不到的时间地点发生。谁也没有料到，南海1号的发掘，竟会和香港兴建迪士尼乐园产生联系。

1999年2月，美国华特迪士尼公司与香港特区政府正式就兴建香港迪士尼乐园进行谈判。双方在10月达成合作协议，共同成立香港国际主题公园有限公司，在大屿山竹篙湾发展香港迪士尼乐园度假区。为此，香港特区政府年初就筹划在竹篙湾进行填海工程，为乐园准备土地。香港古迹古物办事处邀请内地考古队，到竹篙湾做水底考察，以确定水下是否有值得保护的古迹古物。

考古队到香港后，需要买几件潜水背心。湾仔骆克道有一家专卖潜水器材的店铺，店主陈来发是一位潜水教练，刚从美国返回中国香港不久。他对考古有浓厚兴趣，一听说来购物的人是考古队员，便兴奋不已，扯住聊个没完。在聊天中，他听说了南海Ⅰ号，也知道缺乏发掘资金的情况。"水下考古和潜水完全是两个概念。"陈来发后来说，"潜水是玩，水下考古是科学工作，主要靠科技，而不是靠潜水技术。"他十分乐意助一臂之力，于是发起成立香港中国水下考古研究探索协会，2000年9月，以协会名义，向南海Ⅰ号项目捐赠了60万港元资金与价值60万港元的潜水器材，包括提供一艘印洲塘号潜水工作船。

就这样一个偶然机遇，"踏破铁鞋无觅处，得来全不费工夫"。在香港人无私支持下，资金解决了。"我们吸收赞助来找一条船，"崔勇后来说，"不用花国家的钱，找不到也不用承担太多的责任，我们就用了这笔赞助。而且国家文物局给我们开了这个接受香港赞助，进行考古调查的口子，其实已经非常好了。"苦候12年之后，南海Ⅰ号考古项目得以重启。事后的考古调查报告写道："南海Ⅰ号沉船水下考古工作得以重新开始，至为重要的一点是中国水下考古人的自信。"报告形容这是"水到渠成"的结果。

由国家文物局、中国历史博物馆、广东省文化厅、广东省文物考古研究所、阳江市政府，共同组成项目领导小组，负责监督、指导、协调工作。2001年4月初，中国历史博物馆和广东省文物考古研究所联合在广州召开新闻发布会，宣布开始对南海Ⅰ号展开考古调查。

南海Ⅰ号水下考古调查队随即成立，中国历史博物馆水下考古研究室主任张威担任队长，驰赴广东。4月18日，14名内地水下考古队员在阳江集结完毕；19日，陈来发率领的香港水下考古志愿者，也乘坐印洲塘号抵达下川岛附近。人员、设备全部到位。动员大会开过了，香港船的出海手续办好了，各种设备也准备妥当。可以出发了。

4月24日，海面多云，半阴半晴。考古队抵达作业海域，对1987年的坐标点和1989年的扫测海域，进行"大海捞针"式的扫测。最初用香港提供的旁侧声呐系统，没有任何发现；从5月7日开始改用中国科学院南海海洋研究所提供的美国Klein旁侧声呐和浅地层剖面组合仪系统，继续寻找。

大海使时间变得停滞了，清晨与黄昏的海浪是一模一样的，昨天和今天的海浪也是一模一样的，在无边无际的波浪起伏中，一个清晨接着另一个清晨，一遍扫测接着另一遍扫测，不断重复、重复、再重复。唯有潇潇春雨忽而下，忽而停，忽而天又放晴，让人感觉到时间的流逝。

转眼间谷雨过了，立夏也过了。5月12日，当浅地层剖面仪在第一条测线扫测经过原定的疑点时，苦守在旁侧声呐前的技术人员，发现实时浅地层图上有明显异常，判断是一个较大的物体。

终于出现了！

全体人员精神大振，立即派三组潜水员下水探摸。这是中国水下考古首次使用38%高氧潜水。所谓高氧潜水，是指潜水员的气瓶中氧气比例高于21%（常用的比例有32%、38%、40%等）。采用38%高氧下潜到30米时，氧分压是1.52ata，人体承受的极限是1.8ata，超过这个限度，很容易发生氧气中毒。因此，在水流强劲或能见度低的环境中，比较安全的氧分压是1.3ata。而这天的潜水，已到达了约26米的深度。

崔勇是潜水员之一，他后来兴奋地回忆："我们做了一个月的工作计划，一直在找这艘船，所有的都想象到了，可能找不到，但是钱快花完的时候，最后那两天突然摸到这个船了。那个时候觉得这一个月的工夫没白花，当时还不敢肯定，我说这条就是南海Ⅰ号，他们说不可能，我就坚持说是，然后说赌一顿饭。"

在水深23~26米处，确认两块大的凸起物是含铁质凝结物，四周还有渔网，且散落着一些碎瓷片。潜水员把几片白釉、青白釉、酱釉瓷片带了回来。在接下来的两天，继续对遗址的凸起物进行潜水调查。海底什么也看不见，完全靠手摸，有时候甚至要靠在绳子上打结，上水后再量绳子尺寸，了解沉船的大致尺寸，崔勇形容"就是结绳记事的感觉"。5月18日，在沉船位置放置了浮标。本次调查工作告一段落。

5月20日，小满的前一天。考古队满怀喜悦班师返航。回到陆地后，把这次采集到的瓷片，与1987年打捞上来的瓷片对比，完全一致，这无疑就是南海Ⅰ号沉船。10月，考古队返回现场，对4月定位的坐标进行再次确认，记录了调查的最大凝结物坐标，在沉船上方设置工程浮标，绘制航迹图。

对考古人员来说，离南海Ⅰ号又走近了一点。800多年的时光，现在只隔着24米的海水。他们有强烈的感觉，沉船似乎也正一点点苏醒，一点点恢复记忆，从寂静和黑暗中慢慢浮现出它的轮廓，俨然是一个有呼吸的生命体。

2002年，南海Ⅰ号沉船正式进入水下考古试掘阶段。

国家文物局批准由广东省博物馆水下考古研究中心牵头，组织广东、福建、山东等地国家水下考古专业人员，共组"南海Ⅰ号沉船水下考古队"，从2002年3月起，用两个工作年度的时间，开展对南海I号沉船遗址的水下考古发掘工作。2002年度的工作时间为3月至5月。

2002年度的发掘计划，重点应放在全面了解和掌握沉船遗址的分布、堆积情况和保存状况，并在此基础上完成100平方米的发掘任务。试掘分两段开展，第一段在3月—5月，第二段在6月—7月。重点在于清除堆积在遗址上的淤泥，了解沉船的保存状况和文物分布情况，摸索出最佳的发掘方法，为大规模发掘做好准备。

阳江市得知在第一阶段发掘时，中央电视台将进行全程现场直播，"这是宣传和展示阳江风貌的大好机遇"，因此要求海事、航道、渔政等有关部门，对参与该项工作相关船只的往来、停靠及办理有关手续等方面，尽量简化程序，主动提供帮助和服务，交通、公路等部门，对参与该项工作的车辆往来，要主动给予便利。

考古队和香港志愿者重返现场。3月13日，海上工作开始。经过仪器探测，大致确认沉船长约30米，宽约7米，高约4米，船体基本被埋在厚厚的淤泥中，最深处可达海床下4米。当然，这只是初步估算，是否正确，还得进一步检查证实。

两艘停泊在东平港内的水下工程船，随即出发到现场。一艘从沉船的船头方向，另一艘从船尾方向，沿着沉船的船边抽泥，最后在中间会合。没开抽泥机时，海底的能见度也只有0.5米左右，一旦开动抽泥机，把淤泥搅起，能见度就是零了，水下摄影基本上拍不到什么清晰镜头。但抽淤泥时会把一些细小的遗物同时抽走，为了确保没有漏网之鱼，考古队把一只装上金属网的大铁筐，放在抽泥管的出口，把抽出来的淤泥再过滤一遍。

潜水员在混浊的水中一寸一寸摸索，把摸到的瓷器、金属器等物品，小心放入塑料筐中，吊出水面。陆续出水了一批青白瓷、青瓷、褐釉瓷等，器形有粉盒、盘、碗、壶，还有一些铜钱。3月22日，潜水员带了两大块凝结物上来，清理出一大摞基本完好的青白釉云纹大碗，还有许多小物件，如白釉粉盒、小珠子之类。3月23日，海上天气转差，除了继续抽泥外，暂停下水作业。天气等到4月13日才好转，但海上浮标已被破坏，又要重新定位，然后再派人下水摄影、摄像。

4月17日是丰收的一天，这天海况不错，水下能见度出奇好，考古人员抓紧拍摄，效果还算差强人意。这天出水的器物特别多，不仅种类多，质量也好。有一块前所未见的漆器残片，木质内胎虽已朽坏，只剩下一块漆皮，也珍如拱璧，让人激动不已。还有一些坚果壳子残骸，大概是船上人丢弃的。这些生活垃圾，同样饶有妙趣，甚至比那些码得整整齐齐的瓷器还能给人更大的遐想空间。船上的人是怎么打发漫长日子的？考古队员现在还无暇想象，因为又有大批龙泉窑青瓷出水，其中的龙泉窑敛口钵和盏，是前所未见的，足证渊薮自有明珠，石山不乏良玉。

好天气稍纵即逝，从4月21日开始，天气又转差了，水下能见度再次近乎零，拍摄的效果都不行。潜水员分批下水，或者录像，或者测量，顺便打捞一些瓷器。在出水瓷器中，有精美的青釉刻花盘、青白釉执壶和黑釉碗，都是罕见的，让人不禁猜想，这南海1号上到底有多少以前没见过的宝贝？

直到5月10日结束本次调查时，出水器物以瓷器居多，另外还有陶器、金属器、有机物和铜钱等；清理出较为完好的20多米船舷，还没有摸到船头和船尾，也未搞清楚船舱的分布与埋藏情况。但经潜水员描绘船体的示意图，结合以前的一些影像资料，大致绘画出沉船的平面图和遗物分布图。

在第一阶段与第二阶段的发掘之间，有一个空窗期。阳江市海事、航道、渔政、边防等有关部门，负责南海I号的安全保卫工作，他们加强了该海域的巡逻，确保文物的安全，以便第二阶段的工作能顺利进行。

6月开展新一轮调查。国家文物局要求：本阶段工作的重点，是全面了解和掌握沉船的规模、堆积情况和保存状况，为下一步的发掘和制订沉船打捞方案提供科学依据。本阶段工作结束后，广东省博物馆应责成水下考古队，抓紧编制沉船打捞的可行性研究报告，并按程序上报。工作期间暂不对外发布消息，有关新闻报道须事先报国家文物局批准。

6月21日，考古队到达工作海域。这天正好是夏至，可惜天公不作美，海上风大浪高，浪高达两米，连粗大的缆绳也被扯断，别说潜水了，抽泥也进行不了。24日，天气稍好，赶紧下水。重新布好入水绳，清理沉船遗址上的破渔网和缠绕得乱七八糟的绳索，接着开始抽泥、下水探摸。

工作进行了半个月，遇上7月10日（农历六月初一）的天文大潮。海水汹涌上涨，工作船在风浪中颠簸着，让人感到恶心难受，但抽泥机却不能停止，抽出了淤泥，还得在过滤筐中反复扒拉，仔细寻找。白云在天空变幻着，海面上阵风吹拂着，海浪拍打船舷的声响，抽泥机的呜呜作响，烘托出一种忙碌紧张的工作气氛。

13日，潜水员在一大块凝结物的下面摸到了沉船的甲板。这又是一个让人心跳加快的时刻。潜水员把手尽可能伸到甲板里面，向四周摸了摸，空间很大。"可能是一个完整的船舱吧。"他这么想，如果船舱完整，意味着里面的物品也没有散失，这将是怎样的一个宝库啊？潜水员激动得屏住呼吸，好像摸到的是条活鱼，生怕它会忽然惊醒游走。

南海快进入台风季节了。本次调查也接近尾声。7月18日，张威队长宣布本次调查工作已经结束。第二天，收回浮标，整理装备，打道回府。盘点一下本年度的收获：瓷器计有4565件，其中青瓷、青白瓷和白瓷4497件，余为黑瓷、绿釉瓷和酱黑釉瓷，有碗、盘、罐、盒、瓶、壶、盏等，分别来自景德镇窑、龙泉窑、德化窑、磁灶窑、义窑等窑口；金属器有金环、银锭、铜环、铁质凝结物等；铜钱87枚；有机物则包括漆器残片、果核果壳、船板木样、动物骨骼等。

最可惊叹的是，出水的瓷器经过清洗后，显得干净如新，简直就像昨天才出窑的一样。图案纹饰之丰富繁丽，让人有目不暇接之感。缠枝花卉纹、牡丹花纹、折枝莲花纹、荷叶纹、冰裂纹、瓣状纹、团花纹、卷云纹、水波纹等，纤毫毕现，尽显制作者心血精神，在柔和的光线照射下，恍如罩上一层晶莹透亮的奇彩，有如南海湛蓝的波涛。南海Ⅰ号真没有辜负人们对它的期望，15年时间，值得等待。

这只是个开头，高潮还没到来。以往打捞沉船，最常见的做法，是先在海底把沉船分解，打捞上岸，再组装恢复，但文物肯定会受到一定损坏，许多有价值的信息将丢失。南海Ⅰ号沉船如何发掘，无非是两个办法，一是按老规矩大卸八块，上岸组装，但由于沉船上有相当多文物，靠潜水员慢慢清理完毕再拆船，要耗费相当长时间，整个过程不断使用抽泥机、水枪，要保证文物不受损，技术难度很高；而且拆船会破坏船的完整性，许多有趣的信息，比如船上人员的日常生活、起居饮食等方面的内容，将永远无法再现。另一个办法是把沉船整体打包上来，价值可保最大化，是最理想的办法，但难度也很高。大家都知道，如何选择，取决于对文物状况、现场环境的掌握，以及技术和资金的条件。现在还不具备整体打包的条件，这只是一个理论上存在的办法。

2003年年初爆发传染性非典型肺炎（俗称"非典"），各地风声鹤唳，严防死守，不少地方对人员、车辆都采取隔离检疫措施，阳江虽然不是"非典"疫区，但原定对南海I号的调查，是否还能如期进行？广东省成立了南海I号沉船文物保护协调领导小组，由一位副省长任组长，省文化厅厅长任副组长，负责协调工作。这是一个临时机构，不设办公室，日常工作由省文化厅承担，任务完成后自行撤销。

经过中国国家博物馆（即原中国历史博物馆和中国革命博物馆）、广东省文化厅、阳江市政府的多方协调，对南海I号的调查得以继续进行。5月6日，考古队抵达阳江东平镇，每人发了消毒药水，上船后都是住单人房间。5月10日开始海上作业。

本次调查目的是更详细了解南海I号的埋藏状况、船体保存状况，收集沉船海域的海洋气象、洋流、海底基底物理性质等资料。有一点大家已达成共识：无论用哪种办法打捞，都将在离沉船遗址最近的海陵岛上岸，因此，调查也包括了解沉船地点到海陵岛沿途海域的水深和海底状况，为全面发掘及船体整体打捞的可行性论证，准备技术数据。

沉船被埋在深深的淤泥中，上面覆盖着1米多厚的淤泥，最深处为泥下5米。减去上面的淤泥，沉船的实际型深为3.5~4米。为了弄清沉船的大小，考古队用抽泥机沿着船舷，慢慢把淤泥抽走，但淤泥就像海底"沙尘暴"一样，不停翻滚起落，前面刚抽完，后面又被回涌的淤泥盖上了。于是考古队想了个办法，让潜水员跟着抽泥机走，每隔1~1.5米，就在船舷旁插一根钢钎标杆，即使船体被淤泥重新覆盖，也可以根据钢钎知道它的边缘位置。经初步认定，船的长度约30米，最大宽度约8米。

除此之外，考古队还测定了沉船海域的洋流流速、流向和沉船方向，采集了一些泥样和木样。完成遗址的潜水调查后，对沉船遗址到海陵岛之间的海底状况也开展调查，发现条件十分理想，沿途水下都没有障碍物，水深平均20米，甚至在距离十里银滩仅150米处，水深仍有8~10米，对将来沉船搬家十分有利。6月22日，本次调查结束。

在本年度的海底调查中，发生了一件有趣的事情。考古人员除了采集到少量瓷器、铜钱外，还有动物骨骼，经过检测，证实是眼镜蛇的头骨。这一发现，掀起了一阵小小旋风，为什么沉船上会有眼镜蛇的遗骨？有人忽发奇想，把1987年发现的那条带外国风格的金链子与眼镜蛇骨联系起来，印度人吹着唢吉，逗眼镜蛇起舞的画面，仿佛浮现眼前。人们不禁再次发出疑问：船上是不是有南亚乘客？这艘船原本是不是准备开去印度的？这些印度人是货主，还是搭便船的乘客？

所有疑问的答案都深藏在海底。

2004年5月、6月间，再做新一轮的调查。继续用水下抽泥、探摸方式，收集沉船环境与工程数据，了解经过一年时间，遗址的水下环境有什么变化，船体的埋藏状况、保存状况有什么变化。然后到9月再开展一轮调查。

在调查中，潜水员在沉船的东北部靠近船头的地方，摸到一块直径在半米以上的大型整木，走向与舷板垂直，推测是主桅杆的底座。还摸到了船的主龙骨以及与之相连接的肋骨构件。船舱内有成摞成摞的瓷器，码放得整整齐齐，数量难以估计，起码有几万件吧。虽然海底能见度为零，但也可以想象其壮观场景。船舱外侧也散落着不少瓷器和船上器物，最远的距离沉船有30多米。

本次调查并不采集遗物，但在抽泥出口的过滤筐中，还是发现了不少宝贝，包括琉璃手镯、铜环、木珠（可能是算盘珠）、铜钱、漆器残片等，其中有三枚金戒指，特别抢眼，一枚有八个镶嵌珍珠的位置（捞出时只剩下三颗珍珠），一枚空有镶嵌宝石位（宝石已脱落），还有一枚为素面。当人们把精美的戒指托在手心细细端详时，一缕来自12世纪的工艺之光，仿佛穿透时光的重重泥污，悄然展露。

初秋9月，考古队和广州打捞局再回现场，为打捞南海1号进行各种工程数据的采集调查。从9月3日开始，一直到9月11日，完成了测量回淤，清理沉船现场，复核沉船各组数据，清理杂乱绳索等工作，并在沉船地点至海陵岛十里银滩之间进行探测，寻找将来用驳船把沉船拖回来的沉放点。最后在距离岸边六七百米处，找到了泥沙底质，确定可以作为半潜驳的沉放点。

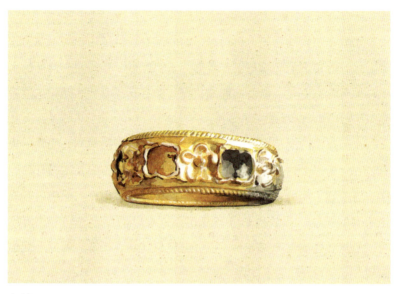

金戒指

　　至此，打捞南海I号的前期调查工作大致完成。这四次水下考古探摸，由阳江市的闸坡、东平等渔港提供陆上后勤保障；每次探摸的费用均由文化部拨给水下考古队。与当初为筹措几十万元而绞尽脑汁相比，不啻鸟枪换炮了。国家能掷下重金，当然是因为考古队前期工作取得的成绩，赢得了人们对这个项目很高的期待值与信心指数。考古工作就是这样，既需要无限的耐心，也需要澎湃的激情。有人觉得激情是一种强烈的、爆发性的、为时短促的情绪状态，其实激情的真正定义，是能够忍耐，能够坚持，有时要咬紧牙关。

　　离中秋节还有半个月，考古队的工作船踏上返航之途。所有人都不再怀疑，这艘沉船将成为海上丝绸之路最重要的物证之一；它的发现，将为那个远去年代的工艺史、造船史、航海史、海外贸易史，写下最绚丽多彩的一章。作为第一批发现者与披阅者，此刻他们的内心，交织着兴奋、自豪、期待，如海浪一般激荡。

十里银滩水晶宫

当人们回顾岭南文明的成长历程时，不能不为那些长眠于南海之滨的先人感动。他们有繁衍生息于斯的越族人，有来自天南地北的嫡宦、农民、商贾、兵卒、工匠、猎人、渔夫、士子、王公、豪族各式人等，相遇在这片土地上，历尽风霜，备尝忧患，却从未放弃希望与奋斗之心。他们伐木建房，刳木造舟，疏浚导流，围垦造田，网罟耕耨，开辟海上丝绸之路，为中国打通走向世界的航道。

从历史上看，黄土高原是中原文化的摇篮，而岭南文化则结胎于浩瀚海洋。尤其近代以来，中国处于"开二千年未有之变局"的社会大转型时代，从传统农业国向现代国家过渡，也是一个蓝海洋与黄土地相激荡的时代。广东曾经创造无数奇迹，积累了丰厚的文化遗产。时至今日，这些先人留下的宝贵知识和瑰宝奇珍，应该有一个展示场所，使之能传诸万世，为社会公众共享。于是，进入21世纪以后，兴建一座"广东海上丝绸之路博物馆"的构想，开始在人们脑海中萦绕。

　　这个构思最早是在1998年提出来的。国家文物局以打捞南海I号为契机，决定在福建泉州、广东珠海、海南博鳌等地，选址建设"国家水下考古科研与培训基地"。经阳江市全力争取后，2001年首个基地落户阳江市海陵岛，由国家博物馆直接建设和管理。水下考古基地总投资1000多万元，首期工程探海楼是基地的标志性建筑，总建筑面积3000平方米，包括展览馆、功能汇报厅、咖啡厅、客房等。展览馆将摆放水下考古队员在水下打捞上来的部分物品，供游人参观。基地主要是为了培训全国水下考古事业的精英，每年将为国家水下考古事业培训40名左右的后备力量。

　　南海I号沉船的位置，恰好在海上丝路航线上，为重现海上丝绸之路历史，提供了弥足珍贵的实物资料。随着南海I号的宝藏被日益发掘，其文物价值日益彰显，自然而然地，水下考古基地与海上丝绸之路博物馆，便合二为一了。

　　其实建设博物馆这一决定，带有某种冒险性，因为博物馆几乎就是为南海I号而建的，如果南海I号打捞上来，没地方存放、展示，固然不行，但万一南海I号打捞失败，这个博物馆也就白建了。不仅如此，博物馆的建设，还必须与南海I号的打捞进度保持基本同步，既不能让沉船上水后还要等博物馆，也不能让博物馆建好后空等沉船太久。两者要做到大致的"无缝衔接"。

　　海陵岛位于阳江市西南沿海，陆地总面积108.9平方千米，其中主岛面积105平方千米，区域岸线104千米，主岛岸线75.5千米，海域面积640平方千米，为广东第四大海岛，岛上有132条自然村。清道光朝《阳江县志》描述："海陵山在城南七十里，大海环之，周二百余里，旧名螺洲，一名螺岛，又名鹤洲。中列数峰，最高者为草黄山，上有磐石，石非人力可致而粘蚝壳，莫知其因。其东尽于平章山，即宋太傅张世杰葬处。西南尽于马鞍山，马鞍西北为馘船澳，设有炮台。"说明这里是古代的一处海防重地。1992年6月18日，经广东省政府批准，设立海陵岛经济开发试验区。

2003年11月，广东省开始为广东海上丝绸之路博物馆建设做规划与立项。这个消息传开，曾在1989年担任中日联合南海沉船水下考古调查队队长的原中国历史博物馆馆长俞伟超，已是年迈体弱的古稀老人，这时在广东省人民医院养病，闻讯也兴奋难抑，强支衰躯，提笔展纸，写下一页贺词：

商船战舰　东西辉映

十九世纪中叶开始，人类已从地下寻找自己的以往历史。

二十世纪四十年代法国海军在世界大战中发明水肺，人类又能从水下寻找自己的一部分历史，科学的水下考古学也发展起来了。

至今，英国在朴次茅斯海港建设的玛丽·露丝沉船保存和展出场地，是耗资最巨大的水下考古博物馆。玛丽·露丝号沉船是一艘战舰，十六世纪时在英吉利海峡沉没。

我国于广东省台山市海域打捞出一艘南宋沉船，今在阳江市建设巨大的保存和陈列馆舍。台山南宋沉船的年代比玛丽·露丝号更早。两艘木船，一为商船，一为战舰，一在东亚，一在西欧，正好东西辉映，是水下考古发展起来后所有成果中极为明亮的两颗珍珠！

二〇〇三年十一月十日凌晨喜闻阳江建设水下考古博物

馆，深为欣慰，特书此数言，以作纪念。

俞伟超

于广东省人民医院保健楼综合内科601病房

写下这段文字不久后，2003年12月5日，俞伟超便在广州溘然去世。他没能等到南海I号出水的那一天。

2004年3月1日，广东省人民政府常务会议专题研究南海I号的保护工作，正式确定广东海上丝绸之路博物馆落户海陵岛。南海I号出水以后，将在馆内保护、研究和展示。广东省发展和改革委员会同意为海上丝路博物馆筹措建设资金。

2004年12月28日，博物馆举行奠基仪式。然后快马加鞭，用一年时间，完成了项目的论证、立项设计及承建招标等系列前期工作。广东省国际工程咨询公司承接了前期的可行性研究及工程设计、监理、施工等项目的招标代理业务。2005年12月28日，广东海上丝绸之路博物馆正式破土动工。2009年11月主体建筑基本完工。用地面积12.95万平方米、总建筑面积19409平方米。整个博物馆的建筑总投资2.5亿元。

在此之前，世界上有两座著名的沉船博物馆。一座是俞伟超提到的英国玛丽·露丝博物馆。玛丽·露丝号是16世纪英国国王亨利八世时代舰队的领航舰，在海上久历战阵，威名显赫。1545年玛丽·露丝号战舰从朴次茅斯驶向索伦特海峡时，遭到法军袭击沉没。1965年英国开始打捞这艘沉船。1982年把整艘船全部发掘出来，保存在朴次茅斯的博物馆。博物馆面积约5000平方米，围绕着船骸搭建，陈列着从沉船中发现的1.9万件文物。

另一座是瑞典的瓦萨沉船博物馆。瓦萨号是一艘瑞典战舰，1625年开始建造，原设计是单层炮舰，但国王得知当时丹麦已拥有双层炮舰，便头脑发热，硬把瓦萨号改造为双层。1628年8月10日，瓦萨号战舰建成下水，但刚驶出两千米，便被一股强风吹翻沉没。1959年瑞典着手打捞，1961年4月24日，沉船重新露出水面。1964年在打捞沉船的现场，建起一座水上博物馆。博物馆设计是根据舰船本身布局，沿船体四角设双层看台，游客在下层看台可以清楚参观舰船内部设施；在上层看台俯瞰，船上景物尽收眼底。

韩国也有一座水下考古博物馆。1975年，韩国渔民在新安外方海域发现一艘沉船，翌年10月至1984年9月，韩国文化遗产管理局先后共组织了11次大规模发掘，发掘出两万多件青瓷和白瓷，两千多件金属制品、石制品和紫檀木，以及近800万件重达28吨的中国铜钱，证明是一艘从宁波出发，前往日本的中国元代商船。这一考古成果震惊了全世界。瓷器的窑口包括龙泉窑、景德镇窑、定窑、钧窑、吉州窑、建窑、磁州窑等，其中有些瓷器一时难以分辨出处，后来在浙江金华婺城区琅琊镇铁店窑遗址发现同样的标本，才证实是中国六大青瓷窑之一的婺州窑制品。这艘沉船的残存船体，一共拆分打捞出720块船板，两千多件船体碎片。经过保护修复，在全罗南道光州市兴建了一座水下考古博物馆展示。

广东海上丝绸之路博物馆将成为世界第四座沉船博物馆。与英国、瑞典的沉船不同，南海I号是一艘商船，并非战舰，所以俞伟超说"商船战舰，东西辉映"；南海I号的年代更加久远，英国和瑞典的沉船分别是16世纪和17世纪的，而南海I号是12世纪的，比韩国发现的元代沉船也早了上百年；它保存的文物也比以往发现的沉船为多，堪称世界海上考古的奇迹。因此，作为展示南海1号的博物馆，也要配得起它的地位，必须是国内一流、国际先进的遗址类大型专题博物馆，其模拟海底环境对古代木质沉船保护，展示及考古研究作业的展示方式在世界范围内，都应是独树一帜的。

对于负责设计这座博物馆的建筑设计公司来说，这个项目也意义非凡。在这家设计公司的官方网站上，有这样一段文字："作为中外文化的探索者，海上丝绸之路不仅是贸易之路，更是对话之路，是古代东西方文明碰撞、交流之路。而有'海上敦煌'之称的宋代沉船'南海1号'，则如远古绝唱，媲美西域丝路上的敦煌飞天壁画，记载着千年传奇。海上丝绸之路博物馆的概念正源于这样的一种文化碰撞。它既需要满足沉船在馆内展示和存放的特殊功能，也应是一座能将海上丝路的需求与不朽的建筑艺术融会贯通的优雅建筑。"

2005年以后，南海1号水下调查已基本结束。人们讨论的话题，开始集中在如何发掘、安放和展示文物等事情上。博物馆也进入了热火朝天的施工中，不少考古队员都来工地探视过，打听它的进度，因为经过这么多次水下调查，他们好像把沉船当成自己女儿一样了，在她嫁出去之前，忍不住要先来考察考察未来的"婆家"。

在设计者的构思中，博物馆的定位，将超越传统单一的收藏和展览功能，而成为多用途、开放的文化综合体。设计中在功能分区、人流交通组织、智能化管理、景观设计以及建筑空间层次的营造组织等方面，都要融入现代化建筑的规划和建设理念。博物馆要求能使用一百年，这意味着要经历一千多场台风，还要抵御可能发生的地震、风暴潮、海啸、龙卷风、大暴雨等各种自然灾害的袭击。为了文物的安全，水晶宫的每个设计，包括它的抗震能力、抗风能力、抗腐蚀能力等，都要按一百年的时间度来计算，不能有半点马虎。

在设计师的心目中，这将是一座充满"浪漫主义色彩"的建筑，博物馆采用船的隐喻，以"舱"来命名其建筑物，别具韵味。用来安放南海I号的主舱体的，是一个横切面为椭圆形的筒状建筑物，椭圆形穹顶可以最大限度地扩展空间跨度，为南海I号的水下存放提供最适合的空间。舱内是一个长、宽、高分别为60米、40米、12米的巨大水槽，可储藏12米高的海水，水体体积接近3万立方米，这就是南海I号永久安身的家，俗称"水晶宫"。主舱体楼面距沉船最高23.6米，游客站在楼面上，整艘沉船一览无余，还可观看考古工作者潜水发掘打捞文物的示范表演。

保护沉船，当然离不开水。水晶宫那3万立方米的水，相当讲究。外行人也许以为，直接从海里抽水进去就行了。其实不然。尽管中国有《地下水质量标准》《城市供水质量标准》《海水水质标准》《饮用水水质标准》《渔业水质标准》等诸多关于水质的法规，但没有一部适用于保护一艘800多年的沉船。饮用水的细菌学指标、感官性状和一般化学指标、毒理学指标、放射性指标，在这里统统不是首要关注的东西。对保护沉船来说，最重要的是降低水体微生物的活动，这是保护木质沉船免受微生物侵蚀，延长沉船寿命的关键。水晶宫的水质、水温，都要与遗址现场大体相近，骤然间不能有太大改变，但浊度、色度、气味等感官指标又要控制好，不能与海底完全一样，不然参观者只能看到一堆黑乎乎的淤泥了。这是十分精妙的技术活。

建筑的其中一个亮点，是从单一舱体概念上，延伸出"关联舱体"概念，在主舱体两侧各有两个副舱体，形成五个关联舱体，涵盖六大功能系统：展示系统、服务系统、后勤及安全系统、科研系统、库存系统和设备系统。水晶宫西侧的1、2号舱体为主入口大厅（兼主题展览）、常设展览厅及珍品展厅；东侧的4、5号舱体为设备用房、安全保卫系统、行政办公以及考古科研办公室等用房。各功能系统既相对独立，又彼此关联，分区关系十分明晰。这样的结构及空间体系，与整体外部形象一致，施工简单，同时亦隐喻了船只的组装过程，回应了南海I号的主题。博物馆面向大海的开放姿态，象征着先人履险蹈难、开拓海路的勇毅精神。建筑外饰面采用外露结构框柱清水混凝土的做法，散发着古代航海探险那种自然、粗犷、不加装饰的气息。

远远望去，五个舱体宛如优美延展的连续曲线，环环相扣，楚楚有致。有人说像翱翔于蓝天的海鸥，有人说像是匍匐于沙滩望海的巨蟹，有人说像一只夜光蝶螺，也有人说像南海起伏的波浪；它可以是一串代表无限的省略号，也可以是跳跃流动的音符，它更像一种可听见的旋律，像一阵海涛、一阵风、一阵喧哗、一声鸟啼，让人想起那首"问君过海几时回"的歌谣。那些彼此没有关联的声音，似乎又有某种关联，相互归属，汇合在博物馆五个巨大的椭圆形穹顶上，达至和谐协调的乐声。

现在，博物馆已经基本建好，南海I号终于有了自己的家。

重睹天日

人们摸索着慢慢往前走，离南海I号愈来愈近了。在2002年春、夏，2003年春，2004年春，四次大规模的水下探摸和试掘之后，人们对南海I号沉船的规模、堆积情况和保存状况，已有大致清晰的了解，接下来，该决定让它如何重见天日了。

早在2003年，考古队已邀请华南理工大学、中国科学海洋研究所、中山大学等高校及科研机构共聚一堂，就如何打捞南海I号展开讨论。根据对沉船海域地质、气象、水文数据的分析，沉船海域的水质含沙量很高，遗址位置的能见度基本为零，怎么进行精确测量和记录沉船船体及舱内文物堆积？怎么获取沉船保护、复原数据资料？怎么进行海底发掘？

中国国家博物馆建议原地发掘，这是国际水下考古的通用办法。具体到南海I号应该怎么做，有人提议，在沉船遗址建一个水底博物馆，在博物馆里进行考古；也有人提议，用沉井把沉船围起来，把井里的水置换为清水；或者建一个围堰，把里面的水抽干，这样就可以进行发掘了。总之前提是沉船不能动，怕它一动就散架。但这些办法都各有难解的梗碍，因为预计发掘时间会很长，怎么保证在整个过程中不出纰漏？比如建围堰，工程量巨大不说，如何保证长时间不渗漏，不被海水冲垮，就让人挠破头皮。

水下考古有一个特点，就是水下环境愈好（淤泥少，水质清澈，能见度高），愈不利于木质沉船的保存；水下环境愈恶劣（淤泥厚，水质浑浊，能见度低），木质沉船反而会保存得愈好。对考古人员来说，海底环境是无法改变的，那能不能让沉船换一个环境？

这时有人提出：既然船不能动，可否把整艘船连同它所处的环境，整个打捞上来？这个建议一提出，把所有人都震动了一下。打包方法在陆上考古有过先例，1936年对安阳小屯村的殷墟遗址发掘时，因为出土的甲骨太多，如果在现场发掘，耗时过长，可能会遇到各种不可预测之事，当时采取的办法，就是围绕着准备发掘的遗址四周挖一圈深沟，把它变成大泥柱子，然后做一个大木箱，把整个泥柱子装箱运走，移到室内再慢慢发掘，结果从泥柱子里找到1.7万多片带字的甲骨。

这个办法在陆地可行，在水里可行吗？海底环境太复杂了，不可预测的因素比陆地多太多了，也从来没有先例，成功的可能性微乎其微。哪怕出现些微闪失，在座任何人都无法承担。不过有人提出来了，就要认真讨论了。崔勇后来对媒体说："由于能见度差，在这个地方做水下考古相当困难。如果只是把文物打捞上来，对考古研究来说没有任何进步。所以，我提出用整体提取的方法打捞沉船。"孙键也曾对媒体回忆："最终定下整体打捞的方案，是经过了好几轮激烈辩论的，因为整体打捞技术在外国都没有过先例。要如何把这么大的沉船整个捞上来，大家心里都有些没底。"

考古队请打捞局的工程师测算一下，整体打捞的胜算有多大。因为打捞沉船是一项水下工程，打捞局捞过很多沉船，具有丰富经验，虽然与打捞古船文物不一样，但他们对水文、底质、气象等方面的条件要求，有一套成熟的测算方法，对水下切割、爆破、封堵、浮吊等技术，也驾轻就熟。经过反复测算，从数据上看，整体打捞可能性是有的。"广州救捞局的工程师吴建成提出用沉箱的方法，刚好能满足整体打捞的需求，试掘工作总算有个突破口。"崔勇补充说，"当时如果不采用这种方法，可能会损失大量信息。这条沉船已没有强度，整体打捞对沉船船体可以起到很好的保护作用。"

整体打捞的具体做法是：用一个巨大的沉箱，把沉船连同它周围的环境（淤泥和海水）整体装进去，打捞上来。不过最大的难点在于：首先是如何精确定位，把这么大的一个沉箱精准放到30米的水下去，而不触碰沉船？其次，沉箱放好后怎么进行封口？广州打捞局做了非常详细的方案，这个沉箱中部约在三分之一处有一排孔洞，下沉到海底后，在摸黑的情况下，把30多根钢梁穿过孔洞，封上底部，然后把它整个提上来。里面不光有沉船内的文物，还包括沉船周边散落的文物，也一并打包上来。就算这些都顺利完成了，但打捞上来以后，怎么把它运到海陵岛？如何安全入宫？整个过程，每个细节都是一个难关。

为慎重起见，考古队又请华南理工大学做了一次等比例实验，把一条船放到华工校园的湖里，然后做一个沉箱，把船整个打捞上来，取得各种必要的参数与资料，包括可能遇到的问题及解决办法。最后的结论令人振奋：行！

来自考古第一线的人员，从一次次现场探测中，逐渐也积累了一些经验，深信可以做到整体发掘、异地保护。已知的所有数据，为这种想法提供了有力支撑。沉船海域的潮汐没有明显的平潮现象，除了每月三四天的天文大潮，其他时间受海流影响不大。在正常天气下，波浪平均周期为1.55秒，最大周期为5.4秒，平均波高0.21米，最大波高1.5米，春季平均波高0.25米，相对而言，这种波浪都属于"低能量"级别的，比较适合水上作业。沉船四周的底质也合乎理想，从海床表层往下1.5米全是烂泥巴，再往下是平均厚度为28米的软泥巴（有点像制陶的黏土），再往下三四十米，还是泥质沉积物，没有坚硬的岩石。因此，整体打捞的想法，在广东方面慢慢占据上风。

整体打捞的想法向国家文物局汇报，文物局的领导吃了一惊，觉得太过冒险，身为原广东省文物考古研究所水下考古研究中心主任、南海I号沉船项目领队之一的魏峻，事后回忆说："当时要求我们保证万无一失，我们有多大压力啊，我们虽然做过很多实验，反复计算过，但谁也没有真实做过啊。"不仅他们没有做过，世界上也没有人做过。

国家文物局认为，像南海I号这么重要的水下文化遗产，如何发掘与保护，不能只有一个思路，要多几个方案比较，充分讨论，择优而定。于是，由国家博物馆、广东省文化厅分别牵头，按照不同思路各自起草方案，中国国家博物馆负责原地打捞方案，广东负责整体打捞方案。

南北双方紧锣密鼓地准备。广东对南海I号沉船水下考古发掘工作"整体打捞"的概念性方案，基本形成。2003年10月25日，中国国家博物馆、广东省文化厅、阳江市政府，在广州举办南海Ⅰ号沉船发掘方案第一次研讨会暨广东省南海Ⅰ号沉船文物保护协调领导小组工作会议，国家文物局、广东省、阳江市领导以及水下考古与文物专家、水下工程技术专家等，应邀与会，主要讨论"原址发掘"和"整体打捞"两个方案。

磨刀不误砍柴工，无论采用哪个方案，现场的调查环节都是不能省的。考古队邀请广州打捞局参与打捞工作。他们是1987年发现沉船的元勋，有丰富的打捞沉船经验。2004年9月，广州打捞局派人到沉船现场钻探，把"风玫瑰"和"水玫瑰"[①]都绘画好了，测量回淤速率以计算抽泥量。10月，华南理工大学船舶与海洋工程研究所分别受中国国家博物馆和广东省文化厅委托，进行沉船打捞方案的沉井结构设计和受力分析，为整体打捞做准备。

2005年3月，中国国家博物馆完成《南海Ⅰ号水下考古原地发掘方案》，并上报国家文物局。这是第一方案。5月，作为备选方案，广州打捞局、广东省文化厅、广东省文物考古研究所完成的《南海Ⅰ号整体打捞及保护方案》，由广东省文化厅上报国家文物局。

第一方案的思路是：先考古后打捞。在沉船原址进行考古发掘，依靠改善水质来解决提高水下能见度问题，工程实施方案，是在沉船范围周边设计水下沉井，将沉井内的水环境与周围浑浊水下环境隔离开，再对沉船遗址进行水下考古发掘。发掘结束后，将沉船迁移到指定保护环境（博物馆），整个过程预计要3~5年。

听起来很简单，但细细斟酌，却有许多难点。因为南海Ⅰ号是一

---

① 指将风向、风速和流向、流速按大小方向标成数据图，状似玫瑰花。

艘满载货物的船，沉没在24~26米的海底，被埋在泥下两米深处，如果连船底算上就有30米了，经年累月的潜水作业，对考古人员的体能是巨大考验。还有，在海底发掘，只能使用高压水枪和抽泥机，这些机械对文物都有一定的破坏。发掘时间拖得愈长，各种浪涌、风暴造成破坏的可能性也愈大。另一个问题是，南海1号的船体，本身是一件单体文物，现在已判断这艘船有龙骨，尖艏方艉，多重板结构，用艌料做密封，一旦拆开，将很难得到一个完整的尺寸，这对复原是有难度的，万一拼不回去怎么办？再说，船本身是一个小聚落，船员、乘客在上面共同生活很长时间，必然会留下丰富的信息，考古人员希望把这些信息尽可能完整提取出来，如果拆分出水，这些保存了800余年的信息，可能就荡然无存了。

备选方案的思路是：先打捞后考古。就像陆地的墓穴一样，直接用钢结构沉井，把沉船及周围的泥土固定，用沉井把沉船整个打包，实施异地搬迁，进入博物馆后，再进行室内考古发掘。不过这个方案也有巨大风险，主要是如何确保沉井的安全，因为它是个大家伙，出水时将超过5000吨重，完好打捞上来是一个考验，还要经历一段水路、一段陆路，才进入博物馆，又是另一个考验。任何环节稍有差池，对文物都是灭顶之灾。

5月17日至20日，国家文物局在北京组织文物考古与保护、水下工程技术等不同领域专家，一连四天，召开南海1号沉船发掘方案论证会，基于前期充分的调查，大家对"整体打捞"愈来愈具信心，南海1号沉船整体打捞及保护方案最终获得专家组通过。6月2日、3日，国家文物局、中国国家博物馆在北京组织召开南海水下文化遗产保护与考古工作规划专家咨询会，讨论制定南海水下文化遗产保护工作规划。

为了在打捞前确保南海Ⅰ号安全万无一失，2005年11月，阳江市政府决定在南海Ⅰ号所在海域实行巡逻轮值工作制度，由市海洋与渔业局、市公安边防支队、阳江海事局三个单位，联合进行海上巡逻，严密监控。

2006年6月，国家文物局正式批准广东省文化厅、交通部广州打捞局、广东省文物考古研究所、中国国家博物馆共同上报的南海Ⅰ号沉船整体打捞与保护方案。打捞工程预算接近1.5亿元。

时间终于来到这一刻了。

打捞方案获得批准后，要开始考虑什么时间最适合打捞了。根据南海的气象和水文情况，4月份是比较好的，这是东北季风与西南季风转换的时间，大概会有两三个月，海上风浪较平稳。到起东北季风时，海面上的风浪特别厉害，就不太好作业了。因此，打捞应该在西南季风开始的4月进行，7月、8月全部完成，以避开东北季风。

经过将近一年的筹备，2007年4月9日，广东省文物考古所组建的南海Ⅰ号沉船外围清理水下考古队，向沉船海域进发。整体打捞工作正式拉开序幕。

考古队和工程技术人员乘坐的"南天柱""南天龙"等工程船引擎的轰鸣，打破了大海的沉寂，徐徐驶离码头，向蔚蓝的海平线进发，巨大的红白相间的吊臂，直指前方，像一面旗帜，宣示着一场伟大的远征。

船只驶抵目的地。波浪很平缓，云层也凝然不动，天空与海洋显得和谐一致，浑然一体，都是那么广阔而缥缈。他们知道，现在沉船就在自己的下方了。大家各就各位，先利用双频高分辨率旁侧声呐和浅地层剖面仪，对沉船周边做最后一次精细扫描，以确定文物散落的情况。经过与先前的探测结果相比较，发现变化不大，离沉船1米以内，有少量船体残块，还有一些铁锅之类的船货；1米以外只有1987年用抓斗捞起又倒回海里的陶瓷、金属碎片；4米以外基本就没有相关遗物了。

一切准备停当。4月11日，外围清理工作开始。船上的抽泥机又开始呜呜作响。这声音持续而单调，太熟悉了，已听了好几个月了，但现在它好像知道高潮即将来临，响得特别欢快，特别起劲，好像还带韵律了。厚厚的淤泥，是发掘的主要障碍之一，但也正因为这层淤泥的密封保护，才使这艘木质沉船得以保存下来。考古人员一次又一次潜入海底，为大件文物编号、测绘；采用液压切割，把大块的凝结物弄下来，用钢缆捆起来，或者用网兜装起，吊出水面。

一直到5月4日，外围清理工作结束，共清理出各类文物137组近500件。除了大量陶瓷、成摞的铁锅、成扎的铁坯件外，还有许多植物种子和包扎货物的篾片。令人惊喜的是，在一些陶器中存放着铜环、铜珠等物，古人真会利用空间；还发现了鎏金龙纹镯、金镯、漆器和锡器，不过数量很少，无法确认是属于船上人的日用品还是货物。出水文物全部装箱运往阳江市博物馆存放。

5月16日，在广州预制好的钢制沉井运到。这家伙巨大无比，有550吨重，全长35.7米，宽14.4米。沉井四壁是中空的，像"回"字

鎏金龙纹镯

一样，下沉时往中间夹层灌沙，这是为了防止井壁因海水压力而变形，也为了加大沉井重量，使之可以快速下沉。沉井由上下两部分组成，上半部高7.5米，下半部高5米，井壁上留有泄沙孔，上下两部分之间有挡泥板，这种结构可以防止沉井触底时淤泥涌起挤压沉船。等到吊起沉井时，再把上下部分离，以减轻上浮时的重量。沉井内壁的尺寸，离沉船最近处仅预留0.5米左右，因此下沉要非常平稳、精准。

5月17日天气很好，风平浪静，云层也变薄了，光线柔和。整个海洋显得很松弛，轻轻摇荡，像是要安睡一般。上午10时，工程船用它那支具有900吨吊力的巨臂，把沉井吊起，移到下水的位置上。中午12时，沉井缓缓进入水中。大海突然被惊醒了，海水翻涌。魏峻后来把这一经过，写进了他的《"南海I号"船说：从中国水下考古看海上丝绸之路》一书中，他以生动的笔触写道："当箱体顶部没入水中的刹那，海水灌入箱壁夹层空间，排出空气形成的水花，如千万条银色的鱼儿在水面跳跃。"

尽管沉箱下沉到海床表面，只花了6个小时，但要把沉井完全安放好、固定好，所需的时间，实际比人们预计的要长很多。由于海上风浪较大，最高风力有时达到5级，整体打捞工作被迫放缓。在这个过程中，遇到不少原先没有料到的困难。有时吓出一额冷汗，有时又得意地开怀大笑，神经不够坚强的都扛不住。直到7月24日——总共花了68天——沉井才下沉到预定的泥下11.5米深度位置。所有人都长长吁了一口气。

沉船已被"装箱揽收"，下一步就是如何"出水发货"了。8月3日，用来给沉井封底的36根钢梁，从广州运到。这些钢梁每根长15米，宽0.83米，封底的办法，是把它们一根根插入沉井上半部的下端预留的孔中，从而使上半部变成一个有底的箱子，把沉船封存在箱子里。

这时坏事却接二连三发生。热带气旋帕布8月5日在太平洋中部形成，并迅速升级为台风，8日穿越台湾岛南部及南海海域，直逼珠江口。帕布还没消失，马尼拉以东的北太平洋西部，又形成一个热带低气压，于8月8日增强为热带风暴，命名为蝴蝶。这只蝴蝶才飞到台湾附近海面，8月12日在马尼拉以东，另一个新的热带低气压又形成了，13日增强为热带风暴并命名为圣帕，当晚圣帕增强为强烈热带风暴，14日进一步增强为台风，15日达到超强台风级别，直扑福建。

"三连环"的台风，虽然没有正面吹袭阳江，但外围所及，也把那些在打捞现场的人折磨得够呛。海上云涌飙发，闪电与雷声，飞驰震荡；疾风与惊涛追逐纠缠，就像一具无以名状的海怪躯体，肆意打滚扭动。人们不禁想：当年南海 I 号沉没时，是不是也遇上了这样的天气？因为沉井已经到位，必须全天候监控，人员不能撤回陆地，只能在台风中坚守。工程船被抛得起落不定，剧烈摇晃。魏峻写道："如果没有亲身经历，很难想象大风中船舶的摇晃程度，不少考古队员都出现强烈的晕船反应，可是那会儿也没什么办法，只能坚持，盼望坏天气赶紧过去。"

台风终于过去了。8月23日，打捞工作重新启动。天气已逐渐转凉，金星和天狼星在黎明时分的天空闪烁着寒光。冬季风快要来了，白天一天天变短，夜晚一天天变长，气温下降，都是不利因素，必须争分夺秒。

那些已经运来大半个月的钢梁，开始下水安装。在浑浊的海底，把一根重达5吨的钢梁从沉井一边埋在淤泥中的孔插进去，穿过厚厚的淤泥，准确插入14.4米以外的另一个孔上，并不比穿绣花针容易，甚至可说是整个打捞工程中最困难的一环。钢梁前面有细钢缆引导，后面用千斤顶推进，用高压水枪冲开淤泥，这样一点点前移。原计划用一个月时间，完成36根钢梁的安放，但第一根钢梁就花了20多天时间。经过反复摸索之后，总算做到每天成功安放一根。11月13日，所有钢梁都安放到位。这时立冬已经过了。

钢梁安放好了，还要把钢梁之间的缝隙完全封闭，这样才能把整艘沉船带出水，而里面的海水不会漏掉。中央气象台预报，11月中旬，一股较强冷空气的前锋，已由蒙古国东部进入中国境内；台湾海峡、台湾以东洋面和海南岛，可能会迎来冷风大雨天气，水上作业环境更加恶劣。经过人们拼命努力，沉箱封底的工作，在11月底之前完成了。

按照原定计划，本应在7月、8月完成打捞，但现在是12月了。强劲的东北季风已经杀到，不时在海上掀起白头浪。魏峻在回顾这段日子时说："实在没办法，工程做不完，又不能拖到明年，沉箱不可能在海底放一年。"因此，工程不能停。

沉箱封底刚刚完成，负责起吊沉箱的广州打捞局华天龙号便大驾光临。它是国内制造的一艘大型全回转打捞起重工程船，当年3月才正式下水，船身长174.85米，宽48米，排水量8万吨，船上的吊机可360度回转，架高108米，设计最大起重能力4000吨，全回转起重能力2000吨，副钩可在水下150米作业，绞车采用全封闭减速箱、无开式齿轮和篱笆式卷筒。这种设计可大大减少污染，延长齿轮使用寿命。钢缆在篱笆式卷筒上排列整齐，缠绕可多达9层，也提高了工作效率和安全性。华天龙的吊力在当时排行亚洲第一，世界第三。即使海上刮7级风，气温在-20℃至45℃，它都可以正常作业。但沉箱重达5500吨，大大超出华天龙的设计能力，它能否完成起吊任务？

这时，打捞工程的另一个"秘密武器"——载重量为1.6159万吨的驳船"重任1601"出场了。

重任1601是一条半潜驳船，船长121米，宽31米，最特别之处，在于它可以下潜。船体的前后两端，各安装两组大型水箱，通过注入水和排出水，让驳船下潜到海底一定深度，然后再上浮。工程师

华天龙号打捞船

们早就算好了，借助海水本身的巨大浮力，只要沉箱不完全脱离水面，华天龙就能把5500吨的沉箱吊起，送到驳船上，运回海陵岛。

12月20日。天还没亮，海面上黑沉沉的。潜水员已开始工作，进入海底，对沉箱的状况做最后一次检查，然后把华天龙吊机上的16条直径76毫米的钢缆，逐一连接好沉箱顶部的吊点。21日清晨，天空布满灰色云层，光线从云层薄处透出，形成一些明亮的斑块，海上吹着微弱的东北风，气温不冷不热，感觉舒服。上午9时，现场总指挥一声令下，华天龙主钩机的四台850千瓦电机，副钩的四台850千瓦电机，同时发出低沉的咆哮，钢缆逐渐绷紧。

这时，沉箱上下部分已完成分离，下半部分将永留海底，上半部则缓缓吊起。这时重任1601已下潜到水下8米等候，准备承接沉箱。

现场聚集了30多艘各类拖轮、驳船、工程船、交通船、巡逻船，所有人都紧盯着海面，时间在一分一秒过去。海水忽然开始涌动，变得浑浊，冒出水泡，淤泥被翻起来了。人们的情绪也随之紧张起来。钢缆嘎吱作响，沉箱愈往上升，海水愈加颠荡，所有人的心脏也愈加狂跳，紧张得几乎可以听见血液在血管里流动的声音。终于，透过海水看见红色沉箱的顶部了。华天龙吊臂缓慢地、平稳地向重任1601靠拢过去，根据定位仪指示，把沉箱准确放到驳船的指定位置后，驳船开始排水上浮。

站立在远远近近船只上的人们，全都凝然不动，聚精会神盯着沉箱的位置。海水仍在颠荡。沉箱露出一小截了，海水沿着沉箱四壁哗哗往下淌，沉箱继续上升，继续上升。每个人都不言不笑，大气也不敢出。这时仿佛整个天空、整个海洋，都是为了烘托沉箱出水那壮观一刻而存在。

12月22日上午11时30分，装载南海I号的沉箱完全浮出水面。打捞局工程技术人员对沉箱做进一步加固，并卸除重任1601上两个12米高的浮箱。现在，装载着南海I号的5500吨沉箱，完完全全呈现在辽阔云天之下了。所有的目光都凝聚在它身上，就像注视着一个从遥远世界而来的礼物。方方正正的沉箱，此刻显得如此独一无二、神秘庄严，简直美极了。尽管从外表看，它与半年前下水时并无两样。

那些在沉船里等着归家的亡魂，已经等了30万个日夜；从1987年7月偶然发现这艘沉船至今，时间已过去7450多天了。

30万个日夜与7450多天，全都是在等着这一刻。

考古队除留一部分人在现场继续搜寻海底遗漏文物，其他人则跟随南海I号返航。下午3时，搭载着南海I号的重任1601，在拖轮的牵引下，朝着海陵岛，朝着南海I号的新家，缓慢驶去。沉箱上悬挂着一条"交通部广州打捞局 广东省文化厅 阳江市政府 热烈庆祝'南海I号'整体打捞成功"的横幅，在夕阳下呼呼鼓动着。在它身后，海面留下长长的波纹水痕，一层层向两边荡漾开去，然后渐渐平复，渐渐消失。大海又恢复了它的宁静。

入宫与试掘

南海I号终于要回家了。

整个阳江都热闹起来了。大街小巷都在谈论着南海I号，连在街边小店卖闸坡鱼丸的、卖蚝干豆豉的、卖猪肠碌的小贩，说起南海I号，都是眉飞色舞、唾沫横溅，个个都好像刚从打捞现场潜水回来似的；媒体云集十里银滩，准备抢发南海I号入宫新闻。

为了迎接南海I号这位贵宾，人们8月就忙开了。水晶宫外的海边，要修筑一个临时码头，以便沉箱上岸。由于打捞作业超出预期，东北季风已愈吹愈紧，海浪滚滚而至，拍击海岸，浪花四溅。修筑码头也成了一件困难的事情，放下去的基础架，瞬间就被海浪卷走；浇灌的水泥也被冲得无影无踪；大海似乎不愿意人们把码头建起来，竭尽全力阻挠。工程人员想了很多办法，最后把三条驳船停在码头外的海上，减弱海浪的冲力，这才把码头建了起来。但要让装载南海I号沉箱的重任1601半潜驳船靠岸，还得在码头前面挖一条深度为5米的航道。而且不能挖早了，早了泥沙会回填，必须在驳船抵达前一天挖好。

虽然困难重重，但"接驾"的准备工作，还是如期完成了。

2007年12月24日，重任1601半潜驳船抵达海陵岛临时码头。这时海浪很大，靠岸极不容易。工程人员在码头上安放八块6.15米×2.3米的2厘米厚钢板，作为沉箱登陆的踏板，却因为海浪起伏不定，钢板与船对不上。驳船随着波浪起起伏伏，钢板被浪推得与码头不停碰撞，每发出一声砰响，在考古人员听来，都像五雷轰顶一般，听得心惊肉跳。

太阳逐渐西沉，海面的光线迅速暗下去。海浪依然汹涌，寒气从海里升起，弥漫在海滩。冬天的夜晚来得格外早，格外深沉。每隔十几分钟，人们就用标尺测量一下海水深度，等潮水比基准面高出0.5米以上，驳船才能顺利与码头对接。但潮水好像涨得特别慢，有意让岸上所有人心焦如焚。

吊机已经把16个巨大的超高压安全气囊放在沉箱两侧，准备放进沉箱底部。这些拉移气囊将按序列铺设成一条"轨道"，可以随时充气和放气，改变沉箱的运动方向。27日晚上，风浪稍微减弱，驳船终于靠岸，船、沉箱和码头成一直线，船头面向大海，装载沉箱的船尾与码头完全对接。拉移气囊被放到沉箱下面，替换掉原来的枕木。然后气囊开始充气，慢慢抬高沉箱。临时码头的六台钢索卷扬机一齐发力，把沉箱挪移上岸。每前移一段，就把后面的气囊放到前面。循环往复，慢慢前进。花了五个小时才完成登陆。

从临时码头到水晶宫，还有365米的陆路，在人们心目中，无异于万里长征，漫长得没有尽头。沉箱一寸一寸向水晶宫滑行，和筷子夹水豆腐差不多，每移动一寸都让人提心吊胆。从早上走到晚上，又从天黑走到天亮，365米的距离，竟走了近两天，直到12月28日中午，沉箱才从水晶宫门口悬挂的"阳江市人民政府 广东省文化

厅 交通部广州打捞局 热烈祝贺'南海Ⅰ号'顺利进馆"的红色横幅下，顺利通过，正式入驻水晶宫。

水晶宫南面的墙一直没砌，这是留给沉箱入宫的通道。沉箱安放好后，施工队便进场砌筑南墙，这大约花费60天工期。在这期间，博物馆在沉箱上方，安装了30个喷头进行喷淋，以保持湿度。从2008年2月24日起，水晶宫开始灌注9米深的海水，对沉船实行浸泡，并每天更换部分海水。

所有这些事情做完，已是冬去春来，大地回暖的季节了。阳光洒落在海面上，洒落在水晶宫的玻璃天窗上，明光烁亮。水晶宫里很安静，博物馆还没对外开放。沉箱依然静静搁在水里。一想到里面有一艘800多年的沉船，就让人忍不住想潜入水底，把耳朵贴到箱壁上，听听里面有什么动静。考古人员已经为这艘沉船忙乎了20年，更是心痒难熬，恨不得马上就"签收拆包"，把沉箱里的宝贝一一挖掘出来。

2008年，广东省文物考古研究所向国家文物局提交《"南海Ⅰ号"考古试掘方案》，获得批准。2009年8月18日，由广东省文物考古研究所组织，集合了省内一批水下考古人员，进驻博物馆，对沉船展开第一次试掘。主要是了解沉箱内的状况，找出最好的发掘方法。当时无论是考古专家，还是地方政府，都希望未来可以在博物馆内演示水下考古，展示考古现场，让游客可以近距离观赏。这在全世界是首创的。

为此，试掘还是采用老办法，考古人员把现场划分为若干方块区域，逐个发掘，每个区域就叫一个"探方"。他们在沉箱上开了四个2×2米的探方，共计试掘16平方米。1号探方在西北部，这个位置曾经发现有密集的瓷器，估计可能是船舱的一部分；2—4号探方在船的中部，横跨船体，主要是为了搞清沉船的方向和形态。

考古队在距离水面3米高的工作平台上，建立了测量基站，安装了全站仪、三维激光扫描仪等设备，对南海1号的发掘，进行全过程的高精度记录。考古人员穿上全套潜水装备，潜入水中工作。一方面是为了更好保护文物，另一方面也为增加水下考古的"观赏性"做些尝试。

但事实证明，在沉箱里潜水发掘，弊大于利。因为在一个封闭空间里，水是静止的，抽泥机搅起的悬浮物，长时间无法下沉，变成个浑浊的大泥潭。考古队在事后的总结报告中写道："不仅无法完成测量、照相等资料采集工作，且工作效率极低，发掘周期漫长，在沉箱内潜水作业风险无法避免。"至于所谓的"观赏性"，他们认为，在淤泥翻腾的现场，实际效果并不好。

第一次试掘并非一帆风顺，最让人吃惊的情况是：找不到船体！在1号探方，用钢钎深入淤泥下3米多，仍然没有遇到船体。大家困惑不解，冷汗直冒。船跑到哪里去了？有人提出，会不会是考古队对沉船在沉箱中的位置判断错误了？为防止文物被损坏，立即停止对1号探方的探测。

对2—4号探方的发掘，不再采用水下发掘方式了，而是把沉箱的水抽走一部分，使水位降到考古工作面两米以下，改用陆地发掘方式。但露出水面的泥土很快干涸，泥土里包含的果核、木块和植物纤维等有机物，一旦离开海水浸泡，便迅速氧化。于是人们赶紧又往工作面洒水，试图保湿，不料又引起另一个新问题：工作面变得泥泞不堪，难以发掘。大家围着沉箱讨论了半天，最后决定另辟蹊径，改为把水位仅降到工作面0.2米以下，这样水汽可以渗上来，使泥土保持一定湿度，也不致妨碍发掘。经过实践证明十分有效，被称为"湿式发掘法"——既不是陆地发掘，也不是水下发掘。这算是独家发明，后来成了南海I号考古发掘的基本方法。

终于，4号探方有所发现了。从0.5米的淤泥下面，有一些东西逐渐露出来。经过辨认，是沉船上甲板和甲板下面的陶瓷船货。现场一片欢腾。很快，2号、3号探方也报告发现凝结物、船体和船货。更令人振奋的是，船体木构部分保存得较好，色泽鲜明，木质还算坚硬，在船舱隔板两侧堆满了瓷器，10件一捆，或20件一捆，整整齐齐、密密麻麻排列着。从船的沉态可知，当年船只沉没时，没有发生倾覆或解体，船货保存得相当完好。

2009年9月23日是秋分，白天与黑夜一样长，天地平衡，万物和谐。试掘也近尾声了，三天后告一段落。新华社做了跟踪报道："入驻'水晶宫'两年的南宋沉船'南海I号'第一阶段试掘工作26日结束。记者从考古现场了解到，考古人员在'南海I号'上发现了保存完好的船舱、船舷和上甲板，并出水了200多件来自江西景德镇和福建德化等地民窑的精美瓷器。"现场负责人魏峻兴致勃勃向记者介绍，到目前为止，南海I号第一阶段试掘工作，取得三个非常重要的成果。第一是挖掘出保存完整的船舷和上甲板，其中上甲板是迄今国内发现的宋代沉船中唯一保存完好的上甲板；第二是出水了两百多件来自江西景德镇和福建德化等地民窑的瓷器，包括碗、碟、盘、壶、罐等各种形制，这些瓷器都价值不菲；第三是通过高科技手段绘制了古沉船的三维激光扫描动画图，立体、逼真地还原了沉船原貌，让考古人员可以按图索骥寻找文物，节省下一阶段的考古发掘时间。

广东海上丝绸之路博物馆的收尾工程，仍在马不停蹄地进行中。直到2009年5月，博物馆整体工程的基础分部和主体分部，才验收完成；建筑层面、幕墙工程、清水混凝土专项工程，也陆续完成并进行初步验收；水电、安防弱电、消防工程和装修布展，也都完成了80%以上。这一年的国庆节与中秋节凑在一起，人们度过了一段长长的欢乐假期。每天晚上十里银滩都挤满了迎月、赏月、追月的游客。他们发现，耸立在一轮明月下的博物馆，已完全竣工了。建筑物的轮廓线条被月色镀上一层银边，显得如此柔美。

中秋过后，紧接着又是寒露、霜降、重阳、立冬、小雪、大雪，时间的流泻，快得让人反应不过来，一下子就年近岁除了。广东海上丝绸之路博物馆向公众亮相的日子，正一天天迫近。各种布展在紧锣密鼓进行中，馆内展览整体上分为三个组团，并以此进行功能分区。第一个组团主要是南海I号打捞过程的演示、水下考古的演示；第二个组团将展示海上丝绸之路的文化和历史，其中包括"郑和下西洋""佛教传播达摩纪念像"等内容；第三个组团主要展列南海I号的出水文物。

为此，博物馆安排了三大展区八个展厅：一号展区分为序厅、阳江本土文物厅、海洋知识厅；二号展区是安放镇馆之宝南海I号沉船的水晶宫；三号展区上层为珍品文物展厅，下层分为海上贸易、宗教文化、航海历史三个区域。用文字、图片、雕刻等展示古代海上丝绸之路的起源、发展，以及相关的经济、政治制度、中外文化交流等内容。展示的文物中，以瓷器居多，江西景德镇，福建德

海上丝绸之路博物馆外观

化、磁灶、义窑，浙江龙泉等名窑精品，琳琅满目。1987年打捞出水的那条1.72米长的金链子，也首次在馆内亮相。

2009年12月24日，一个风高气爽的星期四。博物馆南广场和十里银滩，人山人海，巨大的红色气球悬挂着一条条庆祝条幅，还有舞狮队，大锣大鼓，十分热闹。这不是旅游季节，平时没这么多人的，但今天是博物馆开馆的良辰吉日。在一片彩旗的海洋中，在喧天的锣鼓声中，在欢天喜地的人潮里，南海I号首次迎接四方宾客。

开馆当天，逾千名省内外游客分批进入博物馆参观。很多人直奔主舱，希望一睹沉船的真容。为了让游客看得更清楚，水晶宫已提早几天放掉部分水，把水位降低，让装载南海I号沉箱的顶部露出水面。站在水下考古平台上，可以清晰看到上次试掘时挖开的四个探方，其中两个探方可看到沉船的船舷。考古队员还表演了一场水下考古挖掘，虽然模模糊糊看不清楚，但游客们也心满意足了。

当这些怀着强烈好奇心的参观者离开时，几乎都会问一个相同的问题：什么时候把沉箱全部打开？到时他们一定还会再来。得到的答复是：不会立即打开，这是为了保护古沉船的微环境。考古人员将逐层打开，一点一点地发掘，整个过程估计需要几年时间。

游客们觉得这有点迷宫寻宝的刺激感，就像玩一个解谜冒险游戏，解谜者必须耐心破解一个个谜团，当他们穿过一扇门，门就会在身后关上，不再打开，走过的路也不能回头，只能一直往前走，直到通关胜利，或者Game Over（游戏失败）。

对考古人员来说，这不是一场游戏，它不允许失败。自从沉箱进入水晶宫后，许多比水下表演更紧迫的问题，正逐一浮现。所有问题都是"第一次"，无可借鉴，无可参考，只能随机应变，见招拆招。

首先是光线。水晶宫是通过玻璃屋顶采用外来光的，当阳光倾泻下来时，水上千百条金蛇乱窜，游客的观感是很奇妙的，但却会导致室内温度过高，水中滋生出大量海藻之类的水生物，水质腐败得很快，对沉船保护极为不利。只能用遮光膜把天窗的玻璃全贴上。室内过强的灯光，也会为水中浮游植物提供光合作用的条件，同样具有风险，因此光线也不能太亮。后来在沉箱上方加建了楼层，把穹顶的光线全部遮挡住。

水更是个大问题。水晶宫的水是直接从海里抽上来的，未经灭活处理，混合着大量海洋生物，如果不处理，微生物会侵蚀沉船，但如果投放絮凝沉淀剂，悬浮物的确会加快沉淀，但化学物本身又会污染水质，这是两难选择。11月间，考古人员不得不把水晶宫的水排空，以便清理池底。但这么大动作搞清洁，风险可想而知。

沉箱生锈问题日益严重，也让人一个头两个大。沉箱是用碳钢制作的，在碱性的海泥和海水里浸泡太久，金属锈蚀愈来愈明显。加上各种牡蛎、藤壶、石灰虫、海藻，也在悄悄侵蚀着沉箱，威胁到沉箱的承重能力。检测结果并不乐观，某些腐蚀产物的渗透扩散，已逼近沉船的船体。人们尝试安装一套大型的海水循环系统，用来改善水质，最初效果好像不错，但很快就发现它的缺陷了：抽水系统和水循环系统处理能力不足，赶不上水质变坏的速度。最好的解决办法，就是加快发掘进度，尽快把文物移交保护。

保存沉船最佳条件是：温度控制在20℃~25℃，相对湿度控制在45%~65%，紫外线和阳光不能直射船体，对粉尘、有害气体和各种霉菌，都要防微杜渐。目前水晶宫的环境，不能完全满足这些条件，考古专家们焦急万分。国家文物局开始一项《"南海1号"沉船现状评估与发掘保护预研究》的专门课题研究，组织各路专家学者，出谋献策。

博物馆每天依然熙熙攘攘，停车场依然停满旅游大巴，导游的吆喝声此起彼伏；春风满面的游客依然在"广东海上丝绸之路博物馆"和"南海1号博物馆"的牌子前摆出"V"形手势拍照；小孩子们依然兴高采烈地念叨着：芝麻开门，芝麻开门。他们完全不知道，在距离他们不远的会议室内，考古人员正在开会，紧张地讨论如何进行下一次试掘。2010年，广东省文物考古研究所向国家文物局提出了第二次试掘的申请，并获得批准。2011年3月—5月间，开始对南海I号进行第二次试掘。

这次试掘面积更小，只有六个1×1米的探方，在沉箱南部有三个，北部有三个，被称作"外科手术式"的精准发掘，主要是确定沉船的船头和船尾位置，解决在首次试掘中遇到的一些技术难题，为全面发掘做准备。

南部三个探方分别发现了船舷板、碎瓷片层和凝结物，没有发现船体；北部三个探方也一样，只发现碎瓷片层和隔舱板，深入到1.5米深度，没有发现船体。大致可以判断，沉船的船艏和船艉损坏比较严重，船板也有不同程度的朽坏，船身各部位都布满大小不一的凝结物，粘满瓷器之类的文物，在1平方米的探方内很难清理或提取。

与此同时，围绕着如何发掘，从北京到广州，从考古机构到大学科研院所，各种相关讨论，也在热烈进行着。有人认为船货大致相同，部分发掘就行了，没必要全部发掘出来，保留部分在船上还能展示沉船的"原生态"；也有人认为船上有各种文物，信息丰富，应该尽量发掘，而且文物材料质地不同，暴露在空气中后，金属、漆器、瓷器的变化都不同，既要保证"原生态"，又要针对不用文物采取不同的保护措施，十分困难；有人建议把水晶宫的水排干，按陆地考古方式进行；有人觉得应该拆除沉箱，也有人认为沉箱不应拆除。

总之，各方意见纷纭杂沓，各陈利弊。但时间不容再拖下去了。最后，慢慢聚焦到广东省文物考古研究所的方案上，就是排除部分海水，保留沉箱，采用与陆地考古类似的方式，在沉箱内进行考古发掘，这就是"湿式发掘法"。尽管这样也可能使沉船环境发生较大改变，令文物面临风险，但只有这样，才能保证发掘速度，让文物尽快脱离风险，进入保护状态。而作为整体打捞成功标志的沉箱，本身也已具有文物价值了，将来可以与沉船等古文物同场展示。这一主张被考古界接受，成为共识。

步步深入见真容

20 12年至2013年间，在国家文物局领导下，整合多方资源和力量，编制完成包括陆地、水下、湿式等三种考古发掘方案。经过多次专家论证，最终确定以广东省文物考古研究所制订的《水晶宫内以饱水式方法发掘南海1号》和中国文化遗产研究院制订的《南海1号现场文物保护方案》为主，开展南海1号的全面保护发掘工作。

2013年11月28日，一个牵动着很多人的日子。国家文物局领导莅临阳江海陵岛，在广东海上丝绸之路博物馆宣布：南海1号工作进入全面发掘与保护的新阶段。

参加考古发掘与文物保护的有中国文化遗产研究院、广东省博物馆及多家单位，发掘工作得到广东海上丝路博物馆的支持与配合。现场搭建起发掘平台，测绘智能测绘平台有三维激光扫描、正射影像采集、近景摄影测量、视频记录和照明系统。沉船上方布置了三台天车，其中一台专门用于数据扫描和正射影像，为了工作需要可以随时前后左右移动。在水晶宫内安装两台小型起吊机，在馆外安装塔吊，构成一个完整的运输系统。满足现场各种重物的提取和搬运，配合考古发掘吊运考古余泥出馆、凝结物的提取等。所有发掘考古资料，都会集中到一个信息管理系统中，满足资料从采集、分类到管理的各种需要。

由于采用最先进精确的测绘技术和各种影像、三维模型等数据采集模式，与现场考古发掘配套的文物保护实验室，一个世界最大最先进的现代化考古实验室，在南海I号博物馆里建起来了。考古实验室用数字化方法记录南海I号上所有文物的三维坐标与层位关系，做到将数十万件文物通过数据模型，客观真实地恢复到原始位置状态，为下一阶段的考古整理和研究工作以及保护展示利用，提供坚实学科基础。

发掘全面铺开。考古队采取先内后外的次序，分两步来走。第一步，清理沉船表面覆盖的沙土、海泥、渔网等一些现代物品后，直接露出船体和货物；第二步，进入船舱内发掘。先清理船内文物，从内外两侧对船体进行加固后，再清理船舷外侧。这是因为沉船木质已开始腐朽，极易发生断裂，所以要先清理内部，减轻压力。从掌握的沉箱整体文化堆积现状、性质和成因，结合先前的试掘工作来看，沉箱内存在五个文化层：

第一层是黄沙土层，属扰动严重的沙土层，土质松散，有少量瓷器残片和铜镜、铜钱等；第二层是黄褐色海泥淤积土层，海泥呈胶结状，保存较多的瓷器；第三层是深褐色淤泥层，上部致密坚硬，下部疏松，有较多碎瓷片、少量铜钱、铁器、铅块、木块等；第四层是黑灰色泥沉积黏土层，存有大量船木结构、漆木器残件和瓷器、木板、铁器，以及动物骨骼、果核，甚至还有少量人骨等；

第五层是青灰色海泥层，黏性高，纯净致密，没有文化遗物。

按照预定方案，本次发掘不再采用以前的潜水方式，而是排放掉水晶宫的部分海水，让沉船的工作面暴露在空气之中。发掘深度在100~180厘米，发掘清理土方共计400多立方米（约800吨），移除部分凝结物。在发掘过程中，根据工作进度，逐步降低水位，保证合适的湿度与温度，以防环境改变太突然。

沉箱的上盖终于全部揭开，人们登上了沉船。现在可以清楚看到，船艏与船艉的甲板都已烂掉，只有左舷甲板还保存一段。沉船的残长22.1米，宽约9.35米，分布轮廓面积约206.65平方米。整艘船有15个舱位，从船艏往船艉，第1舱已残断，从第2舱至第6舱，依次堆放着陶罐、瓷器、铁坯件、铁锅等货物；中间主桅杆位置是第7舱，里面满是铁坯，用竹篾扎成一捆一捆；后面的八个舱则堆放着铁坯件、铁锅、银铤、瓷器等。船艉已经崩塌，可能是沉船时被风暴摧毁，也许是后来被渔民的拖网破坏。

对考古人员来说，好不容易等到这个不用仪器，即可把整艘沉船尽览无遗的时候，每个人内心都百感交集。当灯光一亮，把憧憧人影投射在甲板和船舱上时，还有另一种奇妙的感觉冒出来：上一次船上出现憧憧人影，听到人的欢声笑语，是什么时候？也许是800多年前了吧？如今那些人都上哪里去了？是否还在船上？他们的影子，是否还留在这些船板和瓷器的表面？

时间无法用一般的语言去表达，它超越所有空洞华丽的词句，却赋予万物以价值和意义。当人开始思考什么是时间时，时间就消失了。广宇悠宙，万物浑然一体。眼前这艘南海Ⅰ号，真在海底睡了800多年吗？怎么觉得它好像昨天还在航行一样？或者现在还在航行？船上的人是不是上岸喝酒去了，等会儿还会回来？这种感觉如此强烈，让人觉得，这艘船好像被莫名力量放在了时间坐标的零点位置上了。但时间又是实实在在的，因为经过它的洗礼，普普通通的瓷碗、瓷碟，才变得贵如璧珪。时间化作某种颜色与形状、某种声音与气息，呈现在人们面前，让过去与现在互通款曲，神会心融。

　　这次出水小件器物瓷器标本623件，漆木器11件，铜钱95组（5000余枚），金器107件，残损标本2100多件，少量动植物残骸，并按计划进行了泥土采样、浮选。令人欣喜的是，在器物品种上，除具有相当数量的瓷器外，金属制品、钱币、漆器以及金器、银铤等贵金属的大量存在，对判断沉船的背景与性质，提供了极具价值的线索。

　　这时，云雾逐渐消散，从混沌深处，一座青峰逐渐显露出来。

　　有意思的是，这座丰丽的青峰，最先是以一坨坨黑乎乎的凝结物进入人们视野的。南海I号上大量凝结物，与船板胶结在一起，拆解与提取本身就是一道大难题。发掘时手腕抖一抖，说不定就把船板也损坏了。凝结物的成分，既有船货（铁坯件、铁锅与瓷器为主），也有海藻、珊瑚、贝壳之类的东西，混杂在一起，质地坚硬，形状七扭八歪，凹凸不平，外貌丑怪，有的呈黑色，有的呈灰色，还有的呈褐色。身在现场的魏峻后来在《"南海I号"船说》书中写道："当考古人员揭去沉船表层的淤泥时，凝结物的数量和覆盖面积还是令人大吃一惊，毕竟在海底用手摸到局部情况和亲眼看到密密麻麻的凝结物是完全不一样的体验。"

凝结物虽然为发掘造成一些麻烦，但它对沉船也曾有一定保护作用。它好像给沉船盖了一张被子，在很大程度上，避免了渔网和各种网坠对沉船的破坏，也减缓了海洋生物的侵蚀。事实上，南海I号上凝结物覆盖比较严重的位置，船体和船货也保存比较完好；艏尖舱没有凝结物覆盖，便处于崩坏残缺状态。这也算功过相抵吧。

从凝结物的分布来看，主要集中在船艏和船舷部分。怎么把凝结物提取出来？通常可以用低温液态法，使不同成分之间达到不同凝固点而分离，或是使用化学试剂。但出于各种考虑，考古人员都放弃了，最后决定采用机械方法，在凝结物与船体相连部分，找到最薄弱的位置，用高压水枪冲击，从而把凝结物分离出来。或是利用水上的卷扬机拉动钢丝绳，把大块的凝结物锯下来。最原始的土办法，也最简单，就是用小锄头、小铲子，把凝结物一点点撬开。这些工作都很枯燥而耗神，既没有耸人听闻的新闻价值，也没有什么感人肺腑的故事情节，但他们就是这样，干了三年时间，从沉船上搬出了超过130吨的凝结物。

凝结物出水后，需要迅速分类，送进水池浸泡，作脱盐脱硫处理，然后送入库房保存，以便日后开展保护与研究。但这么一件看似简单的事情，却遇到事先没想到的困难，就是怎么把它们运出水晶宫。水晶宫的设计，并没有把运送凝结物考虑在内，因此没有预设通道，不少凝结物体积很大，十分沉重，最大一块凝结物长2.6米，宽2.3米，厚0.26~0.96米，里面全是铁坯件、铁锅、铁刀、船木、瓷碗、瓷碟、瓷瓶等，重达7780千克。别说用人力搬出去，就算有起重设备，工作平台也承受不起，非压塌不可。无奈，只好请打捞局在水晶宫外面架设吊塔，把凝结物从水晶宫的天窗直接吊出去，这又是一笔预算外的开支。

虽然人们小心翼翼，但在搬运过程中，还是难免发生意外。从舵孔外右侧起出的一块巨大凝结物，长2.7米，宽1.2米，厚0.3米，重达4206千克，里面以铁坯件为主，夹杂着船木、绳索、铜钱、瓷器等，起吊时断裂成八块，这种突发状况，心血少一点都会吓得魂飞魄散。还有一些凝结物，是为了保护船体而主动分拆。在第12舱、13舱的右舷附近有一块凝结物，长3米，宽2米，高1.2米，堪称巨无霸，含有大量瓷器、铁器、竹篾捆绑的木炭、果核、漆器残片。由于凝结物已和右舷板粘连，为了保护船体右舷板，考古人员采取局部破解，把凝结物分成两大块和若干小块提取。

随着挖掘的进展，藏身在凝结物中的物件慢慢现形了，有铁器、瓷器、铜器、漆器、银铤、木块、编织物、朱砂、鸡骨头、木炭、料珠、水银等物，种类与数量都十分丰富。第5舱有一块凝结物，长约1.4米，宽约1.3米，厚约0.4米，在表面附着两组铁锅的残件，当人们凿开凝结物后，从里面发现有青瓷碗、青白瓷印花瓜棱纹粉盒、青白瓷粉盒、青白瓷四系小罐和少量铜钱。左侧有成组的青瓷花纹碗，右侧也有成组的小口象腿瓶、青白瓷喇叭口瓶、青白瓷小粉盒等，下部则是成捆的铁条，分层分列摆放在舱内的垫板上面，多达九层，两边还分别放有六摞铁锅。引人注意的是，这些铁锅都是用竹篾、草绳捆扎起来的，还用草席垫底。

靠近主桅位置的第7舱里的凝结物，长3米，宽2米，厚1.2米，重2823千克。里面几乎全是铁坯件，用单股、双股、三股的竹篾和藤条，交错捆扎，纵横交错地垒放在舱里，垒了至少六层。铁条也是用草席先包裹好，再用竹篾捆扎；在成捆的铁条之间，用草席铺垫

圆底铁锅

隔离。竹篾和草席的压痕，至今清晰可见。

　　这些被时间不经意留下的痕迹，往往给人另一种感动，让人瞬间又回到了800年前的生活场景，想象着当时的人，如何把一口口铁锅摞起来，把一根根铁条叠起来，用草绳、竹篾、藤条认真捆扎；又如何在太阳炙灼下，汗流浃背，抬着它们吭哧吭哧走上船，然后在船舱里一摞摞一叠叠放好。他们都是些什么人？是年轻力壮的男人，还是白发苍苍的老人？姓甚名谁？干活的时候，他们在想着什么，聊着什么？

　　历史的舞台，就是由这一个个无名无姓者搭建起来的，而他们处在舞台最黯淡处，现在要把他们带到聚光灯下。从这些冰冷的铁锅与瓷器，从残存的"郑知客""林二十""陈十七""王十五哥"等古人手泽之间，肃然如闻其声、俨然如见其形；轻抚竹篾的印痕，还能看见他们在另一个空间忙忙碌碌、东奔西走的影子，听到纲首在甲板的脚步声，他大声吆喝，指挥搬运工把货物放好，甚至嗅到这些劳作者的汗酸味。如果任凭思绪周流默运，在更邃远的地方，甚至还能看到人们上山砍竹子、削竹篾的身影，感觉烧制瓷器时猎猎窑火的灼热，听见打铁铺里叮叮当当的打铁声。时间就是这样不断往前延伸，直到无穷。

清理完凝结物后，整艘沉船便尽现眼前了。沉船的船艏向着南方，船艉向着北方，可以判断是一艘出海的船。左右舷板、水线甲板、肘板、隔舱板、舱内垫板、舵承孔和固定隔舱的扶强材，大都显露出来。船桅夹、抱面梁、甲板、船壳板、底板和纵隔板，则部分显露。虽然船头船尾已部分损坏，封头板、舵楼等上部建筑，以及舵杆、桅杆、绞盘、船上生活用品等，也大多散落难寻，但船舱部分保存较好，结构基本清晰。

根据考古人员整理，船的甲板及隔舱板之间搭接的垫板上，以堆放铁锅和铁坯件为主，舱室内则以堆放各类瓷器为主，有部分舱室的上部也码放着铁锅和铁坯件。在其中一些船舱内，又用薄隔板分成左、中、右三个小舱室，三个区域的上下层货物，分装得井井有条。仅铁器就有130多吨，瓷器超过17万件，数量超过18万件（不含铁器凝结物、铜钱、料珠、动植物性遗存和海洋生物遗存），船货中90%以上是瓷器。

从不同窑口瓷器在船上的装载位置及所占空间来看，产于福建的瓷器窑口数量多，而且福建各窑口瓷器总数量也比浙江龙泉窑和江西景德镇窑的产品多得多，三者比例大约为9∶1.5∶0.5。铁质凝结物约120吨；瓷器和铁质凝结物占据船舱空间的90%以上；动植物残骸、植物果核、金银器、铜铁器等种类有60多种，是目前全世界最大的海上丝路文化载体。这种惊人的装载量，让人不禁想起朱彧在《萍洲可谈》里描述宋代的远洋海舶："舶船深阔各数十丈，商人分占贮货，人得数尺许，下以贮物，夜卧其上。货多陶器，大小相套，无少隙地。"原来真是这么回事。

当年，南海I号上的宝物第一次浮出水面时，就引发人们无穷的惊叹与想象，但当它完整呈现在人们面前时，却依然有巨大的震撼力。时间仿佛凝固了，过去的年代又回来了，或者它从未过去，一直在等着我们的发现，等着我们的述说。但要还原南海I号背后的斑斓历史，则像一部二十四史，让人有不知从何说起之慨。

第二章

梦萦丝路

千年的风帆

大海开始回忆。沉睡者逐渐苏醒，叙述者不再缺席。1987年从南海1号打捞上来的所有物件，安详地陈列在人们眼前，恍如静影沉璧，散发着来自另一世界的玄秘毫光。每只青白瓷碗，每件绿釉瓷盘，每个酱黑釉瓷罐，还有锈蚀斑驳的锡壶、古镜、金环，都好像有很多故事要说。

古物确有一种让人心绪归于平静的魅力，就像遥远的故乡，抚慰着少小离家老大回的游子，只要一回到它的怀抱，历尽坎坷的身心，顷刻间便感到安谧、温暖。这是多么好啊，有时候人就需要这种静谧，让精神有一个安顿归宿之所，才能细细地品味生活，感受生命。而古物则予人以这样的恬静。

南海1号的故事，就从中国的航海历史说起。

征服海洋，是人类亘古不灭的梦想。中国人走向海洋的故事，应该从什么时候开始落墨呢？自冰河时期以降，东西方文明就像两个巨人，在荒凉的戈壁和茫茫草原、大海的重重阻隔下，各自诞生于世界的两头，独立地成长起来，直到公元前221年至公元9年前后，两个巨人之间，都没有形成规模化的交流。尽管有人认为，在

锡壶

公元前9世纪前后的古希腊《荷马史诗》（*Homer*）中，奥德修斯身上穿着的那件柔滑、发亮、轻薄的衣服，是用东方的丝绸做的；也有人把周穆王西巡见西王母的故事，作为早期东西方文化交流的证据，但毕竟猜想与传说的成分居多。

历史学家也常常会提到公元前7世纪一首题为《亚里马斯比》的叙事诗。作者阿里斯特，是一位生活在土耳其普洛孔涅索斯岛（今译马尔马拉岛）的旅行家。诗中提到在东方的最远处，有一个叫希伯波里安的民族。一些西方学者认为，他们就是中国人，并推断出在公元前5世纪中叶，从亚速海到中亚地区，已形成了一条贸易通道。

尽管还没有多少实证支持，但零星的文字记载，已为历史的画卷，掀开了绚美夺目的一角。令历史学家与考古学家惊叹不已的是，何以东西方文明，在完全不了解对方，甚至几乎不知对方存在的情况下，竟会沿着一条基本相同的轨迹前进？图腾崇拜、宗教信仰、对食物的选择、风俗、农业、畜牧业、工具与武器的发明、商业起源、乡村与城镇的形成、对创造艺术的渴求……凡此种种，东西方不仅发展模式相似，而且在进程的时间线上，也有着许多惊人的重叠。

1982年在广州西北郊葵涌龟冈的新石器时代遗址发现双肩石斧。2020年在广州中新知识城北起步区马头庄也发掘出新石器时代的双肩石铲、双肩石钺等。有肩石器在中南半岛诸国、马来西亚、印度、孟加拉国等地，广泛分布，这是先秦岭南与域外交通往来的证据。公元前4世纪，中国正处在战国时期，在印度孔雀王朝的书籍《治国安邦术》中，已有"㤭奢耶和产生在脂那（指中国）的成捆的丝"的记载，被史家认为是关于中国丝到达印度的最早文字记载。

太史公司马迁作《史记》，有一段话被人无数次引用："番禺亦其一都会也，珠玑、犀、玳瑁、果布之凑。"当代史家吕思勉在读史札记《官南方者之贪》中阐释："西域、南海，皆异物之所自来也，而贸迁往来，水便于陆，故南琛之至尤早。《史记·货殖列传》言番禺为珠玑、犀、玳瑁、果布之凑，此语必非指汉时，可见陆梁之地未开，蛮夷贾船，已有来至交、广者矣。"他断言早在秦始皇统一岭南之前，广州和东南亚已有水上贸易往来。

人们在南越文王墓中，还发现了富有南洋色彩的熏炉、犀角、象齿、琥珀和香料，其中有五支大象牙，已确认是属于非洲象的；

南越王墓的蒜头纹银盒

还有一些器皿工艺，带有浓郁的古西亚波斯（伊朗）特色。第五代南越王赵建德曾有远渡重洋，打通海路之志，遣人前往绥安（今福建漳浦县）山区，采伐巨木，建造能载千石的巨舟。

对长年水处舟行的中国人来说，大海是他们祖祖辈辈托命之所，也是一个永远迷人的诱惑。早在两三千年前，生活在这片山海之地的人，已不满足于在近海捕捞谋生，而把目光投向更为遥远的海洋——被称为"沸海""涨海"的南海。他们从原始的"刳木为舟"开始，慢慢地，把船愈造愈大，去的地方愈来愈远。出海的人，最初几个月才回来，带着一船光怪陆离的宝物；后来变成了几年才回来，带着更多从未见过的宝物；但也有很多人再也回不来，从此消失。

　　这是多么不可思议的现象，在唐代开辟大庾岭驿道之前，不论南人北人，皆视翻越五岭为畏途，哪怕最有胆识的商人，也不愿意从山路贩运货物于南北。不过，当这些中国人把身子转向南方，面对茫茫大海时，却好像换了一个人，变得雄气万丈，毫无惧色，驾着简陋的木船，带着有限的淡水干粮，凭着肉眼辨别日月星辰的方向，以脆弱的生命与狂风恶浪相搏，一去几年，百人去十人还，他们依然前仆后继，义无反顾。难道航海的风险会比翻山越岭小吗？这究竟是怎样的一种性格！

　　既然航海九死一生，那么，要怎样的回报，才值得付出如此代价？这是纠缠在每一代航海者心中的巨大问号，在出海前都必须思索清楚，但它从未挡住人们走向大海、发现世界的步履。

　　荷兰考古学家曾在苏门答腊南部的帕塞玛发现一些史前石刻，风格与中国陕西省兴平县霍去病大将军墓的石刻很相似，因此推测在汉武帝时代，中国人的足迹已到达了苏门答腊。另一个有意思的佐证是：考古学家在苏门答腊的中部西海岸一处古墓中，发现一件随葬的灰陶三足鼎，上有"初元四年"字样，即公元前45年西汉元帝纪年，还有一只碗描绘着身穿汉服的人物和汉代马匹造型图案；在万丹也发现了汉代制作的祭祀用陶器；在西加里曼丹的三发，发现被判定为中国汉代的绿釉瓷龙勺；而在廖岛的英德拉吉里关丹地区，发现有汉代的两耳陶钵，钵身上的绘画，风格与汉代武氏祠的画像，何其相似。

　　在广州的汉墓中，也曾出土不少熏炉，考古学家推断，当时广州的富人习惯燃烧香料，东南亚地区是香料的主要产地。在广州汉墓还常见串珠出土，包括玛瑙、鸡血石、石榴石、煤精、水晶、硬玉、琥珀和玻璃等，其中有迭嵌眼圈式玻璃珠、蓝色玻璃碗，与中国汉代的工艺品迥异，可以推断是从海外输入的。中外两方面的种种考古结果都证实，中国在西汉时已与南洋有密切来往。

第一次被中国官史正式记录下来的远征海洋，确实发生在西汉王朝。

先秦时徐闻是岭南出海的主要港口之一。这里距离发现南海Ⅰ号沉船的海域，并不太远。西汉朝廷在此地有军队驻守，设置候官，南来北往的货物，全都囤积在这里，民众可以前往交易。这就是《元和郡县图志》中所记载的："雷州徐闻县，本汉旧县……汉置左右候官，在徐闻县南七里，积货物于此，备其所求，与交易有利。故彦曰：欲拔贫，诣徐闻。"商人从徐闻入货以后，乘船由鉴江入北江、西江，沿漓江而过灵渠，经湘江而入长江，再把货运到长安。

另一个出海港口是合浦（今属广西）。从这里出海可沿北部湾西行，到达占城（位于今越南）、暹罗（今泰国）、真腊（今柬埔寨）、爪哇、满剌加（今马六甲）、三佛齐（位于今印度尼西亚），直抵波斯湾。对内则通过南流江、北流江，经玉林桂门关而入西江，经漓江、灵渠、湘江而入长江。

大约在公元前110年至公元87年间，汉武帝平定南越国后，在民间募召篙工楫师，组成贸易船队，携带黄金、杂缯（丝织品）等物，从徐闻、合浦等地出发，前往今天的越南南圻、泰国华富里、印度和斯里兰卡等地港口。

此行海路漫漫，全程3500~5300海里，主要是依靠夜观天象和星相、占卜等方法导航，一路上不仅要经历风暴，还会遇到土著或海盗杀人劫货。船上给养耗尽了，在沿途各国补充；船漏帆破了，在沿途各国维修，甚至借船前行。从日南（今越南岘港）到谌离（今缅甸德贡）那一程，乘坐的就是暹罗湾或印支半岛南部土著的船只。

这段旅程在《汉书》中有详尽记录，尽管书中提及的许多古地名，今天学界解释仍众说不一，但所描绘路上"剽杀人，又苦逢风波溺死，不者数年来还"的艰辛与风险，却为后人提供了较为真实可靠的信息。

从历史的角度看，无论是造船史、航海史、贸易史，还是外交史，《汉书》的这段文字，都太重要了，它把海上丝绸之路从神话、传说时代，带回到现实世界，成为有史实依据的记录，许多研究著述，都把汉武帝作为海上丝路的最初开拓者。但史家不约而同都有一个疑问：作为始发港，《汉书》为何没有提及番禺（广州）？

有人归咎于当时航海技术欠发达，造船技术落后，唯有尽可能选择较短的海上路线；也有人认为，徐闻、合浦只是出海口，并不一定就是始发港，贸易船队有可能是从番禺始发，到徐闻、合浦补充给养，等候季风，才正式出海；甚至有人干脆声称，番禺也是始发港，只是《汉书》没记载而已。

其实，从历史的时间线上看，这个情况是有合理解释的：在汉武帝平定南越国之役中，广州遭到严重破坏，战后为了防止南越国死灰复燃，郡治弃番禺而迁往封开。广州脱离岭南政治经济中心，长达300多年。在这期间，广州贸易一度式微，是毫不奇怪的。直到东汉末建安十五年（210），步骘把郡治迁回广州，广州才恢复了往昔的繁荣。

学界有一种观点认为，东汉永元十二年（100），蒙奇、兜勒使节来华，开启了中国与欧洲直通的历史。《后汉书》记载："永元十二年，冬十一月，西域蒙奇、兜勒二国遣使内附，赐其王金印紫绶。"从古译音推测，蒙奇、兜勒合起来，有可能是马其顿在当时的译音，但学界对此仍有存疑与争论，而对东汉延熹九年（166）大秦（古罗马帝国）使节的到访，作为中国与欧洲直航之证，则看法较为一致。

那一年，中原发生大饥荒，百姓饿死者十之四五；鲜卑联合乌桓、南匈奴等数万骑犯边，与汉军交战，而南方却无大事发生，南海吹着和风，风微浪稳。在澄明透亮的蓝空之下，遥远的海平线上，出现了一艘来自罗马帝国的大船。中国人称之为"大秦"，是因为觉得他们模样长得与中国人并无很大差别，起个"大秦"名字，增加亲切感。这从侧面反映出，那时的中国人看到外国人，早就不会大惊小怪了。

大秦使者从罗马出发，穿过尼罗河通红海的古运河，循红海向南，跨过印度洋，经太平洋西南部，过交趾而达广东，带来了象牙、犀角、玳瑁。晋武帝太康二年（281），滕修当广州牧，大秦使者带来大批宝物，在广州上岸，受到滕修接待。舶货中有一种"火布"，即石棉布，脏了不用水洗，而是用火烧，烧过之后像水洗一样干净，在当时的人看来，十分神奇。滕修的一位下僚，还写了一篇赋来赞美火布："既垢既污，以焚为濯，投之朱炉，载燃载赫，停而冷之，皎洁凝白。"无论大秦使者拿什么宝物来，拿多少宝物来，他们所求索无厌的商品，唯有丝绸。

围绕着中国的丝绸，在茫茫大海上，发生过许多惊心动魄的故事。北朝北齐人魏收所著《魏书》，记载了公元4世纪末至6世纪中北魏王朝的历史。书中在描写大秦国时，以平铺直叙的笔触写道："大秦西海水之西有河。河西南流，河西有南北山。山西有赤水，西有白玉山。玉山西有西王母山，玉为堂云。从安息（即帕提亚帝国，位于今伊朗）西界，循海曲，亦至大秦四万余里。于彼国观日月尾辰，无异中国。"然而，这种几乎不含感情色彩的文字，却是多少个体生命，付与惊涛骇浪，历尽生死长夜，才留下的一点记录。

就是这样，中国人开辟的海上丝绸之路，虽几经浅滩暗礁，仍然樯帆不断，从广州、徐闻、合浦等港口出发，经马来西亚、缅甸沿海、印度东南沿海，到达斯里兰卡。万死万生，绝不止步。这种不畏前、不思后，鼎镬甘如饴，求之不可得，一切直下承担的勇气，忍苦耐劳的精神，表现出强韧的生命力量，足以震撼百代之后的人心。

作为一种陆上的生物，人无论意志如何坚强，体魄如何强壮，航海技术如何先进，要在大海上熬过漫长的日子，都是极其痛苦的经历。但世上偏有愿意承受折磨，把生命托付给大海的航海家，乘长风破万里浪，把中国丝绸辗转带到欧洲，令那片遥远的大陆沸腾起来。在许多欧洲人心目中，丝绸代表着一个匪夷所思的人间仙境，在每个航海家的内心深处，勾拨起远航的冲动。

古罗马人视中国的丝绸如天珍，他们究竟从中国进口了多少丝绸，实难以统计。408年，号称“永恒之城”的罗马城，受到蛮族哥特人围攻，危在旦夕。哥特人声称：若要他们撤退，须奉上4000件丝质短袍。还不懂得生产丝绸的罗马人，竟在短时间内，筹足4000件丝质短袍作为赎金，可见他们囤积中国丝绸的数量相当可观。

罗马人曾千方百计打探丝绸的生产原理。但中国人小心翼翼地严守着秘密，长达数百年之久。传说有几个在中国生活很长时间的印度僧侣，向拜占庭国王透露了蚕丝的秘密，并冒着砍头的危险，把蚕种藏在镂空的手杖里，从中国偷偷带到欧洲，拜占庭帝国才开始有了蚕丝业。

中国人也积极寻找通往大秦的航道，雄霸东南沿海的吴王孙权，因为与魏国曹操、蜀国刘备争天下，需要巨大的财政支持，但陆上丝绸之路，因地理的距离，他无从参与，只能靠水吃水，依赖海上贸易。因此他对在海上发现新大陆的渴望，比曹操、刘备都更加强烈。吴黄武五年（226），有大秦使者到来，孙权喜出望外，热情款待，向他们打听大秦的风土习俗，没有当他们是“蛮夷”而加以排斥。在一种平等、友好的环境下，西方文化来到了中国，而中国文化也随着丝绸一起流向欧洲。这种交往的遗痕，从拜占庭艺术中的龙、凤、孔雀及荷花图案，亦可看到蛛丝马迹。

当孙权听说秦始皇曾让徐福率童男童女数千人出海求仙后，也不禁跃跃欲试，吴黄龙二年（230）派遣甲士一万人出海探寻，结果在台湾岛登陆。但他兴致不减，黄龙三年（231），又派朱应、康泰率领船队，前往扶南（位于今柬埔寨）、林邑（位于今越南）等国访问，首次在中国史书上，留下了出访南海诸国的具体记录。朱、康二人停留海外十几年，走访十几个国家，回国后分别撰写了《扶南异物志》和《扶南记》两书，详细介绍南海诸国的情况。这次创世纪式的探险，被史家评价为与张骞出使西域，具有同等意义。

勇敢者导夫先路，继起者接踵而来。东晋以后，河陇陆路不通，中国对外贸易主要靠海路。三国归晋以后，官私文献上，开始出现微妙变化，以前讲述海路时，通常是说某国在合浦、徐闻、日南以南若干里，以这三个地方为起点计算里程，现在以广州为起点的记录，渐渐多起来了。比如到天竺（古印度）寻求戒律的东晋高僧法显，晋义熙七年（411）从海路返国，原计划在广州登岸，结果被风吹到了山东。《法显传》里记载，从天竺到广州的航程是150天左右。

当时的导航技术，还停留在看天象阶段，天气晴朗时，昼依日定向，夜依星辰指引。中国人通过海陆两路，已到达安息、奄蔡（位于里海东北部）、黎轩（属拜占庭帝国，位于今埃及）、条枝（位于阿拉伯半岛）等国。南北朝时，广州与东南亚、西亚至少15个国家与地区，诸如林邑、赤土（马来半岛吉打）、真腊（柬埔寨）和婆利（北婆罗洲）等，建立了海上贸易关系。毛织品、麻布、金属、玻璃、琥珀、珊瑚、树脂等商品，从海外源源流入中国，而中国的丝绸、瓷器与漆器，也不断输往海外。

隋代时广州尚属太平，与东南亚国家的直接贸易十分频繁，西澳的地位亦越发重要，不仅是进出东南亚各国的大港口，也是航行印度、波斯湾的主要港口。据北宋《太平御览》记载，当时来广州城贸易的外国商舶，"大者长二十余丈，高出水三二丈，望之如阁道，载六七百人，物出万斛"。这些满载货物的大海舶，每年到广州来，少则三四艘，多则十几艘。检阅载籍，这类记载盈盈在目：

《宋书》里记载：各国商船"汛海陵波，因风远至""舟舶继路，商使交属"。宋时垣闳任交州刺史，任满回来，带资财值钱一万万。《南齐书》记载，南朝宋元嘉五年（428）、梁大通元年（527），均遣使贡献。"广州，镇南海，滨际海隅……卷握之资，富兼十世""四方珍怪，莫此为先。藏山隐水，环宝溢目。商船远届，委输南州。故交、广富实，物积王府"。《晋书》更形容广州"包山带海，珍异所出，一箧之宝，可资数世"。

坊间流行一个说法："广州刺史但经城门一过，便得三千万也。"从当一任刺史就可贪得资财一万万看，这个说法绝不夸张。由于地方官的贪苛，外国海舶不胜其扰，初时每年只有三几艘，后来萧劢出任刺史，纤毫不犯，海舶增至每年十几艘，"岁中数献，军国所须，相继不绝"。有史志记载，每年到广州的外国商船，多达十余批，其中既有南洋各国的，也有印度、斯里兰卡等西南亚国家的。梁武帝感叹："朝廷便是更有广州。"

《宋书》《南齐书》等载籍，记录了南海诸国至广州的里程、方位及到访次数。例如扶南国在宋、齐、梁三朝，便遣使来华16次，其国王被梁武帝册封为安南将军、扶南王。而梁元帝《职贡图》中所绘来贡的外国使者，有31国之多，包括大秦、天竺、狮子国（斯里兰卡）、罽宾国（克什米尔）、林邑、占婆（越南南部）、扶南、金邻（泰国）、狼牙修（马来半岛）、丹丹（马来半岛南部）、盘盘（马来半岛北部）、檗檠（加里曼丹岛北部）、诃罗单（爪哇岛）、干陀利（苏门答腊巨港）、婆利（印度尼西亚巴厘岛）等。

南朝梁武帝普通七年（526），佛传禅宗第二十八祖菩提达摩，一苇东渡，在广州登岸，结草为庐，设坛传教，开中国佛教禅宗之始。后人把达摩传教的草庐称为"西来庵"，衣钵相传，香灯世守。广州名刹华林寺附近有"达摩祖师西来登岸处"石碑，标示他的登陆地点，成为海上丝路的重要文化遗址。

南北朝是战乱频仍的时期之一，天下纷纷扰扰，但大海却依旧潮起潮落，浪奔浪流。纺织机一天也没有停止转动，烧瓷的窑火一天也没有熄灭。要出海的船还是要出海，要经历的风浪还是要经历。当东北风吹起时，帆船再一次启航了。装满一捆捆的绫、绢、丝、锦，一摞摞的陶瓷，还有猪和鸡的船只，驶向大海。篙工楫师们光着膀子，大声吆喝，各自忙碌。这些商船来回一趟，往往耗时数年。谁也不知道它能否到达目的地，也不知道它能否回来。行程的千难万险，超乎想象。把中国与世界联结起来的海上丝绸之路，亦在这一次次踏破鲸波怒浪的万里航行中，渐次形成。

生活在19世纪的普鲁士学者李希托芬，1860年访问中国后，首次提出"丝绸之路"概念，主要是指西域的陆上丝路。很多学者认为，"海上丝绸之路"最早是日本学者三杉隆敏在1967年提出的，其实早在19世纪末，法国学者沙畹在其巨著《西突厥史料》中已提出"丝绸之路有陆、海二道，北道出康居，南道为通印度诸港之海道"。1955年，北京大学教授、著名学者季羡林也提出，中国通往印度的丝绸之路有五条：南海道、西域道、西藏道、缅甸道和安南道。其中的南海道，就是汉武帝时开辟，历数百年兴替，至两晋南北朝继续扩展的海上丝绸之路。

历史走到了隋朝。这是一个复杂的朝代，隋炀帝的奢靡淫逸、

穷兵黩武，历来受到史家责备，把他钉在"炀"字耻辱柱上，所谓
"好内远礼曰炀，去礼远众曰炀，逆天虐民曰炀"。不过，历史却
往往不止一个维度。隋朝至少在一开始，是很重视海上贸易的。

隋开皇九年（589）岭南初定，隋文帝即下《安边诏》，敕戒广
州，不得侵渔前来通商朝贡的海外客商，"外国使人欲来京邑，所
有船舶沿溯江河，任其载运，有司不得搜检"，以确保贸易畅通。
在鸿胪寺设立主管外海贸易的官职，南方叫南蛮使者，西方叫西戎
使者，北方叫北狄使者，东方叫东夷使者，每个使者手下还有典护
录事、叙职、叙仪、监府、监置、护市监等一堆官员，掌管互市，
出入交易。唐代李吉甫撰《元和郡县图志》称：自从隋炀帝开通济
渠之后，"自扬、益、湘，南至交、广、闽中等州，公家运漕，私
行商旅，舳舻相继"。

对开拓海外贸易，隋炀帝有非常高的好奇心与热情，经常召大
臣到御座前，打探海外的奇闻逸事，还"募能通绝域者"，前往海
外，实地探访。大家都知道这是出生入死的事情，没人敢出头应
令，只有屯田主事常骏、虞部主事王君政慨然应募，炀帝大悦，给
予了丰厚赏赐。

隋大业三年（607），常骏、王君政携带大量丝绸，从广州出
发，远涉重洋，到赤土国（今马来半岛南部）访问，受到热情接
待。赤土国王派了30艘船出海迎接，以金镴缆船，吹竹弹丝，八音
迭奏，酯歌恒舞，以迎贵宾。到达国都时，国王派王子隆重出迎，
以两头大象开路，持七彩孔雀盖，男女百人奏蠡鼓，婆罗门二人引
路，请入王宫，盛宴款待，宾主尽欢。三年后，王子还跟随常、王
回访，送金芙蓉冠、龙脑香给炀帝作为礼物。双方建立了友好的

关系。

对那些海外来客，炀帝优礼有加。《隋书》记载，大业年间，"南荒诸国朝贡者十余国"。为了炫耀上国繁富，大业六年（610）正月，炀帝在洛阳大开中门，招待各国首领、使节和商人，其场面之豪华奢侈，足以载入史册。《资治通鉴》记载："丁丑，于端门街盛陈百戏，戏场周围五千步，执丝竹者万八千人，声闻数十里，自昏至旦，灯火光烛天地。终月而罢，所费巨万。"好一派"三千世界笙歌里，十二都城锦绣中"的气象。

蕃商们提出想入市交易，隋炀帝便让人把街市店铺全部修葺一新，檐宇俨然如一，满眼珠缨缤纷，云窗锦帐，奇珍异宝，货积如山，连卖菜的老翁都用名贵的龙须席铺地，以前那是天子才用的；蕃商经过酒食店，随便入座，美酒佳肴任其享用，统统免费，还要店家摆阔，炫耀"中国丰饶，酒食例不取直"。

《隋书》记载："南海、交趾，各一都会也，并所处近海，多犀、象、瑇瑁、珠玑，奇异珍玮，故商贾至者，多取富焉。"这和《史记》《汉书》的记载相类似。由于海上商旅频繁，官府在广州城东扶胥镇修建了一座南海神庙，以保佑风雨时若，海不扬波。唐代韩愈被贬岭南，所撰碑文中有"扶胥之口，黄木之湾"的记述。宋代苏东坡《浴日亭》诗也有"瑞光明灭到黄湾"句。

滨海居民以舟楫渔盐为生，易被风暴潮涝所祸，使得人们对水既恐惧又敬畏。这种情愫渗透到人们日常生活和思维方式中，形成岭南特有的水情结。凡与海、水有关的神灵，他们都事之甚谨，顶礼膜拜。如海神、雷神、飓风神、南海神、天后（妈祖）、龙母、龙王、北帝太乙、伏波神等水（海）神。

扶胥镇的南海神庙是中国古代东南西北四大海神庙中，唯一留存下来的建筑遗物，也是古代海上丝路的重要史迹。南海神庙占地面积三万平方米，庙宇宏伟深广。"海不扬波"石牌坊，古时是系舟之处，牌坊下就是码头。2005年年底，考古人员在神庙的西南侧发现了一个古码头遗址，由南向北延伸至章丘岗。唐宋时黄木湾的航线远达南洋、西亚和东非。

相传农历二月十三日是南海神诞日（俗称波罗诞）。南（海）番（禺）顺（德）各地乡民都到南海神庙拜祭，官府也会派官员亲自到场主祭，仪式极之隆重。南海神诞之所以被乡人叫作"波罗诞"，是有一个故事的。传说昔日从印度来了一批朝贡使者，在南海神庙码头登岸，其中有一个叫达奚司空的使者，在神庙两侧各种了一棵波罗树。后来达奚司空因贪看风景，误了上船，他的同伴都走光了，他孤身一人流落异乡，不久郁郁而死。他的遭遇感动了当地人，封他为南海神手下六侯之一的助利侯，让他也得以消受人间香火。从此南海神庙也称"波罗庙"。

每年的波罗诞，都是民间的盛大节日。清代崔弼《波罗外纪》生动记述波罗诞的热闹情景："波罗庙每岁二月初旬，远近环集如市，楼船花艇，小舟大舸连泊十余里，有不得就岸者，架长篙接木板作桥，越数十重船以渡，其船尾必竖进香灯笼，入夜明烛万艘，与江波辉映，管弦呕哑，嘈杂竟十余夕。连声爆竹，起火通宵，登舻而望，真天宫海市不过矣。"

1986年，广州市对这座古庙进行大规模维修，历时五年，重建大殿，再塑金身，基本上恢复了明代的模样。南海神庙西侧有一山冈名章丘，茂树秀木，四面环绕，簇拥着"浴日亭"（现存浴日亭乃1953年重建）。南宋王象之描述："小丘屹立，亭冠其巅；前瞰大海，茫然无际。"每天清晨，一轮红日冲开素波银涛，喷薄而出，大海涌起万道光华，天地明彻。这一壮丽美景，令无数文人骚客竞折腰，宋元两代的羊城八景，都有"扶胥浴日"一景。明末清初"岭南七子"之一的番禺诗人王邦畿写过一首扶胥观日出的诗：

紫气潼潼大海中，乾坤人事尚冥蒙。
吸得光华入肺腑，波间万尾金龙舞。

1992年2月，联合国教科文组织"海上丝绸之路考察团"到南海神庙考察，确认这里是古代海上丝路的始发地，庙前就是海上丝路航船出发的码头。

大唐蕃汉万家

大唐是自战国以后，中国人文精神最为张扬的时代。文化如日中天，四面照射，闪耀出满天彩霞。贞观之治，在历史上留下灿烂一页。唐诗中有"梯航万国来，争先贡金帛""岸香蕃舶月，洲色海烟春""秋来海有幽都雁，船到城添外国人"等诗句，再现"海外诸国，日以通商"的盛况。不仅文人诵咏，翻阅唐代载籍，"南海郡利水陆，瑰宝山积""广州有海之利，货贝狎至"（《旧唐书》），以及"南海兼水陆都会，物产瑰怪"（《新唐书》）、"任蕃商列肆而市，交通夷夏，富庶于人"（《全唐文》）之类的文字，亦不绝于书。据统计，唐代每日到广州之外舶约11艘，全年到港舶数达4000艘。设每舶载客200人，则平均每天在广州港登陆者达2200人，一年多达80万人次，其盛可知矣。

按照《新唐书》记载，当时从中国到斯里兰卡的航线是：珠江口—海南岛—越南东海岸—军突弄山（今越南南端之昆仑群岛）—海峡（今新加坡海峡），向西依次可至葛葛僧祇国（今马六甲海峡南部伯劳威斯群岛）、胜邓洲（今苏门答腊北部东海岸棉兰县附近）、婆露国（今苏门答腊北部西海岸大鹿洞附近之巴鲁斯）、婆国伽兰洲（今印度尼科巴群岛）—师子国（斯里兰卡）。到达斯里兰卡后，再转往阿拉伯帝国，有两条航线：其一，斯里兰卡—印度半岛西海岸西北行—弥兰大河（印度河）入海口—波斯湾—弗利剌河口—阿拉伯帝国之末罗国（今巴士拉）；其二，从斯里兰卡横渡阿拉伯海—三兰（今也门之亚丁或坦桑尼亚之达累斯萨拉姆）—绕行阿拉伯半岛南岸—没巽国（今阿曼东北之苏哈尔）—波斯湾—拔离歌磨难国（今巴林岛）—沿波斯湾东岸至弗利剌河口，与第一条航线汇合。贾耽著《皇华四达记》，其中叙述唐朝通四夷的七条国际交通要道，其中"广州通海夷道"为唐朝最重要的海外交通线，贯通南海、印度洋、波斯湾和东非海岸，为当时世界上最长的远洋航线。

每年西南季风季节，珠江口便出现樯橹如织，货舶排队入港的情景；而东北季风季节，则可见千船解缆，百舸举帆，稠载之舟，争相出港的盛况。当时还没有无线通信设备，也没有指南针，全凭信鸽与陆地联系。唐代李肇《唐国史补》记述："南海舶，外国船也，每岁至安南、广州。狮子国舶最大，梯而上下数丈，皆积宝货。至则本道奏报，郡邑为之喧阗……舶发之后，海路必养白鸽为信。舶没，则鸽虽数千里，亦能归也。"

丝绸是最受外商欢迎的商品。据说唐朝有一位阿拉伯商人，在广州拜会官员时，透过官员的丝质衣服，看见他胸口的黑痣。商人大感诧异，以为是自己眼花了，不禁凝神注视。这时轮到官员诧异了，问他盯着自己看什么。商人疑惑地说："你穿了两重衣服，怎么我还看到你胸口的痣？"官员忍俊不禁，拉起衣袖给商人看，他不是穿了两层丝绸衣服，而是穿了五层。中国丝绸举之若无，轻若烟雾，令外商惊为神物。

政治文物昌盛，艺术亦以鲜活的生命力、繁复的形式、超凡的创意，获得朝野的热情支持，达至历史空前高度。丝绸与中国的书画艺术，精神上有相通之处。士人山水画兴起于唐代，技法讲究浓淡相生，虚实相济，浓处精彩而不滞，淡处灵秀而不晦，虚实并起，意态万千。一种缥缈空灵、烟云绵邈的韵味，于浓浓淡淡、虚虚实实的墨迹之间，晕化出来，正如一位身材妙曼的女子，穿起丝绸衣服时的感觉，身体在丝绸中游动，丝绸随之飘飘起舞，就像鱼儿在水中吹起细浪，丝丝入扣，妙不可言。有人说士人画乃"诗中有画，画中有诗"，若论丝绸与绘画的关系，则"丝中有画，画中有丝"，亦无不可。

唐诗宋词，代表着文学史上一个巍然难及的高峰。而唐丝宋瓷在工艺史上，亦乘着时代喷薄升腾之势，不断阐扬光大，绽放异彩。唐代丝织业十分兴旺，作坊遍布全国城乡，诗人李白用"缲丝鸣机杼，百里声相闻"来形容，当不是虚错之词。在一些地方，绢帛可作为货币使用。丝绸也是唐代重要的出口商品，通过陆路与水路，源源输往欧洲。苏联考古人员曾在北高加索西部库班河上游的墓葬中，发现许多唐朝丝绸，其中有"唐人牵马"内容的绢画。而唐代的海上丝路，也日渐发达，航线的网络，覆盖愈来愈广阔的地区。

丝绸固然世界闻名，瓷器亦不遑多让。史家一般认为，白瓷自唐代开始，沿着丝绸之路，跨入欧洲门槛，至晚亦不晚于两宋。最初也许只是作为中世纪一系列战争中的战利品，被少量带回欧洲，但已产生"举国哗然"的效应。美国学者唐纳德·F.拉赫在《欧洲形成中的亚洲》一书中说："在中世纪的欧洲，陶工主要制作普通人日常所需的简单器皿。他们制作的粗陶、陶器和石器往往不着色，只是一些单调和粗陋的器皿。那些偶然从中国进入中世纪欧洲的瓷器，白皙耀眼、装饰华美，薄得令人惊讶且能产生共鸣。对于那些只会制作简单器皿的陶工而言，中国瓷器一定像是来自另一个世界。"

唐代以前聚居广州的蕃客，以印度等南亚人为主，唐代以后，大食（阿拉伯帝国）和波斯商人日益增多，成为主要的外商群体。南宋地理学家周去非在《岭外代答》一书中说："三佛齐国在南海中，诸蕃水道之要冲也，东自阇婆诸国，西自大食、故临诸国，无不由其境而入中国者。"三佛齐国即今印度尼西亚，阇婆为今爪哇，故临为印度半岛西南部一港口。由此可见，上述诸国很早就已成为广州重要的贸易伙伴。

来自大食、波斯和印度、南洋等地的商船，在西澳码头把犀角、象牙、翠羽、玳瑁、龙脑、沉香、丁香、乳香、白豆蔻、胡椒、蓝靛、檀木等货物卸下船，把各种精美瓷器、丝绸、呢绒、布帛、丝线和各种刺品、漆器、糖、酒、茶、米、梳子、伞、扇子装上船。每天装船、卸货、泊岸、离岸，在广州城西形成全中国最繁荣的外贸商业区。

唐代文人用尽各种华丽辞藻，形容海上丝路不可思议的盛景。权德舆在《杜公佑淮南遗爱碑并序》中记述，唐兴元元年（784）至唐贞元三年（787）间，"南金象齿，航海贸迁……万船继至，百货错处"。陆扆在《授陈佩广州节度使制》中形容"番禺巨镇，雄藩夷之宝货，冠吴越之繁华"。而福建泉州作为新兴的海贸港口，唐代中叶也迅速崛起，唐天宝、大历年间（742—779）人包何的《送李使君赴泉州》诗，描述泉州海贸初兴的情形："傍海皆荒服，分符重汉臣。云山百越路，市井十洲人。执玉来朝远，还珠入贡频。连年不见雪，到处即行春。"

朝廷对外商实行"招诱奖进"政策，最初并没有专门管理朝贡贸易的机构，随着越来越多蕃舶到来，交易额越来越大，蕃商、地方与朝廷三方利益关系，互相纠缠，地方官员权力有限，很难处理，朝廷也鞭长莫及，需要有专人管理。因此，唐贞观十七年（643），【亦有开元二年（714）之说】朝廷在泉州、扬州、广州设市舶使，专门管理以丝绸出口为主的海外贸易。

这是一个划时代的标志。市舶使由地方大员兼任，没有专门办事机构，官职也不是常设的。春末夏初，蕃舶来得较多，是市舶使最忙碌的季节。每有海外蕃舶至，由蕃坊的蕃长负责引领入关，市舶使稽查舶货，检查违禁品，防止走私，征收舶脚（货税），进行抽解，并协助安排把贡品送入京师。入冬以后，蕃舶都走光了，市舶使也就无所事事，形同闲曹。唐高宗时期，先后有结好使、押蕃舶使、监舶使等五花八门的名称，反映唐初使职差遣因事而设，事罢即省，具有临时性和非常设性的特点。后来，市舶使的地位越来越重要，改由宦官担任，具有钦差大臣性质，不能与地方官员同署办公，需要有自己独立的办事机构，于是便设立了市舶使院。市舶管理制度基本成形。

大食、波斯商人甚众，常年侨居中国南方的穆斯林蕃商数以万计。唐开元二十九年（741），官府在广州西城外划出地方，专为蕃商提供居所。在现存载籍中，"蕃坊"一词，最早见房千里于唐大和初年（827）所撰《投荒录》（亦作《投荒杂录》）一书。清初顾炎武《天下郡国利病书》引《投荒录》语："顷年在广州蕃坊，献食多用糖蜜脑麝。有鱼俎，虽甘香而腥臭自若也。"蕃坊范围，大致以今光塔路为中心，东至朝天路、米市路，西至人民中路，南至惠福西路以南，北至中山六路。在泉州也有类似的外商聚居街区，在泉州城镇南门附近，称为蕃人巷，形成时间较广州为晚。南宋人写的《方舆胜览》中，有相关记载："诸蕃有黑白二种，皆居泉州，号蕃人巷。"据一些历史学家推断，泉州的蕃人巷大约形成于两宋之交。

蕃坊设立蕃长（亦常写作蕃客大首领、蕃酋等）一人，管理蕃坊事务。对内负责裁决蕃客之间的纠纷，对外负责招邀蕃商前来贸易。蕃长由蕃坊内的穆斯林公推德高望重者，上报地方官府，获朝廷或官府批准后，正式出任。9世纪中叶至10世纪初的阿拉伯文献《中国印度见闻录》对蕃长有如下记载："在商人云集之地广州，中国官长委任一个穆斯林，授权他解决这个地区各穆斯林之间的纠纷。这是照中国君主的特殊旨意办的。每逢节日，总是他带领全体穆斯林做祷告，宣讲教义，并为穆斯林的苏丹祈祷。此人行使职权，做出的一切判决，并未引起伊拉克商人的任何异议。"

海外商舶至，由蕃长负责引领入关，市舶使负责稽查舶货，征榷抽分。蕃坊人烟稠密，有各种繁忙兴盛的专业市场，包括香料市场、玛瑙市场、象牙市场等。美国汉学家薛爱华（这是他的中文名，英文名为Edward Hetzel Schafer，译作爱德华·赫策尔·谢弗），在《唐代的外来文明》中，描述蕃市交易的热闹情景："每当午时的鼓声敲响时，居住在广州的各种肤色的外国人以及来自唐朝境内各地的汉人，都被召唤到了大市场上，他们或在店邸中密谋策划，或在商舶上讨价还价，进行紧张的贸易活动。而每当落日时分的鼓声敲响时，他们又都各自散去，返回自己的居住区。有时，他们偶尔也到夜市去，操着异国腔调大声地讲价钱。"他得出这样的印象："南方所有的城市以及外国人聚居的所有乡镇，没有一处比广州巨大的海港更加繁荣的地方，阿拉伯人将广州称作'Khanfu'（广府），印度人则将广州称作'China'（中国）。"

唐天宝七载（748），律宗高僧鉴真第五次东渡日本失败后，曾在广州小住。据他的日本徒弟、学者真人元开所撰《唐大和上东征传》描写，鉴真在广州看到："江中有婆罗门、波斯、昆仑等舶，不知其数，并载香药珍宝，积载如山。舶深六七丈。师子国、大石国、骨唐国、白蛮、乌蛮等往来居（住），各类极多。"

在蕃坊还有供穆斯林礼拜用的清真寺——怀圣寺。寺内有一座35.46米高的塔，原称邦克塔，俗称光塔，在宋代就与扬州仙鹤寺、杭州凤凰寺、泉州麒麟寺并称中国四大清真寺，而其中以怀圣寺历史最长，是中国现存最早的清真寺，亦为世界现存最早的清真寺之一。

怀圣寺既是伊斯兰教的宣礼塔，也是一座导航塔。宋人方信儒有《番塔》一诗，介绍广州伊斯兰教建筑物光塔的形状和用途，云："半天缥缈认飞翚，一柱轮囷几十围。绝顶五更铃共语，金鸡风转片帆归。"清康熙三十七年（1698）《重建怀圣寺之记碑》称："则千年之间，寺之废兴不知凡几，而此塔则岿然独存，固其形势峻峭，风火所不能侵，而创造者工力心力之精坚深远，固百后世所得而及也。"塔顶有金鸡风向标，为进出坡山码头的船舶指示风信；入夜则悬灯，用以导航。清代樊封《南海百咏续编》记：光塔"塔顶有金鸡，随风可转，以验飓母消息。夜则燃灯以导归帆"。

蕃坊内有供蕃客子弟读书的蕃学、养育院，在城北还辟建蕃客的公共墓地。唐代专门制定了有关蕃商遗产继承的法律，蕃客犯事，一般由蕃坊根据《古兰经》和伊斯兰教习俗，自行处理，"徒"以上重罪，由广州地方官府审理。

朝廷对蕃商在广州购买田宅，初时并无限制，但从晚唐开始，蕃客与华人谈婚论嫁，买田买地，兴建房屋，开枝散叶的现象愈来愈普遍，乃至有"五世蕃客""土生蕃客"的出现。朝廷曾颁令"广州海南蕃商毋得多市田宅，与华人杂处"，但实际上并不能禁止蕃商与华人通婚、置产、杂处的现象。

不少蕃客在中国生活日久，高度汉化，甚至参加科考。来自大食的蕃客李彦升，与时任岭南节度使、广州刺史的卢钧过从甚密，并得赏识。唐大中元年（847），卢钧向唐宣宗李忱推荐李彦升，朝廷派人考察后，准其参加科举，竟一举蟾宫折桂，成为中国历史上的第一位穆斯林进士，并由皇帝钦点为翰林学士。

在"住唐"外国人与日俱增的同时，漂洋出海，在异国他乡定居的中国人，也有增无减。晚唐历黄巢之乱，逮至五代十国，繁华荡尽，四方兵连祸结。锋镝余生的人民，纷纷背负着祖宗牌位，出海避难，移居印度尼西亚的中国人为数甚多。他们在当地拽耙扶犁，耕耘树艺，成为真正的永久侨民了。他们是早期的华侨，而在当时他们被称为"住蕃"。朱彧在《萍洲可谈》中说："北人过海外，是岁不还者，谓之住蕃；诸国人至广州，是岁不归者，谓之住唐。"他进一步解释："唐威令行于东南，故蛮夷呼中国为唐。"中国人在海外聚居的地方，也因此被冠以"唐人街"之称，传至今日。

大唐时期，大批中国僧人远赴海外取经。自7世纪后期至8世纪，室利佛逝（今马来诸岛中苏门答腊岛东部）佛教大兴，从海路经印度尼西亚往西域取经的中国僧人越来越多，据义净《大唐西域求法高僧传》记载，前往西域取经的僧人有60人，其中从海路经印度尼西亚的有19人。

特别值得一提的是义净法师。唐咸亨二年（671）他带着弟子善行，从广州登上波斯的远洋帆船，踏海西进求佛。他到了室利佛逝，在那里居留半年，学习梵文，然后一叶孤舟，前去印度取经。他在印度耽摩立底（在印度东部）住了13年，潜心研究佛法，其后又返回室利佛逝，从事佛经翻译与著述。唐永昌元年（689），义净远涉重洋，回到广州，邀约志同道合者，一起到室利佛逝从事翻译工作。在他感召下，一批僧人与他同赴海外。义净在室利佛逝完成了《南海寄归内法传》（四卷）、《大唐西域求法高僧传》（两卷）的著述。到武周证圣元年（695），义净才返回中国。广州海上丝路，不仅是商贸通道，而且是文化交流的通道。

五代后晋天福八年（943），阿拉伯旅行家马苏第路过苏门答腊，见有不少华人居住，他们的生活，与当地人无太大差异。这位旅行家后来在其备受争议的鸿篇巨制《黄金草原》中称："有许多中国人耕植于此岛，而尤以巴林邦（今巨港）区域为多，盖避其国中黄巢之乱而至者。"这些中国人，据说大部分来自岭南地区，是黄巢攻打岭南时，搭乘波斯商船逃难而来的。

英国殖民时代做过苏门答腊总督的托马斯·斯坦福·莱佛士在《爪哇史》一书中，讲述了一个故事：950年前后（即中国五代十国时期），"一只中国大三桅帆船在爪哇北岸沉没，船员在扎巴拉附近上岸，其他则在三宝垄和直葛登陆。管船者向直葛的统治者献上一块宝石，他因此演出了许多奇妙的效果，通过这块宝石他得以讨好直葛的头人，后者允许他召集余众在固定的地区居住，并授予他们许多权利。"

盛唐面对世界的外来文化、异质文化，抱持大度包容的心态，宏纳众流，兼容并包，同时又能保有自身天真率直的本质，展现向上开拓舒展的姿态。海上丝路至此时代，亦承前人之志发挥而光大之。从广州出发，沿东江可抵惠州、河源，到达龙川老隆，与闽、赣相连接；循北江则可抵韶关，北上湖南，连接长江水系；沿西江而上，可通广西、湖南，连接灵渠与湘江，与长江水系相接。水路交通四通八达，把海上丝绸之路扩展到西南、华中、江南的经济腹地，形成了一个范围广泛的经济圈。

两宋唯广最盛

大江大河孕育着人类文明。若拉开历史距离来看，自西周至秦汉隋唐而臻于极盛的黄河文化，经历安史之乱后，再到残唐五代，一挫再挫。随着士民向南方流离播迁，长江文化顺势勃兴，北宋达到一个高峰。而靖康之变后，宋室衣冠南渡，迁都临安（杭州），中国的文化重心继续南移。第三个大河文化——珠江文化，已在五岭之南蓄势待发。

南北两宋，是一部充满悲剧色彩的宏大史诗。学者陈寅恪有一段话，常被史家引用："华夏民族之文化，历数千载之演进，造极于赵宋之世。"这种"繁荣造极"，得益于民间社会的蓬勃活力、商业经济的自由开放，以及中国与世界的密切交流。在这个盛大舞台上，演绎着一幕幕动人心弦的千古佳话。

宋代的海外贸易，袭唐旧制，由市舶使管理，为蕃舶发放入港许可证，设立保甲制，给本国出洋船舶发放许可证，对出入港的商舶进行编栏（防止逃税）、阅实（上船验货）、抽解（征收关税）、博买（收购进贡朝廷的货物）、防止违禁物品买卖等管理工作。除广南路外，两浙路、福建路也设有市舶司，号称"三路舶司"，掌管全国对外贸易。官名和唐代大致相同，开宝四年置"广州市舶司"，元丰三年改为"广南东路提举市舶司"。

宋初的市舶使，多由广南东路经略安抚使、广南东路转运使、广州知州等地方官员兼任，徽宗朝以后，市舶提举成为专职官员，不再由地方官员兼任。市舶司的上级机关，也由发运司改为漕司，再改为朝廷直管，任何地方官不得染指，可见地位在不断提升。为了招徕外商，朝廷在广州、泉州都设有来远驿，供外国使者、商人下榻和从事贸易活动。广州来远驿的位置在西湖药洲。

朝廷与民争利，比如玳瑁、牙犀、镔铁、鳖皮、珊瑚、玛瑙、乳香等贵重商品，概由官府垄断，禁止民间经营；而一般商品，则"择良者止市其半"。官府以低于市价的价钱收购，再以高于市场的价钱出售，还经常不给现金，而以其他货物抵充，称为"折支"。那些抵充的货物，多半滞销，亏损全由商人承担，商人当然没有积极性了。其实官府垄断贵重商品，也消化不了，像香药这类东西，放久了是会过期变质的，造成市场价格下跌，实际上也影响朝廷收入。

民间的呼声，成为改革的推动力。朝廷取消了官市，改用抽解方式。即市舶司从一船货物中，抽取十分之一、二、三不等，其他货物就不再官市了。抽解的货物，直接运到京师，不在广州出售。这对价格影响虽然不那么明显，但因为官府的抽买，并不分贵细、粗重，只从一船货物中，笼统抽取一定比例，官府手上有这权，不可能不用，于是只拣贵重货物，把粗货留给商人。许多商人一气之下，不再贩运贵重货物了。《宋会要辑稿》说："舶户惧抽买数多，所贩止是粗色杂货。"这同样会影响朝廷收入，道理至浅易明。宋庆历年间（1041—1048），广南东路转运按察使王丝，兼本路安抚提举市舶司，他一眼看出弊端所在，立即做出改变，把货物分为细色、粗色两大类，分别抽买，避免了只抽细色货。商人们奔走相告，欢欣踊跃，把王丝称为"金珠御史"。

每年九、十月间，满载绫绮罗绢的中外商船，乘冬季风从广州出发之前，官府会在海山楼设宴为蕃商饯行，以示慰劳，这项活动称为"犒设"。仅此一项，官府每年的开支就达300贯。广州对蕃商的款待规格，明显高于其他各路，这使得海外客商更愿意到广州交易。于是广州的商船愈来愈多，抢了其他各路的生意，提举福建路市舶的官员坐不住了，向朝廷奏称："今来福建市舶司每年止量支钱委市舶监官备办宴设，委是礼意与广南不同。欲乞依广南市舶司体例，每年于遣发蕃舶之际，宴设诸国蕃商，以示朝廷招徕远人之意。"也就是希望按广州的标准款待客商。朝廷同意了他们的请求。

海山楼在今广州北京路东横街附近，南宋陈去非在《雨中再赋海山楼诗》中，以"百尺阑干横海立，一生襟抱与山开"形容其雄姿。值得一提的是，能够成为海山楼座上客的，不仅有"蕃汉纲首"，甚至连"作头梢工"，不分身份贵贱，不论华夷国籍，一律以美酒肴馔招待。来年三、四月间，商船再随西南季风回航，俗称"返唐山"。

中国人漂洋过海，不仅是为了经商，也是为了文化交流，除了僧侣，不少读书人也随商船到海外。《宋会要》中，便记载了宋元祐年间（1086—1094），海禁松弛，"入蕃海商……时有附带曾经赴试士人及过犯停替胥吏过海入蕃，或名为住冬，留在彼国数年不回，有二十年者，取妻养子"。可能因为出海士人太多，引起朝廷忧虑"人才外流"，不得不颁下"曾预贡解及州县有学籍士人不得过海"的规定。南方天高皇帝远，实际效果如何，难以考核。但从历史上看，任何阻碍中外交流的举措，或可有效于一时，终不可长久，因为交流是人类的天性。

随着造船业代有进步，出海谋生的中国人多，来中国经商谋生的外国人更多。根据《宋史》中的记载统计，以三佛齐王国为例，从宋朝开国的建隆元年（960）到淳熙五年（1178），先后20多次遣使到中国，联络双方感情。不仅带来了象牙、乳香、蔷薇水、万岁枣等海外的奇珍异宝，还把"火油"（即石油）引进到中国。

北宋时期，每年远涉重洋，到中国经商的大食、波斯商人，不绝于途，携妻儿侨居于蕃坊者，不可胜数。中国人认为外国人（主要是穆斯林）大多姓"蒲"，因此对大食商人，多冠以"蒲"姓。宋太祖开宝九年（976），大食国舶主、大商人蒲希密第一次到中国，向朝廷进贡方物。宋淳化四年（993），蒲希密载运大批香料及药物、珍宝，再赴广州，因老病不能至长安，托副酋长李亚勿把大量礼物送达开封，并上表称赞赵炅皇帝"德合二仪，明齐七政，仁宥万国，光被四夷"，自称愿"乘海舶，爰率土毛，涉历龙王之宫，瞻望天帝之境，庶遵玄化，以慰宿心"。赵炅大悦厚待之，诏赐蒲希密敕书、锦袍、银器、束帛等以答。

蒲希密在广州蕃坊一住数年不归，他的儿子蒲押陁黎来寻父。父子在蕃坊相见。宋至道元年（995），蒲希密托儿子再次上书朝廷，并贡献白龙脑、腽肭脐、龙盐、眼药、白砂糖、千年枣、蔷薇水、蕃锦、驼毛褥面等物。蒲希密父子先后与北宋三位皇帝打过交道，都取得圆满结果，建立了良好的关系。在朝廷加持下，蒲希密富甲一方，在蕃客中有相当大影响力。广州蒲姓人俨然奉蒲希密为居穗始祖。

另一位著名蕃商辛押陁罗，今译作谢赫阿布杜拉。谢赫在阿拉伯语中有"长老""大首领"之意。辛押陁罗来自阿曼苏丹国，这是一个属于大食国的小国，位于阿拉伯半岛东南部，濒临阿曼湾和阿拉伯海，古译作勿巡、瓮蛮，从唐代开始已与广州建立了贸易关系，蕃坊中的不少蕃客，就是来自阿曼，而辛押陁罗是其中之一。

辛押陁罗北宋时期到广州，定居蕃坊几十年，靠海上贸易致富，积累了数百万缗家财。官府委其为蕃长，负责招徕外商、协助贸易、征收关税、管理外侨等事务。辛押陁罗热心公益事业，宋熙宁元年（1068）广州知府张田徙郡学于城西，但学校还没建好就暴卒，官府准备停止工程。辛押陁罗闻讯慨然捐资，把未完成的斋宇建筑一一建好，并购学田以资膏火，在学校内置别舍，接收蕃客和当地人的子弟入读。

宋熙宁五年（1072）四月，辛押陁罗以勿巡国进奉使的名义，再次向朝廷进贡真珠、通犀、龙脑、乳香、珊瑚、笔格、琉璃水精器、龙涎香、蔷薇水、五味子、千年枣、猛火油、白鹦鹉、越诺布、花蕊布、兜罗绵毯、锦襈和蕃花簟等物。

不久后辛押陁罗返回国内，竟被阿曼国王所杀，家产由他生前收养的养子继承。后来，养子派了两个人到京师做生意，有广州商人向户部告发，称辛押陁罗并无亲生子女在世，虽有一养子，其实是童奴，因此属户绝财产，不能由此养子继承。

当时朝廷律法中，有不少条文是针对蕃坊居民的，如《宋刑统》规定，暂时居住蕃坊的蕃商，不得与中国女子结婚；长期定居的则可以与中国女子（赵姓除外，避皇帝讳）结婚，但不得带出国。又规定长期定居的蕃客，必须改穿唐式服装，而短暂往来的则不必。针对蕃商的遗产继承，则颁有"蕃商五世遗产法"。

其时大文豪苏东坡的弟弟苏辙任签书应天府判官，他把广州商人传来讯问："辛押陀罗在蕃国死，有没有正式报告广州？"商人答称：只是传闻，没有确报。苏辙又问："辛押陀罗的养子所生父母、所养父母有在世者吗？"商人答称没有。苏辙再问："法告户绝，必须在本州县，你何故告于户部？"商人答称：因天下财富皆由户部掌管。苏辙指出："你告的三条都违法了。你若承认这三条违法，还可免你受罚。"但户部官员仍有疑问，苏辙解释："那人来告的，都是法律不允许的。他之所以要到户部来告而不去广州告，是因为他知道这事行不通，无非想假户部来压广州。"苏辙运用户绝继承法，保护了辛押陀罗养子合法继承遗产的权利。后来，苏辙把这事写进了《龙川略志》一书。

商贸交往必然会推动文化的交往。北宋治平年间（1064—1067），三佛齐国王地华伽啰派遣使者至啰啰到中国入贡。途中遭遇飓风，所乘海舶几乎倾覆，同船人都不作生还之想。据说至啰啰向天祷告，求神庇佑，天空忽然出现一位老翁，海面瞬间风平浪静，至啰啰终于安然抵达广州，暂居蕃坊。当时蕃坊附近的天庆观（位置在今中山六路），因年久失修，门颓瓦败，满目荆榛。至啰啰到观中参观时，不胜怆然。巡行之间，忽见有一神像倒在荆杞丛中，形象竟与他在海上祈祷时所见天空老翁十分相似，不禁骇然。回国后，至啰啰向国王禀告此事，地华伽罗提出要出资重修天庆观。

在得到广州官府批准之后，地华伽罗派恩离沙文来广州主持天庆观修复工程，耗时12年，至宋元丰二年（1079）才全部完工。道士何德顺立《重修天庆观记》碑，以纪其事。重修后的天庆观，新建了山门、大殿、宣诏堂、保真堂、北极殿、斋厅、三清殿、御书阁等，并塑绘天帝像，铸大钟一口，建钟楼以覆之。规模宏大，焕若洞府，"清风时过，铃铎交音，晴日下临，金碧相照"。

地华伽罗亲自派人邀请庐山道士罗盈之住持天庆观，紫衣何德顺为监临。又捐钱十万，置山田以充天庆观日常费用，后来再追加四十万金钱，置田充广之需。作为回报，北宋朝廷赐封地华伽罗为保顺慕化大将军。地华伽罗死后，剪下自己的头发、指甲，派人送到广州入葬，以供祭祀。这一故事，作为中国和印度尼西亚两国传统友谊的历史物证，广受传诵。

外国人住唐时间长了，能够遵守法度，有贡献于地方的，甚至还可以加官晋爵。当过蕃长的辛押陁罗，朝廷便封他为归德将军。大食蕃商蒲寿庚兄弟，在广州经营商舶，寖成巨富，南宋咸淳十年（1274），蒲寿庚与其兄蒲寿晟平海寇有功，累官福建安抚沿海都制置使，执掌福建兵事民政要职。南宋景炎元年（1276），南宋朝廷又授予蒲寿庚为福建、广东招抚使、总海舶。大食国商人蒲罗辛，因"造船一只，船载乳香投泉州市舶，计抽解价钱三十万贯"，朝廷特赐给他"承信郎"的官衔，勉励他继续"说喻番商广行船贩乳香前来"。相传如今泉州的丁、蒲、郭、金、夏、马、葛等姓，都与曾在泉州居住过的阿拉伯人或波斯人有血缘关系，几代之后，概已华化。

对在中国经商的外国商人一视同仁，以法律保护其权益，让外国商人在中国可以放心经营，这也是大宋经济欣欣向荣的重要原因之一。这些脍炙人口的故事，值得细细咀嚼，它们在细微之处，展现了宋代对外宽阔的胸襟，别有深长的历史文化意味。

广州成为全国最大的海外贸易集散地，不仅得益于悠久的商业传统、较好的营商环境、优良的港口和联结内地的交通网络，还由于宋元丰三年（1080），朝廷进行了外贸制度改革，颁布"元丰广州市舶条"，规定广州为中国商船前往"南蕃诸国"的唯一出发和回泊港。就是说，除了对日本、高丽的贸易，由杭州、明州（今宁波）市舶司管理外，其他国家地区的贸易，一律由广州市舶司掌管。与广州有直接贸易关系的国家和地区多达140余个。朱彧在《萍洲可谈》中感叹："三方唯广最盛。"北宋与党项族西夏交恶后，三川口、好水川、麟府丰、定川寨诸役，连吃败仗，河西沦陷，陆上丝绸之路几近断绝，刺激通海夷道大兴。

宋熙宁十年（1077），广州、明州和杭州三州市舶贸易总收入已超200万贯，是历史上收入最高额的三倍有余，其中98%以上来自广州。宋元祐二年（1087），朝廷增设泉州市舶司，第二年又在山东密州板桥（今胶县）增设新的市舶司。除广、明、杭、泉、胶五个市舶司外，在温州、澉浦、秀州华亭、青龙镇、上海、江阴等地，亦设立市舶务。这五司六务，都是管理对外贸易的。

南宋丢失了半壁江山，财源骤减，朝廷不得不更加依赖海外贸易。因此，着意提高市舶司的地位，规定诸司官员不得搜刮市舶司钱物，违者以徒二年科罪。高宗赵构甚至赋予市舶司"朝廷耳目之寄"的监司地位，监督地方大员，提举官成为路一级的高级官员。但同时也对市舶司的工作提出更严苛的要求。南宋建炎元年（1127）赵构下诏，有亏蕃商者，重置其罪。南宋绍兴十六年（1146），三佛齐国王致函广南路市舶司，抱怨贩卖乳香亏损了，朝廷立即对当时任提举市舶的官员实行降级处罚。

由于朝廷各种积极政策的推动，南宋初期的海上丝路，生意兴隆通四海，财源广进达三江。用《宋会要辑稿》的话来说，南宋建炎四年（1130）市舶库"逐日收支宝货钱物浩瀚"。广州的外贸规模居于端首。朝廷还两度撤废闽、浙市舶司，只留下广州一条通商海路。这个政策，虽不利于中国外贸的发展，但在短期内，却造就了广州商贸的高度繁荣。

海内外商人云集广州，取道北上。南宋绍兴二十五年（1155），占城进奉使经广州赴临安，向朝廷进贡沉笺等香万余斤、乌里香五万五千余斤，还有犀角、象牙、翠羽、玳瑁等。第二年，三佛齐进奉使经广州向朝廷进贡乳香八万升、胡椒万升、象牙四十斛及各种名香宝器。按照朝廷规定，贡物一般为进口货物的十分之一，即有十分之九留在广州。这个数据有双重含义，一方面可见从占城、三佛齐等地进口货物，数量浩穰，另一方面也反映广州市场的容量，十分惊人，用"琛赆充溢"形容，并无夸诞。

宋绍兴三十二年（1162），赵昚入承大统，年号隆兴。在南宋九朝皇帝中，他是才干最强的一个，政治上进行大刀阔斧改革，整理律令，裁汰冗滥；经济上实施轻徭薄赋，兴修水利。对外贸易方面，他改变了舶货的运送方式，以前从广州运到行在的粗色香药物货，规定每纲二万斤，六百斤耗为一纲，限五个月到；赵眘改为粗细物货并以五万斤为一全纲，限六月程到行在。每一纲从二万斤增至五万斤，重量翻一倍多，除粗色物货外，还包括细色物货。广州货源之充足、上等货之多，可见一斑。

另有一项文献记录，见于南宋乾道三年（1167）——这是孝宗赵眘第二个年号——循州知州廖颙所撰《重修南海庙记》，他写道："西南诸蕃三十余国，各输珍赆，辐辏五羊。珍异之货，不可缕数。闽浙舸舶，亦皆载重而至。岁补大农何啻千万缗。"这段文字记录了当时不少闽浙商船，都满载货物到广州交易。所述时间点，距离南海I号沉船甚近，可视为孝宗赵眘时期的常态。

为了确保有足够多的人出海，航线不会中断，官府不仅鼓励商人出海，在南宋淳熙十三年（1186）以前，甚至还硬性规定，出海遇难的商人和船员子弟，都要接过父辈手中桨橹，继续出海。南宋周必大在《广南提举市舶江公墓志铭》中写道："旧例舶舟溺风涛者，抑子孙续其业，人以为苦。"

那时的广州城外，一艘艘独樯舶、牛头舶、木兰舟等候进出码头。从环王国（越南中南部）运来的驯象、镠锁、五色带、朝霞布、火珠等；从诃陵（爪哇中部）运来的玳瑁、黄白金、犀角、象牙、五色鹦鹉、频伽鸟；还有堕和罗国（泰国湄南河下游）的象牙、火珠；天竺的火珠、郁金、菩提树、胡椒、青黛、补骨脂、婆罗；锡兰的胡椒、香料、珍珠、宝石、云母；波斯的琉璃、水晶、玛瑙、金、银、珍珠、锡、铁、朱砂、水银、香料；大食的珊瑚、琥珀、炉甘石、密陀僧、乳香、没药、安息香、芦荟、蒿萝；拂菻的白矾、阿勒勃、香膏、无花果等，各种瑰宝异玩和瑞兽珍禽，在码头上堆积成山。当炎热的夏季过去，开始转吹东北季风时，装满精美瓷器、丝绸、漆器、糖、酒、茶、米、麝香、宝剑、马鞍、沉香、肉桂、貂皮等中国货的巨船，便扯起风帆，从广州出发，穿越马六甲海峡，驶向波斯湾，一直到阿曼湾、亚丁湾和东非海岸。

南海Ⅰ号，就是在这个宏大壮阔的历史背景之下，最后一次升起它的风帆。

船上的日子

      "沉船遗址相当于一个时间胶囊。它把某一个时代切片完整地保存下来。"崔勇的这句话,不仅已成为水下考古界的共识,也成为整个学界的共识。作为阳江本地文史学者的冯峥说:"我认同一些专家学者的观点:'南海I号'不仅仅是那价值连城的文物,更重要的是这条沉船传递了800年前的一个社会信息!这话说得很到位,只有我们这些疍家佬才知道,一叶一如来,一船一世界,一条船就是一个家,一个家就是一个社会的缩影。那么,这800年前的社会是怎么样的呢?此前我们一直只能从书本上看到,像这样通过时光隧道穿越到当年的社会现实,这是唯一的一个个案。这是挖掘任何陵墓所难以类比的。"

    随着对南海I号的发掘逐渐推进,船上人的一些生活细节,也慢慢浮出水面。宋代的海舶,大的可载几百人,小的可载百余人。冯峥后来以南海I号为题材,写过一部小说《南宋的那个夜晚》(出版时改名为《南海I号传奇》),他认为这条船是从泉州出发,在阳江海域沉没,行程至多也就一两个月;因为是货船,船上至多不会超过10人;按出水的沉船大小看,空间也只有300平方米。

真实情况是否如此？按南宋吴自牧在咸淳年间（1265—1274）写的《梦粱录》所载："海商之舰，大小不等，大者五千料，可载五六百人，中等二千料至一千料，亦可载二三百人。"南宋的一千料约为60吨。根据后来的研究表明，南海Ⅰ号的载重，约为三千料，即180吨，介乎中等船与大船之间。至于船上人员，二三百是极限，货船一般不会载那么多人，但也未必只有10个人那么少。因为这种规模的远洋海船，仅船员应该就不止此数。当时的商家，很少一人包下一艘远洋大船的，通常是几个人合租，船货也是属于不同商家的，每个商家都会有押运的人；还要有护航人员，类似镖师之类的人物；甚至还有搭便船的乘客。

船上人可以分为船员与乘客两大类。每个人都处在不同位置，等级分明，权利各异。船员包括火长、舵工、缭手、斗手、碇手等掌握不同技术工种的人员，在不同的岗位上，群体协作，以确保船只顺利航行。火长也称舟师，是船上最主要的负责人，类似于船长、领航员，处在等级的顶端，拥有指挥航行的最高权力。他需要有丰富的航海知识，对岛澳、沙汕、礁石、潮汐、洋流、水色、水深、风云雨雾、日月星宿以及海底状况等方面，都要了如指掌，不仅为船只坐标定位，而且要有预测风台雷飓的本事，以判定是否适合航行。宋代已发明了指南针，称作"指南浮针"或"水罗盘"，由火长掌管。《萍州可谈》称："舟师识地理，夜则观星，昼则观日，阴晦观指南针。"《梦粱录》则称："舶商之船，自入海门，便是海洋，茫无畔岸，其势诚险……风雨晦冥时，惟凭针盘而行，乃火长掌之，毫厘不敢差误，盖一舟人命所系也。"

那么，南海Ⅰ号的火长是谁？文献中是无可稽考的了。但在南海

I号上，有一件瓷器的底部，留有"蔡火长 直"的墨书。当年的海舶，船员并非商人，但他们也会带少量私货，在海外出售图利。于是有考古人员推测，这应该是船上火长私带的货物，留墨书以作标记。这是否意味着，南海I号的火长姓蔡？虽然无法肯定，但那些原本无影无形的古人，却因为有了一个真实的姓，突然变得好像近在咫尺。

舵工又称舵手，主要负责在船上操舵，以控制船只的航行方向；缭手主要是负责掌控船帆绳索，升帆降帆；斗手则是爬到船桅之上，负责观风瞭望的水手；碇手主要是负责升降船只锚碇的船员。清代曾任江南提督的林君升，写过一部《舟师绳墨》，对船员分工，做如是描述："舵者，犹人之心也；缭、斗、碇，犹人之四肢也；船上众兵，犹人之百骸也。心若主持得正，则四肢百骸，皆得其道；心若主持不正，则四肢百骸，尽失其宜。故一船着力，全在舵工。"有"名高一代，文明千古"之誉的元代文坛巨擘贡师泰，生于元至元二十六年（1289），时距南宋之亡不过十载，他写过《海歌十首》，其中有专咏火长的：

> 千户火长好家主，事事辛苦不辞难。
> 明年载粮直沽去，便著绿袍归作官。

有专咏舵工的：

> 大工驾柁如驾马，数人左右拽长牵。
> 万钧气力在我手，任渠雪浪来滔天。

还有专咏碇手的：

> 碇手在船功最多，一人唱声百人和。
>
> 何事浅深偏记得，惯曾海上看风波。

第二类船上人就是乘客，他们中间有押运货物的商人，也有搭顺风船出洋的人。因为船货是不同商家的，如果船主也是货主，就由他当纲首，如果船主不在船上，则按各人货物多少，推举货物最多的人为纲首。纲首是船上的最高管理者，下面再分副纲首、杂事等。市舶司颁给纲首凭证，授予他在航行途中管理人货的权力。对违反规定的人，有权施以鞭笞之类的惩罚。如果有商人中途死了，他的货就由纲首、副纲首等人瓜分。

海上并不平静，除了气候变化无常，还有海盗出没。闽粤沿海，向来海盗猖獗，《宋会要》记载，在南宋隆兴元年（1163）——也就是南海Ⅰ号沉没前约20年——这条海路已不太平。有地方官向朝廷报告："窃见二广及泉、福州多有海贼啸聚，其始皆由居民停藏资给，日月既久，党众渐炽，遂为海道之害。"这些海盗很多是沿海或海岛居民，农（渔）忙时耕稼渔捕，农（渔）闲时当海盗挣快钱。往来商旅往往受害。

到了海外更是吉凶难以逆料，误闯别人的地盘，随时会遭殃，甚至被杀被掳，死无葬身之地。一艘本来要去占城的船，如果误进了真腊，被当地土著截获，就有极大可能遭遇船货尽失，人被贩卖做奴的厄运，谁叫你无端闯入，送上门来，与人无尤。即使无惊无险到了目的地，在外国交易虽无商税，但各路神仙以"献送"为名，诛求勒索，也让人穷于应付。当地人不会问你船大船小，货物多寡，例银礼物一分不能少，如果船小装载货物不多，献送到破产也脱不了身。

在这样恶劣的条件下，人们是如何熬过漫长的航程，如何受得了没日没夜的巨浪冲荡，以及随时被海盗、土著劫掠和杀害的风险，非亲历者难以体会。商人为了提高抗风险能力，只敢结伙坐大船出海，一来大船可以装载足够的给养，抵御大海风涛；二来人多势众，阻吓海盗；三来船大货多，才有实力应付献送。这是海舶愈造愈大的原因。外人只看到海商"主舶贸易，其富不赀"，却不知道钱都是脑袋掖在裤腰带上挣的。

海路迢迢，一去万里，商人都尽可能在船上多装货，留给自己的生活空间小之又小，晚上只能铺块木板在货物上睡觉。这么多人生活在一个狭小空间里，时间长达数月，甚至逾年，会面临许多问题。在船上容易得风寒感冒、肠胃炎不说，由于缺乏维生素C，还很容易得坏血病，被各种发烧、呕吐、腹泻、牙齿脱落、流鼻血、血尿、赤痢所折磨。虽然可以在途中补充给养，但也要做最坏打算，携带足够支撑一段时间的粮食、蔬菜、淡水，还要保证有一定的肉类供应，酒当然是不能少的。没有冷冻设备，只能在船上饲养生猪、羊、鸡、鹅等动物，或准备腌肉、腌蔬、果脯、蛋类和坚果等。

在宋代徐兢的《宣和奉使高丽图经》中，记载船上如何解决淡水供应："凡舟船将过洋，必设水柜，广蓄甘泉，以备食饮，盖洋中不甚忧风，而以水之有无为生死耳。"指出缺淡水比遇到风暴更危险。周去非《岭外代答》则记载："浮南海而南，舟如巨室，帆若垂天之云，柂长数丈，一舟数百人，中积一年粮，豢豕酿酒其中，置生死于度外。"大家都是以命博钱之人，今日不知明日事，有酒就喝，有肉就吃，醉了倒头就睡，睡醒了爬起来，还能看见蓝天太阳，则庆幸离目的地又近了一点。

在南海1号上，考古人员找到不少可做食物的动植物遗存，为重现当年船上人的生活状况，提供了第一手的实证资料。动物遗存大致分为两种，一种是随船携带的动物，另一种是可能在途中获得的动物。前者主要是牛、猪、绵羊、山羊、鸡、鹅等，还有淡水龟和蛙。后者主要有海洋鱼类动物、海洋哺乳类动物、鸟类、软体动物和节肢动物等。当然，它们也有可能是沉船以后，在此处自然死亡的动物留下的。但猪牛羊等陆地生活的动物，则肯定是带上船的。船上还发现一只笼子，里面有六只鹅的骸骨，骸骨位置基本正常，可以推断是溺亡的活鹅。为了养活这些动物，船上不仅要储备人的粮食，还要储备动物的粮食，这将又占去一部分空间。

从找到的遗存看，羊的数量最多，有86件，其中绵羊为主，其次是鸡（46件）和鹅（40件），猪有9件。养鸡养鹅不奇怪，既可提供蛋类，也可提供肉食，但最奇怪的是，船上居然有牛这种体形硕大的动物，是为了挤牛奶吗？还是为了吃牛肉？

1973年在福建泉州湾发掘的一艘宋代沉船中，发现了猪、羊、狗等遗存，并未见牛、鸡、鹅。这与南海1号不尽相同。不少研究者引用宋代孟元老的《东京梦华录》所记载大量羊肉食品，如旋煎羊、批切羊头、虚汁垂丝羊头、入炉羊头、乳炊羊、羊闹厅、羊角、软羊诸色包子、猪羊荷包、羊脚子、点羊头、羊舌签、软羊、炒羊、入炉羊罨、生软羊面之类，证明宋代人非常爱吃羊肉，所以南海I号上有羊骨头不奇怪。

不过，《东京梦华录》写的是北宋东京（今河南开封）的生活情况，那里居住的大部分是北方人，他们的饮食习惯与东南沿海有明显差异，直到今天仍是。南海I号是南方海船，南方人自古以来就不怎么爱吃羊肉，嫌其味膻，也没有喝羊奶的习惯，民间饲养羊不多。屈大均《广东新语》说："广东绵羊，少有所产"，羊肉很少出现在广东人的餐桌上，屈大均又说："东南少羊而多鱼，边海之民有不知羊味者。"西北地区多羊而少鱼，所以西北的鱼和东南的羊，合起来便成一个"鲜"字，就是少的意思。

那么为何沉船上有那么多羊呢？让人难免会联想到船上发现的首饰和器皿，不少带有南亚或西亚色彩，会不会船上真的有印度或阿拉伯乘客？因为没有确凿证据，只能姑识此疑，以待详考。

对船上人来说，每一只动物，每一点食物，都是非常宝贵的。他们会仔细安排食谱，几时要宰杀一只牲口补充营养，先宰杀哪只，后宰杀哪只，如何烹制，如何分配，大概都会有一定计划。船上地位最高的就是火长、纲首，当由他们来决定。考古人员在47件的羊肱骨、股骨、胫骨、肋骨、肩胛骨、脊椎骨上，以及鹅的股骨、胫骨上，发现被刀切割的痕迹，估计是屠宰动物时留下的，或者是剔骨取食时留下的。在九件动物遗存上有烧烤痕迹，包括羊脑骨两件、羊中央跗骨一件、哺乳动物椎骨两件、哺乳动物肋骨一件、哺乳动物胸骨一件、哺乳动物碎骨一件和鹅头骨一件，说明船

有烧烤痕迹的鹅颅骨

上人可能烧烤过猪排、羊排，或烤羊腿和烧鹅。烤羊腿、羊排这种烹制方法，同样让人很容易联想起穆斯林的饮食习惯。

不过如果再想深一层，便觉得事情也许并不那么简单。有人说这艘船是从泉州出发的，也有人说是从广州出发的。假定它是从泉州出发，根据郑和下西洋的记载，从福州至占城，顺风行船也就10天可达，泉州更近一点。《诸蕃志》说，从泉州到苏门答腊要40多天，如果目的地是大食国，那么还要在苏门答腊待上一个冬天，第二年再出发，顺风再行驶60多天才能到达。

如此说来，船从福州或泉州出发，到达沉没位置，大概也就四五天时间，如果它的目的地是大食国，可谓万里征程才起步。如果它从广州出发，时间更短，至多也就走了两三天，很可能还在潯洲停留过。尽管考古报告说没有发现南海I号在台山、阳山停泊过的证据，但根据史料记载，远洋船都会在溽洲停靠一下，补充给养。这样的话，估计从陆上带来的熟食还没吃完呢，何至于要在船上庖羊烹猪？

这些烧烤过的动物遗存，也有可能是在陆地烹制好带上船的。毕竟，南海I号不是那种大型海船，不可能饲养太多动物，尤其像猪、羊、牛这种体形较大的动物。所以腌制食物是解决肉食的最好办法。在南海I号上确实发现了腌好的切块带骨羊肉和腌制的植物，还有几坛咸鸭蛋，经过800多年海水浸泡，还保存得那么好。

有时在历史长卷中一个微小的细节，会让整个凝固刻板的画面，突然灵动鲜活起来。几块肉骨头、一坛咸鸭蛋，把今人与古人之间的距离骤然拉近，大家都进入了对方的日常生活之中。这种感觉非常有趣，这些人不再是墨书里的"杨十""王十五哥""郑知客"了，而是一些真的会在我们身边喝酒吃肉、用咸鸭蛋和腌菜下饭的活人，就和我们每天在大排档见到的食客一样。他们喝酒我们也会醉；他们交谈我们也想听；他们爬上船楼，我们就看见浩瀚的大海；他们遇上风雨，我们也会浑身湿透；他们烹制食物时，我们就看到一张张被炉火映红的脸庞，听到烤肉的肉汁在炭火上滋滋作响，甚至嗅到了烤肉的香气。

"浊醪冰蔬荐重味，燃鼎当炉肆烹饪。"烹饪就需要调料，即使是在茫茫大海里，也不能马虎。沉船上有许多植物遗存，考古人员通过仔细整理和鉴定，在2015年以前出水的210份样品中，已发现了3105粒植物种子或果实，包括核果类、坚果类、浆果类、荔枝类、瓜类、谷物尖、香料类等19个不同的植物种属，其中不少可作调料之用。

从核果类遗存的数量，可窥船上人的生活习惯。他们最喜欢吃梅，梅核数量排第一，多达799粒。梅有两种用途，一是作调味料，二是作零食。《尚书》说："若作和羹，尔惟盐梅。"魏晋时的《孔安国尚书传》解释："盐咸梅酸，羹须咸醋以和之。"这是作调味料之用。南朝鲍照的《东门行》写道："食梅常苦酸，衣葛常苦寒。"这是作零食之用。在船上吃梅，既可生津止渴，也可缓解晕船呕吐。

槟榔核排第二位。沉船上发现的槟榔核共有174粒。宋代岭南无论贫富贵贱，人人都爱嚼槟榔，即使陋巷菜羹小民，每天花在槟榔上的钱，也都在几百文以上，堪称全民狂热。官府库房收入，仅槟榔税一项，每年就有几万贯。

人们招待客人，最能表达热情的方式，不是用醇酒茶荈，而是用槟榔。有钱人家用银盘装着槟榔奉客，穷人家没有银盘，用锡盘也一样显得隆重，只要有槟榔就行。嚼槟榔还有一套程序，先把槟榔剖开，用水调制砚灰，洒一点在蒌叶上，包裹在槟榔里，然后慢嚼细品。蒌叶味辛辣，嚼一会儿便双颊潮红，加上槟榔有兴奋提神的功效，人便欣欣然如坐春风。周去非说："唯广州为甚，不以贫富、长幼、男女，自朝至暮，宁不食饭，唯嗜槟榔。"白天有事没事就往槟榔盘子跑，像被勾了魂似的；晚上把槟榔盘子放在床头，方便早上醒来，一睁眼就可以嚼。有人嘲笑岭南人："路上行人口似羊。"讥其整天嚼着蒌叶、槟榔，有如羊吃草一样。如果问他们为什么这么喜欢嚼槟榔，他们会回答："辟瘴，消食。吃多了，片刻不能离开。嘴里没槟榔，口舌无味，气便秽浊。"

橄榄核排第三位，船上共发现26粒。橄榄原产中国南方，是著名的亚热带特产果树。早在汉代就有栽种。相传六朝人氏所撰《三辅黄图》一书，记述秦汉时代有名的宫殿，汉武帝有一座扶荔宫，"在上林苑中。汉武帝元鼎六年，破南越，起扶荔宫，宫以荔枝得名，以植所得奇草异木：菖蒲百本；山姜十本；甘蕉十二本；留求子十本；桂百本；蜜香、指甲花百本；龙眼、荔枝、槟榔、橄榄、千岁子、柑橘皆百余本"。汉武帝平定南越国后，兴建扶荔宫，种植荔枝，却怎么也种不活。不过宫苑中还有各种奇草异木，橄榄是其中之一。

橄榄的维生素C特别丰富，既可新鲜吃，也可腌渍再吃。《本草纲目》称其"生津液、止烦渴，治咽喉痛，咀嚼咽汁，能解一切鱼蟹毒"，《滇南本草》也称其"治一切喉火上炎、大头瘟症，能解湿热、春温，生津止渴，利痰，解鱼毒、酒、积滞"，民间甚至有"冬春橄榄赛人参"之说，很适合长年航海的人吃，因为对他们来说，坏血病是头号大敌，每天吃橄榄，可收预防之效。

排在三甲之后的是枣核，仅见四粒。不过人们吃枣的历史却很长了。在长沙马王堆汉墓、广州象岗南越王墓、南越国宫苑等西汉遗址，都出土过枣核。沉船上发现了两种枣核：滇刺枣与南酸枣。它们都可新鲜吃，但作为远洋船上的食物，更有可能已腌渍成果脯。滇刺枣富含糖类和维生素C，有清热解毒之效。南酸枣可清热毒，消食滞，醒酒，还可以治疗风毒疙瘩、疮毒疡痛和烧烫伤。

植物遗存中也有香料，包括花椒籽和胡椒，这些都是常用的烹饪调料。花椒可以散寒止痛、止呕止泻。相传西汉皇后居所以花椒磨粉涂墙，芳香袭人，又寓多子之意，故称"椒房殿"。《汉宫仪》称："皇后称椒房，以椒涂室，主温暖除恶气也。"唐代训诂家颜师古在注《汉书》时也称："椒房，殿名，皇后所居也，以椒和泥涂壁，取其温而芳也。"文中所说之"椒"，当为花椒。

唐代以前，人们把花椒看得神乎其神，几乎包治百病，死也要用花椒陪葬，在地府用它来治病甚至超度。湖南长沙发掘的马王堆一号辛追墓中，墓主的香囊和药绢袋里，就装有花椒。宋时因大量种植，花椒逐渐退出了奢侈品名单，变成寻常人家的厨房调料。陆游在亲自下厨烤鹅后，写了首《饭罢戏示邻曲》，诗中有"白鹅炙美加椒后，锦雉羹香下豉初"之句，烤鹅时加入花椒，香气分外诱人。

胡椒有黑白之分，最早来自印度和东南亚地区，"胡"字已含外来之意，欧洲曾把黑胡椒称为香料之王。在世界贸易中，胡椒一度占有重要地位，甚至引起过战争。胡椒从唐代开始大规模进入中国人的生活，可治寒痰食积，脘腹冷痛，反胃呕吐，泄泻冷痢等症，并可解某些食物的毒性。这是一个有趣现象，在缺医少药的船上，古人凭着生活经验，对食物、调料，甚至零食的选择，似乎都很有针对性。

坚果保存时间长，不易变质，而且营养丰富，是行船必备之物。南海Ⅰ号上发现的坚果，有锥栗、银杏果、香榧子、松子等。其中锥栗的数量最多，达1974粒，占出水植物种子的六成以上。唐代名医孙思邈的《千金方》中记载："栗，肾之果也，肾病宜食之。"《本草纲目》说它补肾益气，可治腰脚不遂、内寒腹泻、活血化瘀等症。中国的板栗大多生长在北方，而锥栗则多生长在南方。

船上还发现了三粒荔枝核。荔枝是广东特产，果实甜美多汁，肉嫩爽口，但保鲜期短，品尝季节稍纵即逝，所以特别矜贵，被奉为水果中的极品。东坡诗中就有"日啖荔枝三百颗，不辞长作岭南人"的名句，被千古传诵。

荔枝每年大约在5月—7月间收成，8月已到尾声，俟东北季风起时，基本已经绝迹。船上发现的荔枝核，能否给后人提供南海I号启航时间的某些线索呢？要破解这个谜团，也许还需要更多的佐证，因为无法排除这样的可能性：荔枝核是本次启航前就被人丢弃在船上了。包括香榧子等也存在同样问题，如果数量很少，而且是散落在船舱里的，就很难判断，到底是这船人丢弃的，还是上一船人遗留的。我们不能把每次启航前的清洁打扫工作，想象得太过完美。

最不可思议的是，考古人员居然在船上找到了三粒葡萄籽，一粒冬瓜籽，两粒稻谷壳和少量石栗、楝树种子和草海桐的核果。它们在海底的隔氧环境中，保存得都比较好，但很难想象考古人员是怎样发现它们的。试想一下，小小的葡萄籽，掉在客厅的地上，也不是一下能找到的。这不是陆上考古，而是水下考古，从一整船黑乎乎的烂泥当中，找出三粒葡萄籽，谈何容易，没有火眼金睛，恐怕是无法做到的。

发现植物遗存，很自然导出一个疑问：它们是船货的一部分，还是船上人的食物？这又是一个难解之谜。根据在船上发现遗存的位置，梅核大部分散落在船艉的船楼处，占全船发现的梅核七成以上。在相同位置发现的锥栗也很多，占全船锥栗近五成，另外还有三成在船的中后部。从海船构造看，船艉是船员的生活区，梅子与锥栗大量出现，应该不是偶然的。考古调查报告写道："与船员生活区相关的这个探方内集中出土了丰富的梅核和锥栗，似乎说明

'南海I号'沉船上的梅子和锥栗应该是船员们的食物。"但也正因为梅核与锥栗数量很多，位置又很集中，反让人产生另一种怀疑：它们会不会是船货？

植物的种类同样引起人们的兴趣。梅子、橄榄、槟榔、滇刺枣、冬瓜等，都是可以腌渍成果脯蜜饯的，很适合在远洋船上吃。考古调查报告的结论是："'南海I号'沉船出土植物种类以核果类和坚果类为多，坚果属于干果，利于长期保存，而核果属于鲜果，不利于保存。但是此次发现的核果种类以适于腌制的果品为主。例如一般被腌制成话梅的梅子，以及常被腌制成干果食用的橄榄和槟榔等。说明'南海I号'沉船出土的植物种类都是为了远洋航海特意选备的。"

这些动物与植物遗存给人的震撼，在某种意义上，甚至比发现金首饰还要强烈，因为它是代表人间烟火的物品，带有人们如此熟悉、如此亲切的生活气息，见到这些坚果、猪骨、咸鸭蛋，就会想起我们的邻居、我们的家人，心情也变得格外复杂。一方面，为它们保存完好而感到幸运，另一方面，又有一种心如刀绞的痛感暗暗掩上心头：咸鸭蛋的主人居然没来得及吃，也永远没机会吃了。这种感觉，就像突然失去一位邻居、一位家人一样，走进逝者的家里，看见桌上还摆着没吃完的早餐、椅背上搭着还带有体味的衣服。当古人把咸鸭蛋的坛子搬上船时，怎会想到这是为800多年以后的人准备的呢？怎会想到自己再也没有下船的机会？即使想到了，也不会改变什么，他依然是要上船的，因为这是他的使命。

就在这上船与下船的一转身间，800多年就过去了。我们与古人真的不是相隔很远。

恰有一万青铜钱

我们的目光重新回到宋代。在南海I号上，发现了大量铜钱与铜器。从秦汉时代起，岭南的冶炼技术，已日臻郁勃发达之境。北宋的《太平寰宇记》一书有"铜山，昔赵佗于此铸铜"的记载。铜山即今阳春市。在南越王墓中出土了大量铜制的鼎、壶、钫、缶、盆、提筒、匜、臼、杵、熏炉、吊铃、牌饰、甬钟、钮钟、勾鑃等，其中有"文帝九年乐府工造"字样，证明它们是在岭南铸造的，不是从北方带来的。工艺高超精湛，虽时隔两千多年，仍令人生鬼斧神工之叹，而其精神生命所渊含之文化意蕴，则更展现雍容端庄的气象。

南海I号上出水的铜器，截至2016年1月，不计铜钱，完整可辨的有84件（套），总重量3812.12克。此外，还有大量的铜环残段，因残缺严重，无法估算准确数量。出水铜器主要可分为器皿、佩饰、衡器铜镜四大类。铜器皿主要分布在船体后侧的右部位；铜饰品中的铜环广泛分布于船体各舱室，而其他类别的饰品多分布于艉舱附近；衡器、铜镜则集中分布在舱及第14舱的左部位。铜器的质地，大致分青铜、黄铜两种。青铜较为多见，而黄铜主要用于铜饰品、铜盘（如铜秤盘、凤求凰百花盘等）、部分铜环、衡器等比较精良的高级物品。

1989年至2004年间，从南海 I 号上出水的铜钱，最早的是铸造于唐代开元元年（713）的开元通宝，最晚的是南宋乾道元宝（1165）。在2014年的全面发掘中，发现了更多年代更早的铜钱，包括汉代的货泉（公元8年—23年），还有东汉的五铢，三国的景元通宝，唐代的乾元重宝，五代十国咸康元宝、天汉元宝、周元通宝、唐国通宝，北宋的宋元通宝、咸平元宝、祥符元宝、皇宋通宝、天圣元宝、嘉祐通宝、熙宁元宝、熙宁重宝、元丰通宝、元祐通宝、绍圣元宝、圣宋通宝、崇宁重宝、大观通宝、政和通宝、宣和通宝等；还有南宋时期的建炎通宝、绍兴元宝、绍兴通宝、乾道元宝，等等，分离出来可以辨读的铜钱总数有1.7万余枚。此外，加上凝结物中尚未分离出的大量铜钱，加起来的总数远远超过1.7万枚。

这样的古钱币数量，从考古角度看，数量较为可观，但以宋代的视角看，这钱又不算大。宋代一贯铜钱约为770枚，当时大县县令一个月的正俸是20贯，小县县令的正俸是12贯。宋代的底层打工者，日收入普遍在100~300文钱，也有少至80文的，或高至400文的。宋代王安石诗《戏赠湛源》称"恰有三百青铜钱，凭君为算小行年"。300文连半石米也买不到，只够找相士算个命。

南宋罗大经在《鹤林玉露》中，讲述了这么一个故事：南宋与韩世忠、刘锜、岳飞齐名的"中兴四将"之一的张俊将军，镇守明州（今宁波）时，某日在后院见一老兵大白天睡觉，便踢了一脚骂道："怎么懒成这样？"老兵说："我没事可做，只好睡觉。"张俊问："你会做什么？"老兵说："我会做很多事，比如做生意，我也会一点。"张俊说："你会做生意？我给你万缗（贯）去做，怎么样？"老兵说："太少。"张俊说："给你五万。"老兵伴伴说："还是太少。"张俊问："你要多少？"老兵伸出五个指头说："不能百万，至少也要五十万。"张俊佩服他胆气豪壮，真给了他五十万贯，随他怎么花。

按一贯为一千文的十足计算，五十万贯就是五亿枚铜钱了。南宋建炎通宝、绍兴通宝、隆兴元宝，一枚都有六七克重，五亿铜钱怎么也有3000吨了。如果用船去运载，得有九至十艘南海1号才装得下。这个老兵一掷千金，做了一条豪华大船，广收绫锦奇玩、珍馐佳果、黄白之器，又包下歌儿舞女过百人，打着"大宋回易使"旗号，飘然浮海而去，第二年归来，带回一船珠犀香药，还有骏马，获利十几倍。五十万贯的十几倍是多少？不难计算出来，几乎是北宋熙宁十年（1077）全年的商税收入。

在海上跑一趟贸易，可以获利十几倍，反映出海上丝路创造财富的惊人潜力。同时也反映出，南宋初年流通的铜钱之多，动辄把几十万贯给一个不了解的人做生意，尽管张俊是朝廷高官，这样的大手笔还是很惊人的。

铜钱是宋代最主要的货币，每天在市场上流动，盈千累万，难以匡计。以前的王朝，通常一个皇帝就一两个年号，有新皇登基，启用新年号，就铸一批新钱。但宋代皇帝却特别喜欢换年号，一个皇帝往往有多个年号，像太宗、真宗各有五个年号，仁宗有九个年号，理宗有八个年号，因此宋代铜钱的版式也特别多，两宋18个皇帝，共计铸有49种不同年号的铜钱，还有元宝、通宝、重宝等不同名目。

不同版式的宋钱，想要收集齐全，并不容易。即使同一种年号的钱，也会有不同钱文的版式，比如在南海Ⅰ号上发现的淳化元宝、至道元宝，就各有楷书、行书、草书三种钱文，都是宋太宗赵炅的亲笔，被尊称为"御书钱"。

又如元丰通宝，是宋代鼓铸最多的铜钱之一，版式也非常多。收藏界一般盛传有行书、篆书、隶书三种钱文，其中隶书是苏东坡写的，坊间称作"东坡元丰"。也有人认为东坡书写的是"元祐通宝"而不是"元丰通宝"。在南海Ⅰ号上，这两种铜钱都有发现，但并没有隶书的元丰通宝，却有较少被人提及的楷书元丰通宝。

宋哲宗赵煦发行过元祐通宝、绍圣元宝、元符通宝，钱文各有行书、隶书两种，其中元祐通宝的钱文相传是司马光写的，字体颇为典雅。司马光就是那个"司马光砸缸"的故事主角，后来官至尚书左仆射兼门下侍郎，主持编修《资治通鉴》，死后配享庙廷，图形昭勋阁，从祀孔庙，称"先儒司马子"。可谓极尽哀荣。

宋徽宗赵佶是宋代第八位皇帝，笃信道教，自称"教主道君皇帝"，是有名的风流天子，治国无方，做了北宋的压轴皇帝，但书画却俱一流，自创"铁画银钩"瘦金体，笔法瘦劲，锋芒毕露，被誉为"断金割玉"，天下心摹手追者众。他为大观通宝题写钱文，就是用瘦金体书写的，在南海Ⅰ号上也有发现。这些钱文，作为艺术品观赏，亦饶有韵致。

宋代经济十分繁荣，国内商业、对外贸易的规模和范围，都在不断扩大。长期作为货币使用的布帛，退出了流通领域，交易以铜钱为主。宋代的铜产量与唐代相比，有大幅增加。据《文献通考》记载，唐元和年间（806—820），一年采铁107万斤，铜26.6万斤，银1.2万两。北宋至道末年（997），铁产量达到574.8万斤，铜412.2万斤，银14.5万两。往后的仁宗、英宗、神宗时期，产量都节节上升。北宋广东有35个铜矿场、36个铅矿场、9个锡矿场。韶州岑水铜场为全国的第一大矿，占全国总产量的88%。

宋代冶炼技术已达到世界先进水平。从北宋开始采用胆铜法。所谓胆铜法，《宋史》里有记述："浸铜之法：以生铁锻成薄片，排置胆水（即硫酸铜溶液）槽中浸渍数日，铁片为胆水所薄，上生赤煤，取刮铁煤入炉，三炼成铜。大率用铁二斤四两，得铜一斤。"这种炼铜法比较简单，可以常温下提炼，比火法炼铜节省大量燃料，因此受到朝廷大力推广。全国采用这种方法炼铜的地方有十几个，以广东韶州岑水、江西信州铅山、江西饶州德兴的规模最大。北宋时胆铜产量每年达100多万斤，占铜总产量的15%~25%。南宋铜产量虽锐减，但几个胆铜大户都在长江以南，因此胆铜所占比重越发提高，宋绍兴年间（1131—1162）胆铜占铜总产量的85%以上。

由于产量丰富，宋代的铸钱数量数倍于唐代，神宗元丰年间，曾一年铸铜钱506万贯，铁钱113.9万多贯，合计620万贯，堪称空前绝后，不仅秦汉两晋隋唐五代十国瞠乎其后，南宋及元明清也望尘莫及。尽管如此，市场却还是经常闹钱荒，人们不禁要问：钱都到哪里去了？

宋代大部分时间，都是禁止铜钱、铜器和铁器出口的。南海I号上却有如此多铜钱、铜器和铁器，莫非是一艘走私船？南北两宋各有一百五六十年国祚，这是南宋海船，理应南宋铜钱多，北宋铜钱少，为何会反过来？莫非南宋经济不如北宋，流通铜钱比北宋少？

南宋经济虽然很强盛，但它面临的困难是，江淮地区的铜钱，很多被金人掠夺走了。南渡后北方铜矿丢光，铸钱材料减少，胆铜法再好，巧妇难为无米之炊。南宋的新铸铜钱数量，大幅减少，每年只能新铸十几万贯，仅及北宋全盛时的三十分之一。

市场铜钱渐渐变少，钱荒愈闹愈凶，不得不发行铁钱和交子、钱引和小钞（纸币）挹注。总体来看，宋代的铜钱，98%是北宋的，南宋只占2%。这也解释了，为什么南海Ⅰ号上的铜钱，北宋时期的比南宋时期多。

钱荒问题让两宋朝廷都患上头痛症。闹钱荒原因很多，比如人口增加、自然损耗等，还有铜钱大量出口，许多与大宋做生意的小国，自己不铸钱，干脆用中国铜钱做货币，用货物换取铜钱回国，导致生意愈旺，铜钱愈少。北方小国还好，因为陆地相连，双方来往容易，钱流出去了，有很大机会流回来，但海洋小国就不同了，过海的铜钱，几乎都是一去不回头。1822年，在新加坡的福康宁山（俗称皇家山），便曾出土北宋至道三年（997）至嘉祐八年（1063）间的中国铜钱和瓷片。1984年又在相同地方，出土刻有"广东器皿"的陶器。据研究者统计，曾经发现宋代以来铜钱的地方，包括日本、爪哇、新加坡、印度、尚西巴岛、索马利南海岸等。

朝廷把铜钱出口悬为厉禁，但民间的走私偷运，却如火如荼。后来有大臣觉得，既然禁不住，不如以征代禁，增加库房收入。于是，宋熙宁七年（1074），朝廷试行取消铜钱出口禁令，铜钱可以作为普通商品，只要缴纳了出口税，就可以合法贩运出口，为朝廷、民间和外商增加收入。中外商人额手相庆，都说"早该如此了"。元丰年间铸钱数量大增，也与取消禁令有关。但也有官员表示担忧和反对，参知政事张方平便怒斥："钱本中国宝货，今乃与四夷共用。"

铜钱何止与"四夷"共用，还要与神佛共用。开放钱禁后，民间纷纷熔解铜钱，铸造各种器皿、佛像，把成吨成吨的铜钱，变成了一尊尊弥勒佛像，然后再用铜钱去购买香花供奉。礼佛的香火愈盛，市场流通的铜钱愈少。朝廷铸钱愈多，民间熔解亦愈多，朝野好像在赛跑似的。把铜钱改铸成日用器皿出售，可以赚更多铜钱，所以官府不断重申禁令，却禁而不止。在南海I号上就有不少铜器，诸如铜匜、铜圈足小碗、铜香薰器、铜盘、铜戒指、铜手镯、铜环、铜镜、铜丝等物，是不是也有用铜钱熔解制成的，无人知晓。铜钱在宋代不仅是交易媒介，本身也是一种重要商品。

朝廷对是否允许铜钱出口，举棋不定，放开怕过度外流；不放开又怕打击贸易，影响国计民生。这次解禁持续了17年，直到宋元祐六年（1091），钱荒太严重了，又恢复禁止铜钱出口。但既没有解决钱荒问题，也没有真正止住铜钱外流。在广州当官的郑人杰，因为"透漏铜钱、银宝过界"，宋淳熙六年（1179）被朝廷连降三级。淳熙九年（1182），赵眘再次严厉下诏，"诏广、泉、明、秀漏泄铜钱，坐其守臣"。说明这个时期朝廷是禁止铜钱、银宝出境的，而这正是南海I号沉船前夕之事。在巨大利益的诱惑下，市舶司官员才不管什么朝廷规定，私下放纵商人携带铜钱出海，有如"冇掩鸡笼"（自出自入）。在市舶司的带头作用下，各郡县巡尉更是肆无忌惮，走私铜钱成了公开秘密。

为了应付钱荒，很多商人都把铜钱藏在地窖里，一缸一缸存着，和储粮备荒的心态差不多。但这种对抗钱荒之法，恰恰是造成钱荒的原因之一。南海Ⅰ号里的那些前朝铜钱，说不定就是从某个地窖里流出来的，其中还有西汉的铜钱，这是要传多少代人，才传到南海Ⅰ号上呢。古人说钱如泉水，其藏曰泉，其行曰布。泉水要流动才是活水，藏在地窖里只是一潭死水。当时的学者沈括对民间藏钱习惯又气又急，大声呼吁：钱要流通才是钱啊！十万铜钱藏在窖里，一百年还是十万铜钱啊！

他说得也对也不对，钱确实是要流通才是钱，但一百年后，十万铜钱却未必还是十万铜钱了，因为价值已经变了。北宋末至南宋时，物价不断上涨。真宗咸平年间（998—1003）科折绢料一匹三百文，到南宋高宗建炎三年（1129）最高涨到一万一千文，上涨35倍多。仁宗天圣年间（1023—1032）一匹市布官价三百钱，到建炎四年（1130），每匹官价高达三千，涨了10倍。粮价也是涨个不停，神宗熙宁、元丰年（1069—1085）以前，风调雨顺的年份，米价也就每石六七百文钱，到南宋时每石米最高两千文。用铁钱更麻烦，买一匹丝罗，如果铜钱标价是两贯，用铁钱就要20贯，重达130斤。试想一下，若想购买成纲货物，恐怕要用牛车拉钱了。

走在宋代的街头，一眼望去，沿街大小店铺尽是人头攒动。卖砂煲罂罉的，卖锅碗瓢盆的，卖布匹鞋帽、竹藤木器、胭脂水粉、咸鱼蔬果、米面酱油的，成行成市，各种吆喝叫卖声，此起彼伏。

城墙角的几家打铁铺，把炉火烧得通红，铁匠们在滚滚热浪中，忙着打造各种犁耙镰锄。"叮叮当当"的打铁声，光听着就让人嘴唇干裂、额头冒汗了。人潮中混杂着不少流动小贩，有的挑着几匹布，有的挑着几只山鸡野兔，有的挑着几只铁镬，沿街叫卖。在交易中大家都用铜钱。宋代有所谓省陌，即一贯只有七八百文铜钱，怎么折算，各行各业不同，比如卖鱼肉蔬菜的，一贯是720文；在金银交易中，一贯是740文；买个婢女一贯是618文；最贱的大概是誊抄文字了，一贯只有560文。到南宋末年，环境日益恶劣，一贯甚至跌剩500文了。

众所周知，宋代货币的最大特点是在铜钱之外，还发行了铁钱与纸币。那么，南海I号上的铁器林林总总，为何独不见铁钱？

其实，南海I号不是没有铁钱，而是在沉船环境下铁钱没办法保存下来。海水中铁器腐蚀非常严重，在大量的铁器中，体量越大，保存下来的形态就越清晰，但提取都是很难的，稍小一点的铁器外表形态就很难辨认了，如果体量小如钱币就基本上完全锈蚀矿化了，就目前的发掘技术基本上没办法甄别出来。所以，不见铁钱，不一定是没有。

另一个可能的原因，是两宋铁钱通用的范围并不太广，最初主要是在四川地区，宋室南渡后，与金人划淮水为界，南北分治，铁钱使用区扩大到两淮、京西路、荆门一带。朝廷想用铁钱筑一道篱笆，防止太多铜钱流入金人占领区。岭南远离战区，不担心金人侵渔，自然不愿意也没必要使用铁钱。

岭南不用铁钱，但拥有成熟的冶铁技术与生产能力。秦汉时岭南的铁器，主要依靠从湖南、四川等地输入。《史记》中记述了这么一个故事：汉高祖刘邦死后，高后吕雉下令封锁五岭，禁止与南越交易铁器。赵佗为此动怒，大骂："高帝立我，通使物。今高后听谗臣，别异蛮夷，隔绝器物。"他断然宣布脱离汉朝，自立为"南越武王"。

为了破解北方的制约，岭南开始发展自己的冶铁业。2021年在广西平南县六陈镇登塘新发现10处西汉炼铁遗址。由广西文物考古研究所、中山大学、北京科技大学专家组成考古队，联合进行发掘。在新发现的10处炼铁遗址上，共有13个炼炉，遗址周边地表植被茂密，但还能看到炉渣、鼓风管、陶片等痕迹。这个地方当年就在南越国范围内的。

五代十国时，岭南的铁器铸造，已赫赫有名。佛山有专门生产铁器及其他手工业品的永丰场。南汉王朝割据广东，大力发展冶铸业，南汉军与楚军在贺江开战时，使用跨江大铁链以阻拦楚舰，巨链有万斤之重。在广州的光孝寺，南汉所铸的东西铁塔，七层六米高，呈方形，布局严谨，层次分明，具有很高的工艺水平，这是目前中国最大最精的古铁塔。南汉在修建乾和殿时，铸成十二条巨型铁柱，每条周长七尺五寸，高一丈二尺，重数百万斤，在岭南矿冶史上是前所未有的，亦为当时国内所仅见。

明末清初屈大均在《广东新语》中说："铁莫良于广铁。"广铁之中，以罗定大塘基炉冶炼的铁最优，光润而柔，可以拉铁丝，也可铸成铁镬。而广东铁镬以佛山制造名气最大。"佛山善鼓铸"，屈大均介绍说，铁镬"以其薄而光滑，消涷既精，工法又熟也，诸所铸器，率以佛山为良"，所以在市场特别卖得起价钱。

宋神宗元丰年间，是冶铁业的全盛时期，元丰元年（1078）的铁产量在7.5万吨至15万吨，远超当年的欧洲国家。北宋政和六年（1116），广东已开出92个铁矿场。炼炉大多倚山而建，利用上方平台上料，下方平台送风、放渣、出铁，这是一项技术大创新。另外还有两大创新，一是出现了往复式风箱，增强风量、风压，大大提高鼓风效率，二是采用烧煤进行金属冶炼，这对经济产生了革命性影响。

在南海I号上，铁器是仅次于瓷器的大宗船货，出水了130多吨。主要是各类坯件、铁钉和铁锅。船中部的第6、7舱，是集中堆放铁器的地方。坯件分布在第2、3、4、5、7舱，第5舱有少量铁锅，第6舱左侧舱室装载铁锅，右侧舱室装载坯件，第11舱中部舱室装载铁器坯件，第12舱中间及左侧舱室装载铁锅和少量坯件。

铁器在装船时都做了精心的捆扎、包装，码放得整整齐齐。从当年留下的竹篾、竹席等捆扎、填塞物，可以还原铁器入船时的状态，坯件是用竹篾绑缚成捆，两捆用竹篾绑缚为一组，每捆、组之间，垫衬了草席、竹席等编织物，整齐码放在船上。铁锅则成组相摞，倒扣在船上，铁锅之间也用竹篾、竹席等做填塞物。铁器一般是放在瓷器的上面，分布各舱中也比较均匀，不会把船压得艏重艉轻，或倾向一侧。

船上的铁坯件，大多呈铁条状、铁片状。铁片有宽有窄，一侧薄一侧厚，尖部锐利，状如弯刀。根据对这些坯件做科技分析，发现它们是用炒钢锻打的方法制成的，含碳量低，延展性好，适合进行再次锻打。同时在船上还发现了一批疑似刀柄的木器，长约12厘米，整体呈上下两段，下段为握把，上段呈椭圆形，在刀柄顶部开有刀身插孔，插孔长一般约3厘米，宽约1厘米，深约3厘米，大小恰与前述片状铁坯件顶部的宽、厚近似。这类刀柄不少是成捆的，位置均在各铁器凝结物内，似属铁器坯件的配套物品，考古人员判断，这些铁器坯件是刀具的可能性极大。宋代是严禁兵器出口的，不排除商人利用朝廷律法的灰色地带，把半成品出口，到外国再做简单锻打，即可组装成刀具。

船上还有大量铁钉和铁镬。铁镬分成深腹与浅腹两种，有带柄的，也有无柄的。按屈大均的说法，铁匠们都属于不同"堂口"，按产品种类划分势力范围，互相不能侵越，铸有耳铁镬的，就不能铸无耳铁镬，反之亦然，否则就会大起冲突，甚至闹上衙门，对簿公庭。屈大均虽然生活在明末清初，但这种情形，显然是行业传统，非一朝一夕形成。

岭南因为不使用铁钱，躲过了铁钱的贬值。由于铁钱太重，价值低，加上粗制滥造，易生锈损耗，贬值几乎是不可避免的。铁钱贬，纸币也贬，赵眘乾道年间（1165—1173），纸币一度大幅贬值，引起人们纷纷弃用，改储铜钱。但铜钱也不稳定，经常一个当两个甚至更多来用。有折二钱（一枚当二枚）、折三钱、折五钱、当十钱等，南宋时还出现当二十、当三十、当百、当二百、当五百的铜钱，当得人心惶惶，曾经因为贬值过甚，引起商人不满而罢市。

一边是市场在闹钱荒，货币流动性不足，一边货币又在不断贬值，这是个奇特的经济现象。岭南人躲开了铁钱和纸币的贬值，却躲不开铜钱贬值。在这种情形之下，作为贵金属的白银，便逐渐进入了市场。

白银与黄金

白银是宋代货币之一。在家喻户晓的《水浒传》小说里，江湖好汉动不动就掏些碎银买酒肉。打铁铺为鲁智深打一支六十二斤重的水磨禅杖，要五两银子。柴进想撺掇林冲比武，就拿二十五两大银铤做赏金。宋江杀了阎婆惜，用十两银子给她母亲做掩口费。潘金莲杀了武大郎，西门庆也用十两银子给地保何九叔做掩口费。似乎银两在宋代坊间很常用。

其实，那时白银没有人们以为的那么广泛使用，市面还是以铜钱为主。因为白银开采不易，产量不高，比较金贵，在乡下小酒铺，谁也不会随便掏一堆银子买酒肉。不过，由于铜钱价值偏低，买几石米，双方数钱也数到手软，造成交易成本过重，所以买卖田宅、车船等大件商品，就用白银计价；民间的零碎杂物，日常用品，一般还是以铜钱标价，人们要把银两兑换成铜钱去购买。

从数字上看，真宗天禧五年（1021），在朝廷的全部收入中，铜钱2653万贯，金1.41万两，银仅88.39万两。到神宗熙宁、元丰年间，岁收铜钱6000万贯，金3.8万两，银达290.9万两，翻了好几番。在支出方面，天禧五年朝廷花了铜钱2714万贯、金1.35万两、银58万两，白银主要用于赏赐和军饷。南宋淳熙年间（1174—1189），仅花在官员和禁军俸禄之上，一年就是铜钱1558万贯、金8400两、银293万两。加上南宋绍兴十一年（1141），宋朝廷与金国签订和议，规定两国以淮水—大散关为界。南宋将北伐收复的唐州、邓州、商州以及秦州的大半割给金国，并且每年向金进贡银25万两，绢25万匹。

无论从朝廷的收入或开支来看，白银的权重日益增大，成为不以人们意志为转移的大趋势，这与铜钱愈铸愈少，形成此消彼长的关系。

南海1号留给人们关于南宋时代的信息，实在太丰富了，几乎涵盖了政治、经济、文化、工艺、民间生活的方方面面。说到铜钱，船上就有铜钱；说到白银，船上就有白银。早在1987年，中英打捞队第一次发现南海1号时，用抓斗抓出的东西里，有一件黑乎乎的物体，表面沾满了污泥、贝壳、朱砂、螺壳和碎瓷片，外形呈束腰形，长12.4厘米，腰宽6.5厘米，最宽8.1厘米，厚3.3厘米，重1300克。它就是一件宋代的银铤。全面发掘时，又陆续发现了229件银铤、银块。最后清点，船上发现的银铤共有7000多两。

宋代银铤的形制是两端呈弧形，中间束腰，上面往往会刻一些文字，注明地名、用途、重量、经办官吏和匠人名称等。在南海1号上的银铤，便有"霸南街东""杭四二郎""重贰拾伍两""张二郎""京销铤银"等字样。据南海1号考古项目负责人孙键介绍，"杭四二郎"这些人名刻在中间，作用是说明银铤是谁做的，四角是"霸南街东"之类的地名。

"为什么有这么多银铤呢？"孙键回答，因为宋代已开始用贵金属来完成大宗的贸易，"包括一些赋税，都是用它来折的。当时有专门的'金银交引铺'，类似于民间的金融组织。"在今天的杭州，仍留有"铁线巷"地名；在《临安志》里，就记载有50多处金银交引铺，代行政府的一些金银财政功能和支付功能。

宋代产银的地方，主要有四个，一是秦州太平监。这是北宋初年的重要产银地，原有银冶八务，宋太平兴国三年（978）升为太平监，发展到十九务，但仅兴旺百年，便告衰落。二是凤州七房冶。在凤州两当县山中，建于宋开宝三年（970），俗称开宝监，总管凤州各县银产的事务，但百年间亦渐衰落。三是桂阳监。在荆湖南路平阳县境，这里出的银质量高，唐代已很有名，宋代这里有九座银坑。四是建州龙焙监。在建州建安县，太平兴国三年升为龙焙监，管有永兴、永乐、黄沙、褶纸、大挺、东平和杉溪七场。除建州外，还有南剑州、福州玉林场等亦产银，福建路是最重要的产银区。秦州、凤州两监，南宋时已沦丧，只剩下桂阳和建州两监。

银铤是比较正式的叫法，民间常把它叫作银锭，慢慢地，银铤这个叫法就被银锭取代了。在《水浒传》里，柴进拿二十五两白银给林冲，称之为大银锭。其实宋代的大银锭可达五十两，二十五两只属小银锭，还有更小的，如十二两半、七两多、三两半等。银价大约每两兑铜钱一两贯不等，要看当时的市场行情。不过，若论保值，白银不如黄金。北宋咸平年间（998—1003），六两三钱白银兑一两黄金；到靖康元年（1126），遍地烽火，汴梁失陷，"夜起火光迷凤阙，钲鼓砰轰地欲裂"，天下纷乱，百姓汹涌南逃，黄金涨至一两兑白银十四两五钱。而南宋时，金价一直维持在一两黄金兑十二三两白银。

历朝历代都把黄金视为最贵重之物。《汉书》所载汉武帝派出的第一支远洋船队，就是携带黄金、杂缯，去开辟海上丝路的。南朝齐开国皇帝萧道成曾雄心万丈放言："使我临天下十年，当使黄金与土同价。"他的豪言壮语没有实现，南齐朝只有23年国运就亡了，黄金仍然贵不可言。富绅人家喜欢以黄金做成供玩赏的纪念物、吉祥物和饰物，朝廷也用黄金赏赐有功之人。清道光朝《广东通志》记载："宋时，蕃商户巨富，服饰皆金珠、罗绮，器用皆金银器皿。"大食国舶主蒲希密屡向朝廷进贡，皇帝便诏赐黄金嘉奖。

在宋代，白银、黄金和铜钱一样，都属于禁榷之物，但都是禁而不严，时紧时弛，上紧下弛。南宋绍兴四年（1134），大食国进奉使把朝廷回赐的钱，买了600锭大银，还有金银、器物、匹帛等，用海舶大模大样运回国，官府并没有制止，只不过这个进奉使运气不佳，途中被海盗洗劫一空。这说明带银锭出国是允许的，至少官府是睁只眼闭只眼。南海I号上的银锭，会不会也是船上某位蕃商，把在中国赚的钱打成银锭带回家呢？

宋代市舶司用黄金、白银交换蕃商的货物，在很长时间内是习惯做法。直到南宋嘉定十二年（1219），有官员提出，以金银博买进口货物，"泄之远夷为可惜"。朝廷才诏示有司，以后只能用绢帛、绵绮、瓷漆之类进行博买，以减少金银外流。从时间上看，这道命令下达时，南海I号已沉没30多年了。依此推想，在沉船发生的年代，携带合法生意所得的银锭、黄金出国，朝廷并不禁止。

宋代的金银产地分布很广。福建有八州（府军）十一县，都设有银场。广东韶（曲江）、广（南海）、英（英德）、连（连县）、恩（阳江）、春（阳春）州，也都开有银场。南宋李心传《建炎以来朝野杂记》说："金银坑冶，湖广闽浙皆有之。"最初是严禁私自开采的，农具、铁器一律实行专卖，私采矿者以盗论处，后来逐步放开，先是放弃农具、铁器专卖，再放开老百姓自行开采金银矿坑，自备物料提炼，十分为率，官府收购二分，其余八分允许坑户自便货卖。

两广有不少地方产金，广东阳江的黄金冶炼很出名，被写入了《宋史》；广西更被描写成遍地黄金。宋代周去非的《岭外代答》写道："广西所在产生金，融、宜、昭、藤江滨，与夫山谷皆有之。"邕州与交趾只隔一水，这边放的鸭鹅，经常跑到交趾那边觅食，坊间哄传，从这些鸭鹅晚上回家拉的屎里，也能淘出金子，令人啧啧称奇。

有关广西多金的离奇传闻，真假莫辨，流传甚广，有人说当地峒长家里，以大斛盛金，作镇宅之物；又说他们玩赌博游戏时，一掷以金一杓为注，豪侈得把人吓晕；又说广西的金都不是出自金矿，而是自然融结于沙土之中，小如麦麸，称为"麸皮金"；大如豆子、瓜子的，称为"瓜子金"；还有更大如手指面的。金色深紫为绝品，普通金子不能相比。但能不能捡到，端的看每个人的运气了。

1987年第一次打捞南海I号沉船文物时，用抓斗一抓，就抓出一条1.7米长的金链子，当时人们就预感到，沉船上的黄金，应该不会少。果不其然，魏峻在《"南海I号"船说》中写道："2015年11月，负责0201号探方发掘的考古专家在探方表层淤泥下发现一个已被压扁的漆奁，其内隐隐露出的金色光泽引起了他的注意。"

这个漆盒是在南海Ⅰ号左舷前部、船体外侧发现的，被整个送到博物馆实验室处理。这是一个髹黑褐色漆的圆形盒子，盒身高15厘米，腹径15厘米，底径约12厘米。当考古人员把漆盒外部清理干净，小心地打开盒盖时，非常吃惊地发现，盒里基本是干燥的，没有进水。可见漆盒工艺之精良，盒盖与盒身十分吻合，当盒子快速下沉到一定深度时，水压就令盒子紧紧闭合，连水也渗不进去了。

经过清点，漆盒内除了一些已氧化成粉末状的铜器（可能是铜钱）、发黑的银器外，竟还装有24件金叶子，两条犀角形饰品金项链，四枚镶宝石或金饼的戒指，一组腰带配件（其中包括6件带銙，一对带扣，18件条形金饰）和10对（20件）耳环，简直就是个小金库。

所谓金叶子，在市场是作为货币流通的，用纯金打成，薄如纸片，折叠如书页，是宋代金币的特有形制。沉船上发现的金叶子，上面分别留有"霸南街东""王帅教置""韩五郎金""韩四郎""十分金""十分赤金"等字样印记。对考古人员而言，这些人名、街名太眼熟了，在哪里见过？

人们蓦然回想起，温州有一位老农，1992年挖路基时，挖出一个瓷罐，里面除了一些金器和银铤，还有四件精美完好的金叶子，上面就有"霸北街西"和"韩四郎十分金"等印记。这些东西先由温州博物馆庋藏，后来送到了浙江省博物馆，被列为国家一级文物。

"没错，就是他了。"人们恍然大悟。这个叫韩四郎的人，居然分别从温州地底与阳江海底冒出来，相距1400多千米，不能不令人深感悚然。历史顿时活过来了，变得有血有肉，成了一个活人，他叫韩四郎，也许还有个兄弟叫韩五郎，在霸北街、霸南街一带讨生活，他们是干什么的呢？是打造金叶子的工匠？是鉴定金叶子成色的验金师？或者是监制的官员？霸北街、霸南街又在什么地方？时空的无形网络，是如何把这些相隔千里的地方和人联系起来的？

南宋吴自牧《梦粱录》里记载，南宋都城临安有一家"汪家金纸铺"，就是打造金叶子的店铺。据官方记载，临安打造金叶子的钱庄多达120余家。霸北街西、霸南街东，指的是生产这些金叶子的钱庄位置，大概都是在临安城内。不管怎么说，温州与阳江发现的金叶子，都是同出一源的。

在沉船的金叶子漆盒周围，还散落着一些碎金。考古人员判断，它们原本应该是放在艉楼的，沉船后艉楼坍塌，碎金朝船艏方向散落。它们是属于谁的？原本的用途又是什么？从散落的方向看，南海Ⅰ号下沉时，是不是船艏先着地？疑问一个接一个，虽不能完全解答，却能激发起人无穷的联想。

船上还出水了一批铜衡器，包括天平构件和成套砝码。发掘报告称之为"是难得的南宋时期的衡器实物，对衡器历史研究、贸易研究等均提供了重要材料"。当年人们要用碎金做交易，购买小件贵重商品，如香料、药材、首饰等，天平是不可缺少的基本装备。2018年，中国与沙特组成联合考古队，对塞林港遗址开展考古调查与发掘工作。这是中国考古队首次来到阿拉伯半岛。位于阿拉伯半岛西南部的塞林港，是公元9至13世纪海上丝路的著名港口。在这里，考古队竟发现了和南海Ⅰ号所出十分相似的青铜天平与砝码，为两地古代贸易交往提供了宝贵的证据。

铜秤盘、铜天平及铜砝码

  南海I号上的那些金叶子与金饰，被人如此珍贵地收藏在漆盒中，好像是它的主人——也许是纲首，也许是某个富商——的私房钱，可能是为旅途应急准备的，也可能是打算到海外购买一些特别的东西。当然，也可能是属于第一次抓斗抓出来那条金腰带主人的。从金饰造型上看，与南宋的流行风格迥然不同，它们的主人，可能是一位来自东南亚、印度，甚至阿拉伯的商人，把在中国做生意赚的钱，打成银铤、金叶子和金首饰带回家。

  考古人员在扫描一件金叶子时，觉得有点异样，中间似乎夹着什么东西。展开一看，竟是一块铜片。考古人员先是感到困惑，细细一想，不禁哑然失笑，这肯定是奸商所为，以铜混杂其中充数。

  有趣的是，今天已无法知道，这些金叶子的主人，是被奸商所骗，还是他自己就是个奸商。考古人员在船上清理出一块长条的黑石块，外表看没什么特别，就像一块普通的玄武岩石。但它引起了考古人员的注意。这是一块碧玄岩石，在宋代是专门用来检测黄金的，相当于一台"验钞机"。在船上发现时，它与铜天秤是配套的，放在一个盒子里。

在南宋无名氏编撰的《百宝总珍集》里，名其为"试金石"，并赋诗："色如黑漆皆相类，气呵湿润卒未干，光滑腻如鸡子蛋，上金贴定好者看。"诗后还有注释："此石出蜀中，润湿腻滑样范好；颇大者有直钱三五千者。已下石粗有块儿小者，亦有直五七百钱者。如上金满，却用盐水洗之，安于湿地上少时取出，安在袋儿盛之。如上金，气呵动用手擦之，方始上金。"后来元代出的《居家必用事类全集》，把这段文字几乎照搬过去。

碧玄岩致密坚硬，使用时把黄金在石表面慢慢擦拭，观察留下的痕迹和摩擦声，判断黄金的真伪与成色。但这活不是谁都能干的，辨形与听声，需要专业知识与经验，一般人就算有块碧玄岩，也擦不出所以然来。沉船发现的这块碧玄石岩，有明显的试金擦痕，说明它已被多次使用。那么问题又来了：它是谁的？如果黄金是自用的，为什么还要带试金石？有试金石意味着船上可能有验金师，为什么要带验金师出海？难道这些金叶子和金饰的主人，是黄金贩子？或者只是这位商人觉得碧玄岩神奇而买下？总之，存在着千万种可能性，每一种可能性，都会演绎出完全不同的故事。

穿金戴银的人

也许是出于物以稀为贵的心理，南海1号上发现的金银器，往往比其他文物更能吸引游客的目光。沉船上一共发掘出188件金器、198件银器，总重量超过300千克，除了作为货币的银铤和金叶子外，还有一批金银首饰。确实，这些精美的物件，可以让人展开遐想的翅膀，穿越历史尘雾，回到800多年前的大宋人家，一睹那个年代的风采流韵。

在我们想象之中，那时有身份和地位的人，出门前都会打扮一番。公子王孙头戴幞头，脚蹬厚底靴，身穿绸缎纱罗的"韵缬"，腰带上的金坠子、玉坠子晶莹发亮，手摇时髦的折叠扇——这种扇以象牙为骨，夹以绫罗薄料，饰以金银，既轻便又名贵，足以彰显身份，乘坐小轿，招摇过市；士人身穿直裰，头戴东坡巾，轻摇着手中青缣扇，身后侍童持橐簪笔，随时准备吟诗作词，粉壁题字。

富家女子更要精心梳妆打扮。她们提前一晚将凤仙花（又叫好女儿花）的花瓣捣碎，加入明矾，涂在指甲上，用小块丝织物缠好，次日打开，其色如胭脂娇艳。出门前先在脸上打上玉白色粉

德化窑青白釉粉盒

底，两颊抹上玫瑰红胭脂，以显出女子脸庞玲珑浮凸的美感。粉底一般用上等粱米或珍珠粉、蚌壳粉等制成，平时珍藏在小巧的粉盒里。最后在双唇抹上用蜂蜡、紫草、朱砂染色制成的口红，这个妆容才算完成。

　　当然，这一切都是后人戏剧化的想象，但考古学却为这些想象提供了真实的视觉素材。在南海I号上就有不少青白釉粉盒，外形小巧而秀美，盖子上的纹饰丛繁精致，有牡丹花、团花、荷花、喇叭花和卷草纹。其中一只青白釉瓜棱矮身粉盒，口径只有9.9厘米，盒盖中心印有凤鸟花卉纹，向外两圈弦纹，弦纹间是密密的斜线纹，作为烘托与呼应，盖沿处还有三组蝙蝠纹。奔放热烈的构图，凝聚于方寸之间。还有一种粉盒很特别，外形较大，口径有13~15厘米，

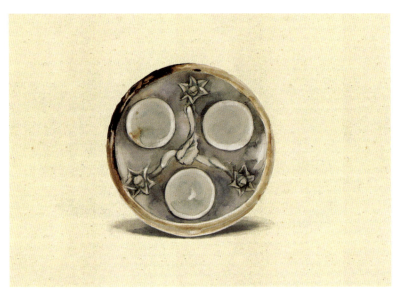

德化窑青白釉粉盒

盒内捏塑了三个折枝莲蓬或荷苞，分成三格，每格里有一只小杯，可以分别放不同的胭脂水粉，造型别致，散发着香闺绣阁中的温馨暖意。

美人上好妆后，揽镜自照，一缕"团团铜镜似潭水，心爱玉颜私自亲"的喜悦，荡漾心头。铜镜自春秋战国流行以来，日渐成为家庭生活的必需品。宋代铜镜多产于湖州、抚州、成都等地，与唐代铜镜相比，造型更显多样，出现带握柄的铜镜，以及长方形、鸡心形、盾形、钟形、鼎形等样式，但在南海Ⅰ号上发现的铜镜，仅见葵花形、桃形、菱花形几种。宋代工艺的设计，开始出现走简约路线的趋向。铜镜的纹饰题材，虽不乏野老山童、文人仕女的图案，其表现于审美意识，自当于尘凡世俗，别开生面，情趣盎然，但更多则展现朴实无华，甚至不事装饰的外观。

南海I号出水的铜镜数量不多，多数出自湖州。其中七件镜面为六出葵花形，带握柄，镜上并无更多纹饰，背面有两行阳刻铭文："湖州石十二郎"和"□□□照子"，字体有点扭曲难看，有可能是私铸的。湖州镜是宋代墓葬、遗址中常见的铜镜类型，在全国各地都有，其中六出葵花镜是主要的器形之一，但带握柄的六出葵花镜却没见过，在南海I号上发现的，尚属首例。

宋代最常见的是带握柄的八出菱花镜，在沉船上也有一面。背面有双凤朝阳纹饰，太阳在中间，两边各有一凤一凰，互视对方，尾部三根长长的羽毛，交缠一起，线条柔曼流畅，形态栩栩如生。都说宋镜注重实用，不崇华侈，从这面铜镜看，也不尽然。另外，

双凤朝阳带柄铜镜

在船上发现的桃形铜镜，以前历朝历代未见，是宋代才有的，一出现就非常流行，在长沙东郊杨家山宋墓就有出土，目前在青州、眉山市丹棱县、常州市武进区等地博物馆都有庋藏。其余几件都是没有图案纹饰的。有的背后有纽，用于系绳悬挂，更有一件无纽无柄亦无纹饰的铜镜，简单得就像一件半成品，估计原来是放镜架上的，但架子已经没了。这种铜镜倒可做简朴之证。

女子对发型、服装、首饰都很讲究。唐代那种高高堆在头顶的发式已经过时，宋代流行百花齐放，高髻、低髻、罗髻、双蟠髻，各具丰韵。有插鎏金银钗的，有插钿金丝盘花簪子的，也有插镶嵌珍珠宝石步摇的，云鬓下的一对耳环，把粉腮烘托得更加妩媚；颈项间的璎珞项链，手腕上的金银镯子，绮罗粉黛、瑶簪宝珥，走路时发出轻微而悦耳的声响；轻若薄雾的丝质绣花长衫窄袖衣，百褶裙、石榴裙、生绢裙、花边裙、云纹裙，在阳光下花枝招展，腰间的丝绸束带，随着步姿摇曳，袅袅婷婷，风情万种。宋代张先有一首《浣溪沙》咏："轻犀来时不破尘。石榴花映石榴裙。有情应得撞腮春。"东坡也有《菩萨蛮》咏："玉钗坠耳黄金饰。轻衫罩体香罗碧。缓步困春醪。春融脸上桃。"都是描写女子的这种美态。

那时的黄金首饰，工艺上已广泛使用编织、焊接、掐丝、镶嵌、雕刻等工艺，纹饰的雕刻，既有錾刻，也有阴刻，纹样更是形形色色，有花卉纹、卷草纹、几何形纹、联珠纹、篦点纹和龙纹等。

有一只二龙戏珠金镯，艳光四射，让人大气不敢出。金镯子整体呈椭圆形，周长26.3厘米，内径长6.76厘米，重115.16克。手镯器体是空心的，通体粗细均匀，在龙颈处将镯体砸至扁圆形，至龙

金缠钏

口部位又向内收束成圆形，使整个龙首极富立体感。手镯从龙首开始，可分为五组纹饰，依次为龙首、对三角纹饰带、中央枝蔓叶纹饰带、对三角纹饰带、中央枝蔓叶纹饰带及另一侧龙首。每个细部都透出华丽富贵之气。由于手镯两相对龙口底部均有焊制宝石底座的痕迹，因此称其二龙戏珠金镯。它们如此美艳，美得像一簇鲜花，即使是在泥淖里也能绽放。

手镯上的花卉、龙等图案，带有很浓的中国民俗风格。宋代吴自牧《梦粱录》说，当时富家女子出嫁，聘礼中的"三金"——金钏、金锭（镯子）、金帔坠，是绝不可缺的。在南海1号上，除了金镯子，也发现了金钏。以前在江西安义李硕人墓中也出土过金缠钏；在福州茶园山南宋许峻墓、济南卫巷宋代金银器窖藏中，都有

金项链

相似发现。与南海I号出水金缠钏相对比，形制十分相似。

但另外一些金器，则引起考古人员的疑惑。藏在沉船漆盒里的两条金项链，各由三条金链、两块对称的犀角形饰牌、五连扣环链、三条流苏坠饰组成。三条金链的左右两条，用扁薄金篾逐结编织而成，中间一条由方形金丝逐结编成，两端各焊接一个直径约0.2厘米的圆环形底座，座上再焊接一直径约0.2厘米的金丝挂圈，挂在犀角形牌饰背面的金丝闩上。犀角形牌饰长5厘米，最宽处2.4厘米，高0.6厘米，由四面焊接组成，上下为金丝制成的纹饰片，左右两面为窄条形金箔。牌饰朝上，分为器帽、器身。器帽是用整片金箔制成焊接在器身上的，分为两条纹饰带，带间为一金丝突棱，上纹饰带宽0.4厘米，呈正梯形，纹饰是在金箔上饰以由七个连续金珠缀成的等大三角形，三角形之间饰以四颗金珠缀成的小型菱形纹饰；下纹饰带宽0.5厘米，呈倒梯形，在金箔上焊了三个长0.5厘米、宽0.35厘米的椭圆形宝石底座，底座底边一圈饰以极细密金珠。工艺丝丝入扣，复杂精巧，艳色耀目。

一只嵌宝石戒指，造型也同样特别。戒指是椭圆形的，分为戒圈和戒面两部分，宝石已经脱落，剩下一个用金箔制成的六角形宝石石碗，原来宝石就镶嵌在石碗内的，以包脚固定，沿着石碗底边，还装饰了一道金丝，环绕一周，金丝上用细凿凿出点状，像一条绳索，相当精细。还有10对细丝圆圈形金耳环，耳环上还穿有14面体的金珠，金珠两面穿有仅1毫米的小孔，环身金丝从孔的一头穿入，从另一头穿出，扭成簧形，另一头磨成针状，从簧孔内插入金珠的另一侧开孔。吹影镂尘的精妙工艺，真有鬼神不识之妙。

考古人员认为，金项链的犀角形牌饰、圆圈形耳环、窟嵌宝石的戒指等物，在中原地区的考古中，尚未发现相类者，而在辽代如陈国公主墓、耶律羽之墓、吐尔基山辽墓中，则出土过类似窟嵌宝石的戒指。但又很难说它们是同出一源，因为风格迥然相异。因此，有人推想南海 I 号上部分金饰的风格，可能来自更遥远的地方——大食国或者波斯国。宋庄绰所撰《鸡肋编》便记载："广州波斯妇，绕耳皆穿穴带环，有二十余枚者。"《萍洲可谈》也描述广州蕃客"手指皆戴宝石，嵌以金锡"。在沙特泰伊泰尔萨亚遗址上，也曾出土过公元1世纪的宝石项链，窟嵌了珍珠、绿松石、红宝石等，说明阿拉伯自古以来就有这种装饰手法的金饰。不过，北京故宫博物院副院长李季认为，唐时大明宫就有不少异国器物。南宋中国人使用异国器物并不稀奇。

南海I号上发现的金瓜形串饰和项链上的桃心形挂饰，也让考古人员心生疑问。这种形制不仅宋代考古中未尝见，也不像阿拉伯风格，在辽代考古中，却屡有发现。但如果说它们来自辽地，又不能完全肯定，因为与江苏甘泉广陵王刘荆墓、长沙五里牌汉墓、广州汉墓东汉前期墓、广西合浦汉墓、隋代李静训墓中出土的空心金球形饰，不无相似之处。《南海I号沉船考古报告之二》里写道："多数研究者都认为类似球形饰品或至少其工艺是从海外舶来中国的，这种球形金饰虽在形制上、制作工艺与本船出土（水）的金瓜形串饰不同，但因其尺寸、形制的相似，并不妨碍将其视为本船瓜形串饰的早期类型。"由此看来，南海I号上的金饰来路，实在太复杂了，可能这是东南沿海通商城市的特色之一。

宋代朝廷有规定，非命妇之家，不得以珍珠装缀首饰、衣服，亦不得佩戴项珠、璎珞、耳坠，不得以丝带、绢带系发，不得穿着绫缣五色华衣等。繁文缛节，不厌其详。命妇即有封号的妇人，如宫内的妃嫔和大臣家的"诰命夫人"。

但爱美之心，人皆有之，这些规定出了京门就很难维持。朝廷最初规定老百姓不可佩戴方团金带，只有皇家才可以；但挡不住人们的虚荣心，变着不同花样戴；后来禁令放松，允许某些高官佩戴；再后来又放松为宫女逛街时可以佩戴；再再后来禁令名存实亡，满城尽是方团金带，北宋大中祥符五年（1012）的一道诏书称："今文武庶官及伎术之流，率以金银仿效，甚紊彝制。"不过，在南海I号商船上发现的金首饰，却不是为朝廷命妇准备的。显而易见，在海贸发达地区，蕃汉混杂，风俗殊异，男子佩戴腰带，显得雍容华贵，商人妇打扮得珠光宝气，这种潮流风气，朝廷管不了，地方官府更不会管，因为他们自己也往往是"潮流中人"。

丝绸是永恒传奇

在南海I号上发现的首饰，材料多种多样，金银铜锡木，无所不有，充分展现了那个时代的审美趣味与工艺技巧。不过，人们最希望看到的丝绸，却似乎没有发现，令人若有所失。丝绸与饮食、器物、居室同等重要，反映宋人日常生活中的艺术精神与礼乐文化。离开丝绸而论宋史，则难免有所残缺，未臻全尽之道。

中国历代王朝，对服饰管得很细，不同等级穿什么衣服，用什么料子、什么颜色、什么图案，都有清规戒律，不同职业也有不同的服饰。名义上是戒奢以俭，实质是为了分别贵贱，以及强化"华夷之别"。比如宋仁宗赵祯在庆历八年（1048）下诏："闻士庶仿效胡人衣装，裹番样头巾，着青绿及乘骑番鞍辔，妇人多以铜绿兔褐之类为衣。宜令开封府限一月内止绝；如违，并行重断。仍仰御史台、合门弹纠以闻。"宋徽宗赵佶在政和七年（1117）也曾下诏："敢为契丹服若毡笠、钓墩之类者，以违御笔论。"官府鼓励老百姓互相举报，成功举报一名穿戴外国服饰者，可获五十贯赏钱。赏钱从被举报者的财产中扣除，若被举报者家产不足五十贯，则罚其周围知情不报者，以凑足给举报者的赏钱。

不过，无论朝廷的目的是明贵贱，还是别华夷，这些限制老百姓穿衣打扮的规定，在坊间都难以认真贯彻。几乎所有等级的人都会僭越，向上一等级的服饰发起挑战，因此两宋时期的服饰禁令，最后大都沦为一纸具文。南宋大臣袁说友的《乞禁绝异服》，便承认在淳熙年间，杭州城内已是"一切衣冠服制习外国俗，官民士庶浸相效习"。在这种社会氛围下，南海1号上有那么多带外国风格的首饰，亦无足异。

这些变化，从某个侧面反映出，魏晋南北朝发展起的门阀制度，到宋代已不复森严，而趋于瓦解；行之千年的重农抑商政策，在宋代不再成为排斥商业的理由，商人地位大大提升；隋唐时不可逾越的良贱等级制度日渐松弛，以前只有官员才可坐轿，现在平民百姓也可坐了；以前规定庶民不得穿绫缣五色华衣，现在满街都是衣袂飘飘的丝质衣服。这一切，从宋代留下的衣冠文物，可以清晰地感受得到。

意大利旅行家马可·波罗不是什么哲人，他是用商人的目光观察中国，对那些具有商业价值的物品最为敏感。一踏上南宋的土地，就十分留意宋人的衣着和丝绸贸易。在南宋都城临安，他曾亲眼一睹，"男子与妇女一样，容貌清秀，风度翩翩。因为本地出产大宗的绸缎，加上商人从外省运来绸缎，所以居民平日也穿着绸缎衣服"。他写到了丝绸贸易："马拉巴是大印度一个幅员辽阔的王国……来自蛮子省（指南宋的城市）的船载着铜作为压船的重物。此外，还装运金线织成的锦缎、丝、薄绸、金银块和马拉巴所不产的许多种药材，他们用这些货物换取此处的商品。"

可见直到南宋覆亡之前，丝绸仍是海上丝路上最重要的商品种类之一。福建、广东都是马可·波罗所说的"蛮子省"。那么，在比马可·波罗的观察早了近百年的南海 I 号船上，究竟有没有丝绸呢？从接触南海 I 号的第一天起，考古人员内心就盘桓着这样的疑问。

尽管大家都明白，即使有丝绸，经过800多年海水浸泡，也早就化为乌有了，但暗暗期待的心理，又总是挥之不去。孙键曾对媒体表示："这条船上最大宗的货物应该是什么呢？是瓷器和铁器。当然肯定还有丝织品，但是丝织品保存不下来了，在海里经过800年的浸泡，已经跟泥混合在一起了。"

真的没有丝绸吗？人们不太情愿，却也不得不承认，即使在干燥的陆地，丝绸经过几百年消磨，也终有从丝蛋白、肽链、氨基酸，向着更简单元素降解，最后零落成泥碾作尘，消散于无形的一天，更何况在浩瀚流动的海里？这是大自然的不可抗力。

然而，人世间有一个不变的定律：生命一旦诞生，就不会完全消失，总会以某种形式留下它的痕迹，告诉人们：我来过。

在2014年的发掘中，南海 I 号的第10舱中，最初映入考古人员眼帘的，还是层层叠叠的陶瓷器和金银器，舱内左边上下层以酱釉四系罐为主，中层散落着一些银铤、锡盒、锡珠和磁灶窑绿釉葵口碟，中下层铺垫着成排木棍，装载的货物已不见了。舱内右上层散落着银铤、金器、朱砂和龙泉窑青瓷碗、德化窑青白瓷粉盒、执壶，以及闽清义窑青瓷碗、磁灶窑绿釉瓶等。下层同样铺垫着成排木棍，存放的货物也消失无影了。

与其他舱塞得满坑满谷的船货相比，这个舱竟出现了几个不合理的空位，因而带有几分神秘感。在舱内发现大片红褐色夹杂黄色黏性物质的遗迹，厚0.015~0.7米，从断面可以看到厚度为0.02~0.03米的叠压分层，推断是堆放在成排木棍上的货物。

这是什么东西？会不会是丝织品？

这个想法，一下把人们的兴趣刺激到了最高点。所有人都暗暗希望是这个结果，当然也不排除是香料、药材的可能性。究竟是什么，在检测之前，不好妄下断语。考古人员仔细用毛笔一点一点清理，把其中的物质提取出来，送去检测。

由于丝绸纤维中的蛋白质已严重降解，结构被完全破坏，常规的检测方法，如傅里叶红外光谱、拉曼光谱、X射线衍射等，都无法准确验证其结构和成分的完整性。这时中国丝绸博物馆正与浙江大学、浙江理工大学、中国计量大学等高校联合研发一种确定丝素蛋白的分子标识物技术，利用免疫学原理和方法，寻找丝绸的微痕。这种技术运用在考古中，简直就是一门神器。通过丝素蛋白检测，在南海I号的第10舱淤泥中，成功提取和鉴定到了丝织品残留物信息，证明船上确曾装载丝绸。

这是书写历史的时刻。人们万分惊喜。学界谈论了那么多年"海上丝绸之路"，以前都是从古文献中找依据，并未在考古中发现丝绸实物。现在终于打破这一窘局了。负责南海I号第10舱发掘工作的考古人员杨睿，在中央电视台的考古节目中，兴奋地告诉观众："我觉得这也是这条船的一个重大的贡献。因为一直说海上丝绸之路，但是'海丝无丝'，这是一个问题。另外据我们看《诸蕃记》，一共有70多种货物是贸易品，在历史上记载，最起码这个丝绸——含丝素蛋白出现了，我们又多了一种贸易的品类

（实证）。"

13世纪以后，丝绸在西方人的心目中，虽然已逐渐褪去神秘色彩，许多欧洲国家都能生产了，但中国丝绸仍以优质价廉和动人的东方韵味，融入了欧洲的绮丽幻象，热度经久不衰。因此宋代的丝织业，继续处于兴盛时期，柳永所咏"市列珠玑，户盈罗绮，竞豪奢"，并不是文学渲染，而是他足履所及，目光所见。

人间沧桑迭变，南海Ⅰ号上的丝绸虽已尽化泥淖，无由采其遗韵，但其价值却不因之而泯灭。万物变化代兴，不朽之芳存焉。哪怕只剩一点丝素蛋痕迹，也有说不完的故事，令历史的回音壁，久久为之震荡。

翻开尘封已久的《虞书》，上面还记载着上古时代舜帝说的一段话："予欲观古人之象，日、月、星辰、山、龙、华虫，作会；宗彝、藻、火、粉米、黼、黻、絺绣。"意思是说，舜帝想显示古人衣服上的图案，就把日、月、星辰、山、龙、雉六种纹样绘于上衣，把虎、水草、火、白米、黑白相间的斧形花纹、黑青相间的"己"字形花纹绣于下裳。舜已是上古之人，生卒皆不可考，而他衣服上的"黼黻文章"，还要临摹更古的古人，光阴的年轮，真真是渺茫不可探究了。

及至唐代，广东南海有一位绣女，名叫卢眉娘，善作飞仙盖，她以丝一缕，分为三缕，染成五彩，结为五重伞盖。在一丈阔的伞盖上，绣上十洲、三岛、天人、玉女、台殿、麟凤等像，而外列执幢奉节童子，不下千数，形神俱备，栩栩如生。在卢眉娘的手中，一针一线，极尽精巧细微，直如神灵相助。

在海上丝路繁荣发展的刺激下，宋代的丝织业，并不输于盛唐，河北绫罗江南纱，宋绢常绅彭越缎，品种数不胜数，纹样也五花八门，有雁衔绶带、鹊衔瑞草、盘龙、对凤、麒麟、仙鹤、芝草、葡萄等。织物结构则从平纹向斜纹、从经显花向纬显花过渡。苏州宋锦、南京云锦、四川蜀锦、杭州绒背锦等，都是远近驰名的丝织品。《文献通考》一书记载，宋代物产类租税中，仅布帛丝绵之品就有10种，分别为罗、绫、绵、纱、丝、纳、杂折、丝线、锦和葛布。

唐宋以后的刺绣，深受绘画影响，《考工记》就把刺绣归入绘画之列。中国最早就是在丝绸上面绘画的，称为"帛画"。直到宋代，虽然已经发明了造纸，但依然有大量的绢画传世，因为绢本绘画比纸更利于保存，而深获画家偏爱。以绫锦作装裱，既富于装饰性，亦使画作增强了耐损度，不易撕破。大名鼎鼎的宋锦，就是专为裱画而生产的。后世许多绣工均以唐宋名家书画为蓝本，描摹绣制，别具金碧辉煌的效果。

明正德八年（1513），第一艘抵达中国的葡萄牙船，在广东上川岛抛锚泊岸。由于实行海禁，岛上居民大部分内迁，已沦为荒岛。葡萄牙人登岸后，竖立了一块刻有葡萄牙国徽的"发现碑"，作为纪念。这次初航中国，只是探路性质，没有与官方正式接触，也没有进行大规模的贸易。因此，他们此行在中国的史籍上，并无记载，而在西方人写的史籍上，则说他们返回欧洲后，向葡萄牙国王唐·曼努埃尔一世献上了一件珍宝，不是香料、宝石，而是一块购自广东据说是龙袍的绣片。

没人能够想象龙袍的模样，然而，当绣片缓缓展开的一刹那，仿佛释放了一种神奇魔力，所有人都醉了。那细于毫芒的针线，繁缛美妙的纹样，散发着神秘东方的幽香，令曼努埃尔一世万分惊喜，对献宝者立予重赏。

中国的绣品，第一次向欧洲展现了她绮艳的芳容。从明嘉靖三十二年（1553）到崇祯十四年（1641）这几十年间，一船一船的绣品、丝绸、金银、麝香、珍珠、象牙精制品、细工小器、漆器、瓷器，从澳门起航，经好望角和巽地海峡航线，源源运回欧洲，进入五侯七贵之家。《锦绣岭南》一书这样描写："正德年间，大量精美的绣品由欧洲商船出口到葡萄牙、英、法等国，西方皇室与贵族们身着华艳的粤绣披肩，服饰上零星点缀着丝绒刺绣的百鸟朝凤图案，贵妇的手袋里也不忘为小巧的妆镜套上彩绣的花鸟镜屏，为丝扇装上精美的杂花扇套。这些富丽堂皇的绣饰，勾起她们对奢华摩登永不停息的追逐迷恋，而这之中亦有那一缕浓得化不开的东方情味。"

明万历二十八年（1600），英格兰都铎王朝女王伊丽莎白一世，在看到广东的金银线绣后，被其精美的用材、细致的绣工、华丽的纹样，深深吸引，亲自倡导成立英国刺绣同业公会，直接从中国进口丝绸和绒线，模仿粤绣的针法，加工绣制高档服饰。伊丽莎白一世逝世以后，查理一世继续倡导英人种桑养蚕，发展刺绣业。粤绣，这份中国送给欧洲的礼物，终于在英伦开花结果。

在华侨史上，流传着一个凄美的故事。明万历四十二年（1614），有一位名叫美兰的13岁中国女孩，被海盗抢劫到马尼拉，卖给了停泊在当地的一艘西班牙商船的船长。美兰随着商船到了墨西哥的阿卡普尔科城。当时墨西哥是西班牙的殖民地，美兰在这里住下，与家乡隔海相望，从此音问两绝，一在天之涯，一在海之角，远书归梦两悠悠。

美兰因秉性善良，乐于助人，深得左邻右里的喜爱。她把刺绣、裁剪的技艺，毫无保留地传授给当地人。每天在绣绷前，埋首针纫，悠长的日子便在她的指间无声滑走。乡愁仿佛凝结在细细的针尖，她绣出了童年熟悉的图样，那些荷花、那些翠鸟、那些随风摆的柳枝……她还自己设计、缝制了一套融合中国和墨西哥特色的衣服，雅致而别具风情，被当地人昵称为"中国—普埃布拉女服"。

墙头的花开了又败，墙外的岁月一去不还。1688年，年届花甲的美兰在墨西哥去世，终于可以魂归故乡了。人们无不唏嘘落泪，为她举行了隆重的葬礼，并在墓前立碑，碑上的铭文写着："她出身于高贵的摇篮，那种谦虚的品格，令人敬爱。生存了60个年头，她的去世，使大家惋惜悲痛。"

美兰的故事，在血泪斑斑、可歌可泣的华侨史里，只是一段平淡的小插曲，因为有这类身世的人，实在数不胜数。但透过这位寻常女子的身影，却也不经意地折射出一段令人悠然神往的史实：当时的中国丝绸与刺绣，不仅在欧洲盛行，而且已进入了美洲，并通过华侨之手，在民间传播开去了。

从马尼拉开往阿卡普尔科的商船，当地人都叫它们"丝船"。在一些零星的贸易记录中，记载着1774年的一艘丝船上，运载着来自美兰家乡的250匹广州缎、72匹深红色纱和1000多双丝袜。当丝船的帆影出现在海平线上，守候在阿卡普尔科码头上的商人便欢呼雀跃，船甫泊岸，蜂拥而上，把货物抢购一空，然后转售到美洲各地。

1772年，一位欧洲学者在目睹中国丝绸海量涌入的盛况后指出："前世纪，欧洲人从中国输入的丝绢为量甚少，我们满足于当时所用的黑色和有颜色的肩巾；近40年，尤其是近25年的时尚，好用白色和色彩鲜明的肩巾，造成了越来越大的对中国出品的需要。每年的消费额最近已达八万条，其中法国就占了四分之一。"

艺术因实用而日新月异，实用因艺术而魅力长存。中国输往欧洲的刺绣，既有装饰品，也有日用品。装饰品多用作美化家居，如绣画、插屏、挂屏、墙饰等；日用品如床楣、帷帐、床罩、台帷、手帕、披肩、扇套等。最常见的图案，是中国传统的"四菜一汤"式，即在中央绣一个主体的团花，四角绣上角花，作为烘托与呼应；中央团花的四周，饰以飞鸟、蝴蝶及满地折枝花藤，浮彩艳发之间，散发着一种东方式的温馨与暖意。

法国路易十四时代的宫廷服饰，无论男女，均以刺绣、折裥、蝴蝶结等为饰，连鞋面也是以中国丝绸、织锦为面料，饰以刺绣图案。路易十四的公主更因喜爱而学起刺绣，父王有时还亲自为她挑选图案。欧洲人虽然未必能领略到中国诗中"风吹仙袂飘飘举，犹似霓裳羽衣舞"的意境，但穿起中国丝绸，尤其是用塔夫绸做的衣裙，不仅细洁光滑、平挺美观，而且举手投足时，因摩擦而发出轻微的窸窣声，听起来有如天籁，为淡雅的女子平添撩人风情。

中国刺绣成为人皆追逐的俏货，竞相模仿、学习。刺绣也成了一种备受尊重的职业，在18世纪加入巴黎刺绣匠师公会的成员，远超过去几个世纪从事这一职业的人数。法国的辟尔文作坊的花卉图案，马鲁作坊的螺纹、格子和小花图案，无不脱胎于中国的刺绣纹样，再加以变化演展，针线之间的东方情韵，历历可辨。

清乾隆二十二年（1757）是一个重要的年份。朝廷封闭闽、浙、江三个海关，仅保留粤海关对外通商。广州再次成为全国唯一通商口岸。以前丝绸的出口，浙江占龙头位置，有人夸张地形容，浙江出品的丝，可抵欧、亚两洲合并的总和。但自从一口通商以后，所有的丝绸出口，全都涌到广州。据粤海关的资料，当时绣花衫每件八两白银，绣缎、绣丝纱每匹亦八两白银，绣牛郎每匹七两，绣茧绸衫每件六两，绣点绢、绣绢、绣线绸每匹六两。如此昂贵的价钱，其受欢迎的程度，可想而知。

清乾隆五十八年（1793），广州第一家刺绣行业的行会——"锦绣行"成立，入会有三千多人，同时设立刺绣业的会馆"绮兰堂"。这是一段用金丝银线织出来的岁月。清乾隆年间（1736—1795），绣坊、绣庄多达五十多家，三千多花佬每天埋头在绷架前，飞针走线，绣出一片花花世界。他们多数来自广州和潮州，佛山也有十几家绣坊，有专做内销的，也有专营外销的；在南海、顺德农村，从事刺绣加工的妇女，有三四千人之多。在潮州城也有数十家刺绣庄。有一首《南海竹枝词》便是描写这段芳香四溢的时景：

希珍大半出西洋，番船归时亦置装。

新到牛郎云光缎，边钱堆满十三行。

欧洲客商纷至沓来，带来了大量瓷器、刺绣、漆器等日用工艺品订单，并提供了符合欧洲需求的图样。英国人把剪裁好的服饰和图案，通过英国东印度公司，送到广州加工绣制。有些欧洲贵族连名片也要拿到广州刺绣，才显得矜贵。后来发展到圣母像、耶稣像和国王、大臣肖像，都要雇请中国绣工，以粤绣的特殊针法和绒线来绣制。18世纪中叶以后，粤绣披肩在欧洲风靡一时，年出口量达到八万多条，四分之一去了法国。

欧洲人着迷于用金丝银线带出来的东方气韵，而岭南的绣工则学到了西洋绘画的技法，把透视和光线折射原理，运用到针线之间。中西合璧，别具匠心与风神，构成了岭南独有的一景。

丝绸，延续着一个永恒的传奇。

第二章

器物之光

名瓷初闪耀

只青白釉刻画花卉纹瓷碗摆在面前，让人产生某种难以描述的感受。釉面质雅腴润，内壁印着缠枝花卉和青鸟，碗底有一朵盛开的菊花。那么细腻，那么曼妙，宛如一对天生媚眼，与人默然相视，目光温柔、雅澹，若有所思，直盯得人怦然心动。

当年在光线黯淡的工棚里，把花卉模件轻轻印在器身上的工匠，他是否意识到，这是在向800年以后的人们传达信息？他是否意识到，作为一个穿草鞋的匠人，他如萤火般短暂的生命，将由这件瓷器，延续至800年以后，胜过无数达官贵人？他有没有在什么不起眼之处，暗暗留下记号？这只瓷碗从何而来？如果南海I号一帆风顺，它原本是要越过万里大海，进入某户人家，与他们共度一段琐碎平庸的日子，然后在某一天因某个原因碎裂，被丢到垃圾堆里，它的旅程才算完结；现在却中途沉入海底，与那个家庭的缘分，还没开始就结束了，而另一段更绵长的缘分却由此展开。

寂然凝虑，思及千载，一只小小瓷碗，蕴含着人世间多少悲欢离合，多少传奇故事。一代代工匠的心血，倾注于内，为人们打开了一部关于中国瓷器走向世界的历史。

中国的陶瓷可以上溯到神话年代。唐代令狐德棻主编的《周书》称："神农作瓦器。"南宋罗泌所撰《路史》称："燧人氏范金合土为釜。"明代罗颀著《物原》则称："神农作瓮。"如果觉得这些都是依据无可稽考的传说，那么，考古学则证实，在距今5000年至7000年的仰韶文化时期，黄河流域已有可观的制陶业。人们在陶器烧制之前，描绘上一些美丽的图案，以花卉、几何图形为主，烧成后彩纹不易脱落。这便是早期的彩陶。

到东汉时代，制瓷工艺出现了质的飞跃，真正意义上的瓷器诞生了。它以比陶器成本低廉且更坚实耐用、更清洁美观的特点，在人们的日常生活中，大受欢迎，逐渐取代了陶器。而"瓷"这个字，也从汉代开始出现于文献当中。

隋代时，生产瓷器的地区主要有河北、河南、安徽、江西、浙江、湖南、四川7个省10个县；而到唐代，发展到包括山东、江苏、陕西、福建、广东在内的12个省50多个县。考古发现的唐代窑址，比隋代多了五倍。以前烧瓷火度都偏低，成品只能称作软质瓷。唐代开始采用1300℃以上高温烧制瓷器，这被行家称作是"真正瓷器"的发端。

唐代瓷器以青瓷、白瓷、彩瓷和唐三彩四类为主。其工艺已由施半釉发展到施全釉。其中唐三彩最为名贵，所谓三彩，即铅黄、绿、青色，色彩饱满富丽，器物线条典雅优美，令观赏者赞叹不已。唐代笔记小说《杜阳杂编》讲述，会昌元年（841）有一件渤海进贡皇宫的紫瓷盆，可容半斛（60斤）水，内外通莹，色泽纯紫，厚约半寸许，举起来却轻如鸿毛。此为一绝。唐大中年间（847—859）的乐师郭道原，用十二只越瓯、邢瓯盛水，注入水量多少不一，敲之其声渊渊如出金石。此又为一绝。在唐人眼中，这些神奇瓷器，已超凡脱俗，进入仙界矣。

　　就是从这时开始，中国瓷器乘着大海的季风，踏上西进之路。1974年，在宁波余姚江的唐代出海口，发现了一艘沉船，几百件越窑青瓷、长沙窑青釉褐彩器和少量黑釉器，散落在沉船的船体内和四周海底。在打捞上来的瓷器中，有一块方形瓷砖上，刻有"乾宁五年"字样，即唐昭宗李晔的乾宁五年（898），证明是唐代的沉船。

　　考古人员推测，这艘船当时很可能是准备驶往日本或朝鲜的。当时前往东洋的船只，大都从宁波出港，而前往南洋的船只则多由广州出港。日本九州福冈县筑紫野市曾出土过一件唐代的青瓷壶，与沉船上的越窑和长沙窑青瓷壶形制一样，连色彩、装饰纹样也基本相同，说明是同一个时代的产品。而在日本奈良市大安寺、玄海滩、奈良县安部寺和福冈县太宰府等地，都发现有唐三彩陶器碎片、越窑青瓷、白瓷、长沙窑的青瓷壶等历史遗物。

　　盛唐时代，中国瓷器不仅到达日本、朝鲜，而且远涉中亚、西业、非洲地区。巴基斯坦的班布尔，原是古印度的重要港口，这里发现了唐代越窑青瓷壶和长沙窑的碗。在印度河沿岸、印度尼西亚地区、马来西亚及波斯湾沿岸港口，均发现中国唐代的瓷器。尽管唐三彩在中国是一种明器，但同样流传到国外，奈良三彩、新罗三彩、波斯三彩、埃及三彩等，纷错并出，无不留下鲜明的唐三彩印记，可见世界各地模仿风之盛。

　　在非洲的坦桑尼亚，地底也埋藏着非常丰富的中国瓷器。英国著名考古学家惠勒在坦桑尼亚进行考古挖掘后，发出惊叹："我一生中从没有见过如此多的瓷片，正如过去两个星期我在沿海和基尔瓦岛所见到的，毫不夸张地说中国瓷片可以整锹地铲起来。"他甚至断言："就中世纪而言，从10世纪以来的坦桑尼亚地下埋藏的历史是用中国瓷器写成的。"

在伊拉克巴格达东南部，曾发现晚唐和五代的白瓷及越窑青瓷。古城萨迈拉在883年沦为废墟。考古人员在遗址中发现大量来自中国的白瓷、青瓷和三彩陶片，震动了世界考古界。萨迈拉遗址于2007年被正式列入世界遗产名录。

1998年，德国打捞公司在印度尼西亚勿里洞岛海域，发现一艘唐代沉船，命名为黑石号，船上有6.7万件陶瓷制品（仅考古人员登记在册数量，不包括被当地渔民捞走的数万件瓷器），沉睡海底千年之后，重睹天日，绝大部分出自长沙窑，有杯、盘、盂、盒、罐、熏炉和肖生瓷塑，不少瓷器上绘有花叶、莲蓬、飞鸟、摩羯鱼纹；在10件精美的金器之中，包括十分珍贵的八棱胡人伎乐金杯；另外还有24件银器、30件铜镜和零星的玻璃瓶、漆盘、象牙制游戏器具等。而最令人注目的是，在出水的部分长沙窑瓷器上，有用褐绿彩和红彩书写的伊斯兰文和阿拉伯纹饰。

2003年，在距印度尼西亚爪哇岛中部约100海里外的井里汶岛附近海域，又发现一艘晚唐五代的沉船。经过一年多打捞，出水大量越窑青瓷碗、盘、注壶等，仅白釉瓷器就有两千多件，包括碗、碟、花瓶、枕、海螺形白瓷法器等不同造型的器物，来自浙江、广东、福建、河北等地。可以推断，唐永贞至大中年间（805—859），最重要的外销瓷器是长沙窑瓷器和广东青瓷。到五代十国

黑石号上的广东窑口瓷器

时，越窑瓷器逐渐居上，跃升为陶瓷外销主要产品。

唐代末年，南汉王朝在岭南割据一方，自立为王。这是岭南文化史上一个重要分野。如果说南汉之前的汉唐，岭南文化还处于与中原文化的融合期，那么，南汉以后的宋代，岭南文化就进入一个穆穆煌煌的成形期了。这也是民间工艺繁花似锦的年代。日本古陶瓷学者三上次男根据大量考古发现，把中国古陶瓷从东南沿海出发远抵中东、非洲的海上商路，称为"陶瓷之路"。这一结论，得到世界考古界和历史界的广泛认同。

中国先进的航海技术，在宋代足以雄视全球。与远洋贸易直接相关的造船业，达到了空前高度，可制造乘坐五六百人、载重五千斛（约300吨）的大船。在蓝天碧海之间，恍若一座座拔地而起的城堡；高挂的风帆，就像垂天的云幕。这时指南针也开始运用于航海了，即使遇上风雨晦暝的天气，无法观测星象，也不会迷航。船上可储存一年的口粮，甚至还养猪、酿酒、种菜，以供路上吃喝。

无论是市舶司贸易，还是民间私下的贸易，瓷器始终是大宗商品。南宋以后，北方各名窑的陶瓷工为避战乱，夹在难民潮中，仓皇南逃，在景德镇附近落脚，渐渐成了汇聚天下名匠的制瓷中心。在大宋319年历史当中，景德年不过短短三四个春秋，一闪而过，但一个在中华文明史上不可磨灭的名字，却在此横空出世。元代天下虽然动荡不安，但春色不随亡国尽，野花只作旧时开，景德镇的瓷器，如苍头特起，绽放异彩。

还有一部分陶瓷工逃到广东，也把陶瓷技术带到沿海地区，在距离南海Ⅰ号沉船不远的阳江地区有一条石湾村，就有宋代的古窑。1954年曾在阳江石湾村古窑址出土了一些瓷片，从釉色看属南方的青白瓷，推测该窑是宋代的。但从另外一些瓷片中，有专家推测可能时间更早，可溯至南朝，其胎质和釉色，与广州出土晋墓、唐墓中的青釉瓷相似，有的像潮州笔架山窑瓷，有的像广州西村窑瓷。

清末民初番禺学者许之衡在《饮流斋说瓷》一书中考证："'广窑'南宋渡后所建，在广东肇庆、阳江。"也许因为阳江的陶瓷产量不高，在史书上记载寥寥，以致被人忽略。但米粒之珠虽小，风尘难掩其光华，故宫博物院庋藏的一件南宋"广窑月白划花牡丹圆洗"，据考为阳江所产，历史终究还是没有遗忘它。

大约在明代，由于瓷土用尽，或天灾人祸的原因，阳江窑场式微，陶工纷纷迁往他处，一部分迁到博罗县，聚居处名石湾村；一部分迁往南海县，聚居处亦名石湾村，继续开窑生产陶瓷。有史家推测，阳江、博罗、南海（佛山）三地都有石湾村，绝非偶然，很可能"石湾"本来是一个窑口的名称。

博罗县迄今已发掘多处宋窑，以罗阳笔架山窑和湖镇显岗窑最为著名，据称罗阳一带海拔50米以上的山头，各处散布着大量窑渣，应是一处有多条龙窑的青瓷制坊。而迁往南海县石湾村的，则开创了名满天下的石湾陶瓷。直到20世纪50年代，在石湾镇的陶工中，还有不少原籍是阳江的，每年都要回阳江扫墓祭祖。

为什么阳江的陶瓷工匠会迁往南海？当然是因为南海已有悠久的制陶瓷历史，才会形成磁吸效应。1957年在石湾大成岗发现了一个古窑址，出土大量青釉、黑釉和无釉陶片，还有匣钵、注饼等窑具；器形则包括碟、碗、缸、壶、杯、盆、水壶等。釉色与广州西村窑、阳江窑的陶瓷十分相似，反映出阳江、佛山、潮州、广州瓷器之间血脉渊源的复杂关系。于是"广窑"一词，遂扩展为所有广东窑系的陶瓷。

唐宋年间，埃及开始源源不断从中国进口陶瓷，成为中世纪伊斯兰世界和中国的陶瓷贸易重要枢纽。福斯塔特城（今开罗）在7世纪至10世纪是埃及的政治、经济和制陶中心，13世纪遭十字军围攻成为废墟。日本的考古人员曾在古城废墟中，找到超过1.27万片中国陶瓷残片。从晚唐的邢窑白瓷、越窑青瓷，到北宋中期的广窑系白瓷，再到北宋后期至南宋的景德镇窑白瓷都有，数量甚多，质量亦优。考古人员还发现，从福斯塔特遗址挖出来的宋代白瓷，广窑产品特别丰富，大部分产自11世纪，包括潮州笔架山窑、广州西村窑的产品。

宋代的瓷器制作，名窑如林，遍布大江南北，各以浓浓的东方情味，向世界展现芳容。在1989年至2004年间，对南海I号的几次水下考古调查，出水遗物共计4700多件（套），其中以瓷器居多，包括青瓷碗、青瓷盏、盘、碟、钵之类。这些在当时可能只是普通的日用瓷，在今天看来，却是无价之宝。它们的造型、工艺、纹饰，每个细部都蕴含着丰富信息。龙泉窑的青瓷内底、内壁，大多印有缠枝莲纹、折枝莲纹、荷花、卷云等纹饰，造型舒展轻曼，极古色古香之致。景德镇窑的青白瓷器上，纹饰相对繁复细腻，精致纤巧，更显瓷工的刀下功力。花卉图案或粗放活泼，或轻柔淡雅，都能生动地传达出人的内心情感旋律，洋溢着世俗生活的气息。

随着2014年的全面发掘，愈来愈多的陶瓷器，被考古人员从淤泥浊水中打捞出来，数量多达17万件（套），为沉船上其他出水遗物所不及。从其器形、数量以及码放形式来看，主要不是船上人的

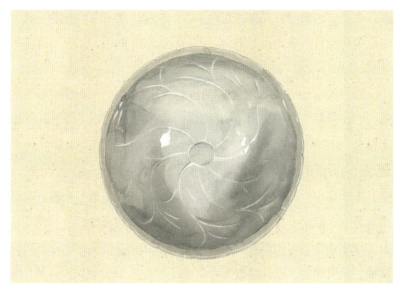

景德镇窑折枝花卉纹青白釉碗

生活用品，而是船货，主要来自景德镇窑、龙泉窑、德化窑等窑场。根据《南海I号沉船考古报告之二》所载：

　　景德镇窑的青白瓷器，在船上发现甚多，种类多样，包括青白瓷碗、盘、盒三大类，分布在各个船舱中，是重要的船货之一。按照形制和纹饰纹样的不同，青白瓷碗分为刻划花卉纹浅腹碗、刻划花卉纹深腹碗、菊瓣纹花口碗、菊瓣纹印花花口碗、印叶脉纹花口碗、印缠枝花卉纹芒口碗、菊纹印花芒口花口碗、印花芒口小碗、刻花芒口小碗等。青白瓷盘分为印花花口盘、印莲花纹花口盘、印叶脉纹花口盘、印叶脉纹芒口花口盘、印莲花纹芒口盘、印莲花纹折沿芒口盘、印缠枝牡丹纹芒口折沿盘、印缠枝菊花纹折沿芒口盘、印缠枝花卉纹鸟纹芒口盘、菊瓣纹花口小盘、印缠枝花莲花纹花口小盘、印缠枝花花卉纹花口小盘、菊瓣纹印花花口折沿小盘、刻花印花花口折腹小盘等类别。青白瓷盒仅见两个，一为芒口刻划纹盒，另一为芒口葵口盒。

另一大窑场是龙泉窑瓷器，占船货比重较大，分布于船舱的前、中、后部。器形较为单一，以碗为最大宗，其次是盘，其他器形仅见一件青瓷四棱方瓶。纹饰多为刻划花，以荷花、荷叶为主题，组合而成不同图案。其他纹饰有"S"形分隔纹、卷云纹、牡丹纹、蕉叶纹等。外壁大多素面，有少量折扇纹。从造型来看，碗以侈口为主，圈足分为两种，一种外撇，修足不甚规整；另一种不外撇，修足规整。器物以厚胎薄釉为主要特点，多施青黄、青灰和青绿釉，胎质较好。几件菊瓣盘和菊瓣小碟，造型生动立体，别有情趣，尤其菊瓣小碟，釉色青蓝，造型精巧。

德化窑瓷器数量众多，各个船舱均有分布。器形也比较多样，有器盖、壶、执壶、军持、三足炉、碗、罐碟、粉盒、大盘、葫芦瓶、喇叭口瓶等类别，皆为青白瓷。纹饰以印花卉纹为主，部分大盘等器物饰以笔划纹，粉盒、执壶、罐、大盘、喇叭口瓶等器物底部，多有墨书，大部分器物与德化碗坪仑等窑口所出瓷器在釉、胎和纹饰造型方面均较一致。发掘中发现船货装载有套装现象，也就是在大罐里再套装其他小瓷器，以充分利用空间，如在四系罐里套装喇叭口小瓶。

磁灶窑瓷器大部分施酱釉、绿釉，还有少量黑釉和青釉。从器形上看，以罐、瓶等为主，绿釉印花碟、玉壶春瓶、喇叭口瓶、长颈瓶等器形，多贮存于第2、3舱中。其他有器盖、碗、粉盒、军持等。装饰技法有模印、堆贴、剔刻、刻划、彩绘，不一而足，部分

龙泉窑青釉菊瓣小碗

装饰花纹带有异域色彩。还有一种酱釉四系罐，最初的判断也是磁灶窑的，但后来却被一个颠覆性的惊人发现所改变，不仅推翻了最初的判断，而且让人们对南海I号的航程，有了全新认识。不过这是后话，暂且按下不表。

义窑瓷器数量亦多，属大宗外销瓷船货，主要是碗类，套装成摞成组，成行成列码放，从上到下层层堆放。义窑瓷器的外腹部多为素面，内壁刻划弦纹、卷草纹、花卉纹等。按器形及纹样可分弦纹碗、出筋葵口碗、管划草叶纹葵口碗、刻划花海棠纹葵口碗、刻划花荷花纹葵口碗、刻划花牡丹纹葵口碗六类。不过质量参差不齐，不少有生烧现象，青白釉的釉色有呈青白色、青黄色，有呈青灰色、米黄色、灰黑色。据考古人员推断，当时的窑业生产，窑主和订烧者分离，瓷器的成品无论质量好坏，订烧方都得照单全收。这从侧面反映了瓷器外销市场的旺盛需求，即使质量较差甚至是半成品，亦有可能被市场接纳。

除了上面五个窑场，船货中还有福建南安罗东窑、福建东张窑，陕西耀州窑，以及一些不知名小窑场的产品，但数量皆不多。

在首批出水的南海 I 号瓷器中，有一件的底部留有"郑知客"的墨书题字，引起人们好奇。郑知客是谁？是制作这件瓷器的工匠，窑主，还是这批货的纲首？抑或是买这批货的货主？"知客"是人名，还是对主事者的尊称？有趣的是，"郑知客"这个题字，在磁灶窑和德化窑的瓷器中都出现过，这人的身份，似乎很不简单，两窑都有他的货物。

在后来陆续出水的瓷器中，不少都留有类似的墨书题字，有写"李大用口"，有写"戴口"，有写"李口"，还有写"庄""蔡""吴口""黄念口"等。"口"是一个神秘字符，有时单独出现，有时出现在人名、数字后，形状也不尽相同，含义十分模糊。有人猜是"直"字，它在墨书中出现甚多。但"直"字又是什么意思？有人进一步猜是一种花押，与"置"字意思通。有一件磁灶窑酱釉罐底，竟写着"林直直直直"，让人摸不着头脑。

在瓷器底部经常出现的，还有"记"字，人们猜想可能是商号名称，但有时只有一个"记"字，怎么看出是什么商号？另外还有地名、花押、奇怪的符号（比如出现中国人还没使用的阿拉伯数字），以及很像阿拉伯文的文字等。联想到当初发现那条带有西亚或南亚风格的金链子，让人们对南海 I 号的货主、目的港，平添一些猜想。

　　1980年，中国古外销陶瓷研究会在福建省德化县成立。翌年在广东省新会县召开中国古外销陶瓷首届年会暨学术讨论会。这是中国古陶瓷研究，从零散个体走向团体集约的标志性转折点。各路古陶瓷专家济济一堂，就陶瓷的外销年代、外销地区、外销产品种类、外销窑口和窑址、广彩的外销问题、外销港口等问题，各抒己见，广泛讨论，形成一系列极富开创意义的成果。几十年过去了，随着南海I号的考古发掘，对古陶瓷的研究，也逐步突破瓶颈，从关注器形、釉色、窑口等传统题目，向古陶瓷的美学、外贸、风俗、历史等更广阔、更具文化深度的领域扩展。

世界为之陶醉

当南海I号上这些惊艳世人的瓷器，即将送入博物馆供人参观之际，有必要对生产它们的窑口，做一掠影式的介绍。

清乾隆年间的瓷器专家蓝浦在《景德镇陶录》一书中称"陶至唐而盛，始有窑名"。各地的陶瓷，形成不同特色，也打出了各自的名号，如南方越窑以青瓷出名，明澈如冰，莹润如玉。北方邢窑以白瓷著称，晶亮如雪，砌玉凝脂。鼎窑的白瓷，亦如粉妆玉琢，类冰类雪。蜀窑瓷器体薄坚致，色白声清。长沙铜官窑则另辟蹊径，以彩瓷而崛起，独步名窑之林，且瓷器上写有许多韵味无穷的诗句，如"君生我未生，我生君已老""月中三十日，无夜不相思"等。

南海I号上的瓷器，大部分出自景德镇窑、龙泉窑、义窑、德化窑和磁灶窑。景德镇在江西昌江河畔，原名昌南镇，东晋已开始生产瓷器，唐代逐渐出名，烧出来的瓷器，洁白无瑕，有"假玉器"之誉。宋真宗景德年间（1004—1007），昌南瓷器进贡朝廷，以体薄釉润，光洁纯净，大获皇帝喜爱。天下各窑竞相仿制，因昌南贡瓷底部有"景德年制"四字款，"景德名瓷"声名大噪，昌南镇这个名字反而渐渐被人淡忘。

龙泉窑在浙江省龙泉市，春秋时越国铸剑大师欧冶子，在此铸就三柄宝剑，其一称"龙渊"，龙泉之名由此而来。北宋初年开始烧瓷，但也有学者推断其创烧年代，可上溯至三国两晋。南宋至元时，是中国南方最大的民窑，迄今已发现窑址逾500处，仅龙泉市内遗址就有360多处。令人惊叹的看似半透明青玉的粉青釉，便是南宋时龙泉窑烧出来的。

福建省闽清县素有"瓷都"之称，最早发现的古陶片来自商周时期。闽清古窑的规模庞大，从闽江边直到闽清县东桥镇，两侧绵延山头，窑址堆积不绝。在东桥镇的义窑、青窑、大安、安仁溪长达10千米地带里，分布着100多处宋元古窑遗址，这在全国亦属罕见。义窑以烧日用青白粗瓷为主，胎质坚细，造型多样，纹饰丰富。

德化窑在福建省德化县，这里出产的瓷器，宋代已大名鼎鼎，尤其是独有的乳白瓷。胎釉中含铁量低、含钾量高，烧成后质地致密，外观晶莹温润，皎若凝脂，透过灯光映照，有淡淡的粉红乳白，晶沁如晕，隐约流荡，故有"猪油白"或"象牙白"之称。

磁灶窑址是福建省泉州市城郊规模最大的一组古窑址，宋元时期最负盛名，清乾隆朝《晋江县志》记载："瓷器出瓷灶乡，取地土开窑，烧大小钵子、缸、瓮之属，甚饶足，并过洋。"磁灶瓷器以"似陶非陶、似瓷非瓷"为特色，市场要什么就生产什么，种类繁多，釉色丰富，尤以绿釉独步天下，装饰技法博采众长。

宋代对进出口商品，哪些可以经营，哪些禁止经营，都有规定。各色丝织品、精粗陶瓷器、漆器、酒、糖、茶、米等日用品是允许出口的；有些商品时禁时弛，或禁而不严，如金银、铜器和铜钱等。由于海上丝路空前兴隆，刺激宋瓷无论在技术上，还是在设计上，都超越以往的任何时代。

埃及的萨拉丁是阿尤布王朝的第一位苏丹，1174年至1193年在位，即中国的南宋淳熙年间（1174—1189），与南海Ⅰ号同时代。萨拉丁在领导阿拉伯人抗击十字军东侵的战争中，表现出卓越的领袖风范和军事才能，赢得基督徒和穆斯林世界的尊敬。除了以翩翩骑士风度被人传颂之外，他拥有大量精美的中国青瓷，也令天下艳羡。很多欧洲人最早是从他那儿知道瓷器，直到他身后很久，欧洲人仍把青瓷叫作"萨拉丁"。

土耳其伊斯坦布尔与欧洲隔着博斯普鲁斯海峡，是亚欧两大洲的分界线，相距不过两千多米。向远处眺望，是水天一色的马尔马拉海。在大航海时代以前，这里是中国瓷器进入欧洲的重要桥头堡。伊斯坦布尔托普卡比博物馆庋藏大量中国瓷器，日本学者三上次男在游览博物馆后，曾经这样形容："我们在这里到处浏览，陈列室里无处不是中国陶瓷，满满的橱窗里，使人应接不暇。墙壁上也挂得琳琅满目，几与屋顶相接。眼目所及，全是陶瓷，倒不免使人杞忧，假使这里发生地震，则挂在墙上的许多珍品，将会遭到如何的结果？"

美国弗利尔美术馆的中国古陶瓷学者波普，1956年发表一部题为《伊朗阿德比尔清真寺收藏的中国瓷器》的著作。在历数清真寺所收藏的瑰丽珍品时，他举出三件被他誉为精华中之精华的瓷器："有一件小青瓷碗儿，其上罩一层橄榄绿透明釉，小圈足露胎的底部，胎质呈棕灰色，并残留有火石红色。此小青瓷碗应是一件著名的中国北方青瓷器。有两件葵口小青瓷盘，表面上了一层极精美的釉层，它们也有可能是宋代制作出来的青瓷器。有一件有剔刻纹，另一件青瓷小盘的内壁剔刻双鱼纹，外壁同样也有剔刻纹。"最后，他带着无以名状的感慨说："三件精致的青瓷器瓷质是如此上乘，以至于在我们的词汇中，已无法找到准确恰当的词汇对它们进行点评了。"

法国国王路易九世在1254年（即南宋宝祐二年）曾派遣特使到中国，觐见蒙哥大汗，希望能够结成联盟，共同对付穆斯林与撒拉逊，但蒙哥大汗对此毫无兴趣。这位特使无功而返，不过，他在中国游历时，却对中国的手工艺品印象尤深。他在旅游札记中由衷赞叹："在世界上，不可能找到比他们更为灵巧的工匠，他们善于制作各种各样的工艺品。他们的国家盛产小麦，酿酒很流行，有丰富的金、银和丝绸，总而言之，生活中所需要的一切，都很丰富。"

中国的商品，种类齐全，价廉物美，为天下所追逐。南宋太平老人写了一本奇书《袖中锦》，其中有"天下第一"条目，罗列了中国的著名特产，包括"端砚、洛阳花、建州茶、蜀锦、定瓷、浙漆、吴纸、晋铜、东绢"等物。中国瓷器如此名贵，以至于当时在欧洲的价格，与相同重量的黄金相等。利之所在，外国商人蜂拥而至，广东人、福建人也纷纷前往景德镇购买瓷器，转售海外。赣州、九江等地，船来船往，千帆辐辏，发展成大城镇。

意大利旅行家马可·波罗在南宋末年曾游历中国。尽管关于他留下史料的真伪，学界尚有诸多争论，甚至有人认为他没有到过中国，但他在游记中所描述南宋末、元代初的情形，却大体符合当时的中国社会。

景德镇窑青白釉刻划婴戏纹碗

　　元至元二十八年（1291）春，马可·波罗奉元世祖忽必烈之命，率领13艘四桅大帆船，护送蒙古公主阔阔真从泉州出洋，远嫁波斯国。他在泉州港看到数百艘中外商船，码头上百宝万货，景德镇瓷器、处州瓷器、苏杭五色缎、建阳锦、建宁锦、海南布，每天从江苏、浙江、江西、闽北各地，源源运来，场面蔚为壮观。他在游记中惊叹："刺桐（泉州）是世界上最大的港口之一，大批商人云集这里，货物堆积如山，的确难以想象。"

　　马可·波罗在护送阔阔真公主的途中，也曾亲临福建德化（他称为"迪云州"）游览。德化白瓷相传是马可·波罗带回欧洲的，但到底是如何从马可·波罗手中传遍欧洲，则无从考据了。总之，当法国人见到第一件德化白瓷后，便用尽一切美好的词汇去形容它，把它称为"中国白""鹅绒白"，也有人把它叫作"马可波罗瓷"。研究者则把它誉为"欧洲白瓷之母"。梵蒂冈在1996年发行纪念马可·波罗从中国返回意大利700周年的邮票小型张，称他为"中国白的传播者"。邮票图案是少年马可·波罗，背景则为元上都到威尼斯的路线地图。那条弯弯曲曲的线，描在纸上不过寸余，在现实中，却何等漫长！

欧洲人看到的中国瓷器愈多，愈觉得困惑，这种白如玉、薄如纸、声如磬的器物，究竟是如何制造出来的？

在马可·波罗在游记中，专辟一节，记述德化瓷的生产。他写道："流经泉州港的河流，河面宽阔，水流湍急，是经过京师那条河的一个支流。德化就位于该支流和主流的交汇处。这里除了制造瓷杯或瓷碗、碟外，别无其他值得注意的地方。这种瓷器的制作方法是，在石矿中取一种土，任凭风吹、雨打、日晒三四十年后，这种土的质地变得细腻，然后可以制造上述各种器皿，表面随意施釉后，迅速将瓷器放入窑炉里烧成。父辈们积土，儿孙们就可以用了。这座城里出售瓷器的市场很多，用一个威尼斯银币可轻易买到八个瓷盘。"

正如古希腊人以为丝绸是从树上种出来的一样，马可·波罗说的这种制瓷方法，当然是错误的，很可能他打探制瓷方式时，人们随口哄骗他，他却信以为真，写进了书里。当时并不是所有人都相信马可·波罗所描述的中国事物，不少人以为他只是一个喜欢吹牛的家伙。在他临终时，一些朋友劝他收回以前讲过的那些关于中国的故事，以拯救自己的灵魂。马可·波罗却平静地回答："我见过的东西，还没有说出一半呢。"

中国瓷器对世界的影响，延续了好几个世纪。欧洲人一直试图破解中国瓷器的成分。他们曾经猜想，瓷器是用玻璃和陶土混合制成的，于是一种在不透明的玻璃上涂上珐琅的仿瓷器，在意大利流行起来；也有人以为中国瓷器是用贝壳、蛋壳磨成粉，混合熟石膏制成的，这种谬见因得到许多著名学者背书而一度盛行。葡萄牙一位学者在1514年写道：用海贝制成的瓷器如此昂贵，乃至一件的价值就相当于几个奴隶。

除了用海贝做材料，还有人尝试以铜作骨。清代蓝浦《景德镇陶录》书中记述："西洋古里国造者，著代莫考，亦以铜为骨，器奇薄，嵌瓷粉烧成，有五色缋彩可观，推敲作铜声，世称洋瓷。泽雅鲜美，实不及瓷器也。"古里国是南亚次大陆西南部的一个古代王国，位于印度西南部。文中所说的似乎是"搪瓷"，与瓷器关系不大，只因为体薄而光亮，也被说成是瓷器。

这股钻研和模仿中国瓷器之风，从印度洋吹往大西洋，吹遍了欧洲伊比利亚半岛。《欧洲形成中的亚洲》一书指出："伊比利亚半岛国家整个16世纪都在努力生产仿制品，尽管样品极为罕见。除了在葡萄牙古老的花园和建筑中仍能见到的一些瓷砖外，该时期出现在葡萄牙绘画中的瓷罐和瓷碟似乎是可见的仅有遗存。"

1510年，葡萄牙人攻占了印度的果阿，把它变成殖民地。这里也成了中国瓷器以及仿造中国瓷器的产品转口欧洲的重要基地，大量真真假假的"中国瓷器"，堆山积海，充斥果阿市面，以至于在当地出现了一个全新的行业：专门把中国瓷盘碎片装上框边，加工成装饰工艺品。

当葡萄牙人忙着把果阿出口的瓷器运到欧洲时，西班牙人则在塔拉韦拉兴高采烈地宣称，他们已经制作出"东方瓷器的完美仿制品"，并把技术迅速传播到欧洲与美洲。著名的墨西哥普埃布拉塔拉韦拉陶器，就是1550年至1570年期间，在西班牙人的教授下发展起来的。塔拉韦拉釉彩技术，被运用在各种花瓶、茶杯、罐子和瓷砖上，如今在当地历史中心的殖民时代建筑上，仍可一睹其风采。人们习惯地把它称为"西班牙风格"，其实，最早的塔拉韦拉陶瓷设计与包装图案，深受中国瓷器的影响。很多研究者都发现，在15世纪西班牙瓦伦西亚制作的花瓶，有明显仿造中国产品的痕迹。

由于西班牙的仿制产品做得很出色，也令它在欧洲大出风头。当西班牙国王菲利普二世访问里斯本时，葡萄牙的陶工专门为他搭建了一座拱门，上面镌刻着热情洋溢的诗文，赞美西班牙彩陶工匠制造出可以媲美昂贵的中国瓷器的产品。其实，塔拉韦拉所制造的，只是陶器而已，与中国瓷器还有相当距离。

意大利是最早开始研制瓷器的欧洲国家。意大利马约里加制作的陶器，经常出现蓝色枝蔓、波浪纹、荷花、翠鸟、鸭子、芦苇之类的中国图案。研究者干脆把荷花、莲花一类图案，称为"瓷器花"。马约里加的锡釉陶器，在欧洲制瓷史上，别树一帜。根据史书记载，当地陶工最初就是从葡萄牙人那里得到了中国瓷器，作为模仿对象，发展出极具特色的锡釉技术，并传播到法国、德国、荷兰等国家，又通过荷兰传播到英国。渐渐地，整个欧洲都兴起一股对中国瓷器心摹手追的风潮。

出身于意大利美第奇家族的托斯卡纳大公弗朗切斯科一世·德·美第奇，是积极的推动者，他鼓励人们开办工厂，进行试验。1575年，威尼斯驻佛罗伦萨使节安德里亚·古索尼声称，在经年累月的试验之后，弗朗切斯科一世已经发现了制作"印度瓷器"（那时欧洲人常把印度与中国混为一谈）的秘密。"经年累月"四字，可圈可点。但所谓发现秘密，其实只是用沙子、玻璃、石英等物质，混合来自维琴察的白色黏土，制作出一种半透明的软质瓷器，称之为"美第奇瓷器"。

《欧洲形成中的亚洲》一书作者认为，美第奇瓷器属于试验性质，其装饰和彩色图案，显然是从中国引入，包括酒壶的壶嘴配有龙形装饰，壶把为松树、鹿、飞鸟等形状；在盘子上描绘岩石、青竹、水上植物和云纹等中国常见图案；在一些瓷碗的底部，甚至有状似中国文字的标记。作者指出："这种仿制瓷器虽然比马约里加陶器精美，但其透明度和共鸣声无法达到中国质量精良的硬质瓷器的水平。"

意大利学者兼商人菲利普·萨塞蒂在1580年宣布他的结论：中国瓷器是用一种白色的韧性黏土制成的。也许他从美第奇瓷器看到了与中国瓷器最接近的距离。但到底是什么黏土？成分是什么？依然成谜。说明在马可·波罗那段错误记录两百八十多年以后，欧洲人对瓷器成分的了解，并没有往前走出多远。1587年，弗朗切斯科一世去世，美第奇瓷器的窑火，也随之黯然熄灭。

当西方工匠还在为瓷器的秘密，苦苦思索之际，景德镇已成为名副其实的世界"瓷都"，镇上900多座民窑，数万名窑工，正昼夜不停地工作。每座瓷窑都透出熊熊火光，四季不熄，把天空照得通红透亮。明万历（1573—1620）时《二酉委谭》一书形容，景德镇"天下窑器所聚，其民繁富，甲于一省……万杵之声殷地，火光烛天，夜令人不能寝，戏呼之曰：四时雷电镇"。这时世界已发生了很多改变，大航海时代来了。大海以更广阔的舞台，召唤着中国的参与。

一瓯春雪

茶叶，一向是中国出口的最主要商品之一，与瓷器、丝绸齐名。对中国人来说，开门七件事，柴米油盐酱醋茶。茶是必不可少的。那么，中国人是从几时开始饮茶的呢？《神农食经》有"茶茗久服，令人有力悦志"之句，古人据此认定，神农氏是第一个饮茶的人。但神农氏是神话中人，并不可信，于是有人说饮茶始于魏晋。也有人说，《晏子春秋》里有"食脱粟之饭，炙三弋五卵，茗菜而已"之文，可见春秋时期已有饮茶之习。宋代很多人认为《晏子春秋》是伪书，亦不足为凭，但在西汉王褒《僮约》里有记"武阳买茶""烹茶尽具"，总不会错了，饮茶风气必早于魏晋，至少西汉时已有。

唐上元初年（760），复州竟陵（今湖北省天门市）人陆羽隐居苕溪（今浙江省湖州市），撰《茶经》三卷，对茶的性状、品质、产地、种植、采制、烹饮、器具等皆有论述。这是世界上第一部茶叶专著。其后，各种茶书层出不穷，《茶具图赞》《茶录》《品茶要录》《宣和北苑贡茶录》……据统计，从唐朝《茶经》算起，到清末《整饬皖茶文牍》，历史上一共刊印了97种茶书。在士大夫的推波助澜之下，饮茶大盛于唐代，宋时更甚，从引车卖浆、屠儿走卒之辈，到豪门巨族、帝王将相，莫不以饮茶为乐事。南宋袁文在《瓮牖闲评》中，极口称赞："自唐至宋，以茶为宝，有一片值数十千者。金可得，茶不可得也，其贵如此。"有人甚至把茶赞为"佛天雨露，帝苑仙浆"，简直是仙界极品，啜一口就要羽化升仙了。广西静江府（今桂林市）有一种茶，上面就写着"供神仙"三字。

饮茶虽不能成仙，但与养生有关。苏东坡是嗜茶之人，也热衷于养生，他听说茶饮多会伤脾胃，便想个办法，含浓茶漱口，不咽下去。他得意地说：这样可享受茶的芳香，又瞒过了脾胃，鱼与熊掌兼得。但朋友们劝他：牙齿属肾，茶入牙缝，气味所蒸，全归肾经，你瞒得了脾胃，瞒不了肾，消阳助阴，饮和漱没区别。又有人说：啜的茶力猛，漱的茶力轻，怎么说还是漱比啜好吧。但有人反驳说：未必，漱茶比饮茶更糟，因为饮茶是先经脾胃，再分散到五脏，而漱茶则把全部茶力集中于肾，伤害更大。弄得东坡左右为难。

黑龙江省博物馆藏有一幅南宋时期的绢本设色名画《斗浆图》，也有称《卖浆图》，曾经为清初书画收藏家张则之所收藏。画以花青、赭石、藤黄为主要色彩，绘有六个斗茶者，头扎皂色裹巾，上穿齐膝白色或青色襦袄衫，下着白裤，腰间系有带子，两人把雨伞挂置带上，其中三人穿草鞋，一人穿蓝色布鞋，还有一老头赤脚，一看都是市井中人。他们手持茶具，有的提着执壶倒茶，有的拎着执壶拨弄炭火，有的把茶盏凑到鼻子下细嗅，有的在饮茶品味，有的端着茶盏交谈，神态各异，惟妙惟肖。

斗茶是坊间一项极流行的活动，范仲淹有《和章岷从事斗茶歌》一诗，形象描绘了斗茶时的热闹场景：

> 鼎磨云外首山铜，瓶携江上中泠水。
> 黄金碾畔绿尘飞，紫玉瓯心翠涛起。
> 斗茶味兮轻醍醐，斗茶香兮薄兰芷。
> 其间品第胡能欺，十目视而十手指。

他把诗拿给朋友欣赏，朋友却掩嘴而笑：茶的绝品号称胜雪，胜雪之上更有白茶，无不以"白"为贵，"翠"与"绿"都属茶中下品。范仲淹一听，觉得有理，想改为"玉尘飞"和"素涛起"。这是宋代文坛诗苑的一件趣闻。

宋人是如何收藏茶叶的呢？皇宫的做法是：把茶叶以黄罗包裹，放在竹匣里，封上朱印，再用朱漆小匣装起，加上镀金锁，像收藏稀世之宝一般。民间当然没那么夸张，一般以十斤装一瓶，放入大瓮中，四面填充筑实烧稻草灰，把瓶埋起。每次取茶时，先拨开面上的草灰，小心打开封口，快速取出茶叶，然后再快速封上罐口，用草灰重新盖实。每年更换一次草灰，可防止受潮，保茶味与茶色，经久不失。南海 I 号发掘出许多大小瓷罐、瓷瓶，究其用途，既可贮水、贮酒，亦可收藏茶叶。

宋人不仅极端重视茶叶，对茶器的讲究，亦一丝不苟，甚至到了吹毛求疵、走火入魔的程度。饮什么茶用什么颜色的盏，是束口、敞口，还是撇口、斗笠，出自哪个窑口，都毫不含糊，用错了会被人嘲笑。宋代蔡襄所撰《茶录》，是一部很有名的茶叶专著，他从色、香、味、藏茶、炙茶、碾茶、罗茶、侯茶、熁盏、点茶方面，讲述最佳的茶汤品质和烹饮方法；对于茶器，则从茶焙、茶笼、砧椎、茶铃、茶碾、茶罗、茶盏、茶匙、汤瓶九个方面，逐一讲述其用材和使用方法。在"茶盏"一目中，他写道："茶色白，宜黑盏，建安所造者绀黑，纹如兔毫，其坯微厚，熁之久热难冷，最为要用。出他处者，或薄或色紫，皆不及也。其青白盏，斗试家自不用。"

对于今天一般人来说，盏与碗非常相似，往往难以区分。唐代的茶具就叫茶碗，宋代才变化成茶盏。盏的大小，通常小于碗而大于瓯，从南海Ⅰ号出水的瓷器看，碗的口径一般在18厘米左右，也有大至20厘米以上的。盏的口径，则多在14厘米左右，也有小至12厘米的。盏口大不折沿，类似灯盏，有的足圈小而口大，状如斗笠。这样的造型，适合展示茶汤的色泽，也易于散热。然则细察之下，它们的形状与大小比例，与《斗浆图》所描绘的并不太一样，或者是因中国传统绘画重主宾而不重透视比例所致，又或者图中斗茶者所持的是茶瓯而非茶盏。它们都是青白色的，与当时推崇的建安黑釉盏也不同。也许是这些穿草鞋和赤脚的斗茶者，用不起建安盏？

宋代审安老人撰《茶具图赞》，从炙茶用的茶笼、碎茶用的杵臼、取水用的水杓，到盛茶汤的茶盏、放茶盏的茶托、烹茶注汤的汤瓶，一一绘画图形，赐予姓名与字号，还封了官职，以此说明它们的质地、形制和作用。比如茶盏叫作陶宝文，名去越，字自厚，号兔园上客。官职为"文"，即文学掾，汉时掌管地方教育的官职，文与纹通，指通体有纹；名"去越"指非越窑所产，字"自厚"指壁厚，号"兔园上客"，意指建窑所制的兔毫茶盏，方为上品。读来妙趣横生。

南海I号上出水的瓷盏，就有蔡襄和审安老人力荐的建窑系黑釉盏，不过更多是景德镇的青白瓷花口盏、磁灶窑的黑釉盏、义窑的青瓷盏和福清东张窑的黑釉盏。器形体现出宋人对茶具至简至柔的审美兴味。景德镇的青白瓷盏，口径在10~12厘米，有的纹样很简，仅在内底心凸弦纹内印一朵五瓣或六瓣花纹，纹样清晰，雅致大方；有的纹饰却很繁，不仅口沿下有回纹圈，内壁还布满缠枝花卉纹，底心再印一朵菊瓣纹，构图复杂，布局稠密。从这种截然不同的简繁纹样对比，可窥宋代工艺设计的不同风格，各尽美学之蕴。

一个有趣现象是：南海I号上的义窑青瓷盏，不少修足不太规整，有的宽窄不一，有的高低不平，放不平稳，釉色也不太均匀，很多有明显的流釉痕迹，甚至略欠火候。很多瓷碗、盏、杯，都是芒口的，让人感觉它们不是精品，更像是大路货。村间斗茶可用，却上不得士大夫台面。也许因为海外需求太大，皇帝女不愁嫁，管它细货粗货，乃至疵品、半成品，也统统装船运走。

在南海I号上，我们可以看到与《斗浆图》中十分相似的执壶。执壶既可作酒具，也可作茶具，宋人称为"汤瓶"。审安老人给它封的官号是"汤提点"。唐宋时的茶是煮而不是泡的。南宋罗大经在《鹤林玉露》中说："近世瀹茶，鲜以鼎镬，用瓶煮水。"执壶的妙处，全在壶嘴，"注汤利害，独瓶之口嘴而已。嘴之口欲大而宛直，则注汤力紧而不散；嘴之末欲圆小而峻峭，则用汤有节而不滴沥。盖汤力紧则发速，有节而不滴沥，则茶面不破。"

南海I号上的执壶，以德化窑居多，造型千姿百态，有青白釉

德化窑青白釉六棱执壶

小执壶、青白釉印花执壶、青白釉印花六棱执壶、青白釉长颈方流执壶等。高矮胖瘦，各不相同，矮的矮至7.4厘米，高的高至34.6厘米。许多执壶的瓶盖和壶身上，印有各种莲瓣纹、折枝牡丹花卉纹。它们大多具有一个共同特点，就是一改唐代执壶圆浑饱满的造型，运用自由流畅的曲线，营造雅俊俏挺的美感。

不过也有例外，其中一只青白釉扁执壶，壶口略呈喇叭形，壶身像中国常见的石鼓，呈扁圆鼓状，矮矮胖胖，足为方形饼足，壶高仅8.4厘米，宽3.1厘米，口径2.4厘米。它之所以特别引人注意，在于它的纹饰所体现的中国情调：壶的侧面边缘各有一圈乳丁纹，两面皆有梅花鹿衔花图案，一面阳印"禄"字，另一面阳印"福"字。

这很有意思，任何艺术品和实用工艺品的设计，都会有意或无意地表达出一定的精神指向。在南海I号的瓷器中，不乏凤凰、蝙蝠、荷花、莲蓬之类的图案，各自皆有吉祥含义。在粉盒上采用莲蓬或荷苞的造型图案，莲蓬寓意多子，荷与盒子寓意"和合"；凤飞群鸟从以万数，是鸟中之圣，寓意吉祥；蝙蝠代表"福"，鹿代表"禄"。这在各种器物中屡见不鲜，但像这只执壶，直接以汉字作为图案的，倒也属少见。

借以表达民俗观念的，除了图案纹饰，还有器形。推而及之，以简单造型，寄寓丰富精神活动的葫芦瓶，便是最典型的代表之一。南海I号上，一批来自德化窑的葫芦瓶，被考古人员从船舱污泥中，陆续清理出来。洗尽积垢之后，它们再现出800年前的丰润皓质，灯光下显得轻莹秀彻。如果不是为做研究，而是纯欣赏的话，它们可以把喧嚣万变的现实，转化为凝练和谐的造型，让观者静谧

磁灶窑绿釉葫芦瓶

安宁，达至人物之间，互相感通。

葫芦瓷瓶出现于唐代，因为"葫芦"与"福禄"谐音，且器形像"吉"字，故又名"大吉瓶"，寓意大吉大利，甚至有人认为它可以辟邪祛病，备受朝野官民喜爱，成为宋代最流行的瓷器造型之一。南海I号上的德化窑执壶形体，大多是上腹圆鼓，下腹扁鼓，中间束腰，小口而短颈，从瓶口至上腹上部、上腹下部、下腹上部、下腹下部，分成四段模制，粘接而成；外壁施青白釉，光洁莹润，看上去像玉器一样通透。除此之外，还发现有磁灶窑的绿釉葫芦瓶。

这是非常中国化的民俗，出现在外销瓷器中，外国人能够理解吗？不谙中文的外国人怎么知道"鹿"与"禄"谐音？怎么知道葫芦瓶与"吉"字形体相似？不过对瓷匠来说，外国人能否理解，也许并不重要，人类的感情是相通的，把自己熟悉的、喜爱的吉祥器物，传达给顾客，以喜悦安乐的意绪去感染他人，能有这种效果足矣。

人类感情互通的另一个例证是，在南海I号上发现的一些执壶，被认为带有鲜明的西亚风格。在德化窑瓷器中，有一种细长颈的执壶，溜肩垂腹，线条简畅优美，壶身上刻有折枝牡丹、折枝荷花等花纹，颈下至肩部的流柄两侧，分别有兽首衔环纹，兽首突出，圆环精细。这种执壶让人想起伊朗阿德比尔清真寺收藏的金属执壶，它的器型与工艺，一向被冠以"波斯原创"之名。而美国弗利尔美术馆的中国古陶瓷学者波普却指出，这只是由于它经常出现于旅行者从伊斯兰世界买回的礼物之中，所以"已经约定俗成地混淆和以讹传讹地散播着这种执壶是古波斯人'原创'的传言，而不知它真

德化窑白釉贴塑铺首衔环纹执壶

正的原产地了"。

　　他认为，真正的母本，其实出自中国。伊朗工匠从中国制陶工匠学习后，把造型母本加以改良，再返回中国，被中国陶工参照，这样来来往往一次次相互借鉴、参照，直到有一天，关于这种造型的执壶究竟是谁的原创，变得如坠云雾了。但是，波普强调，这种形状的执壶，也就是所谓17世纪流行的古"波斯原创"的执壶造型，是早于17世纪两个多世纪前，波斯金属工匠直接从中国陶工那里照搬过来的，然后又从波斯流入欧洲。

　　一只普普通通的执壶，折射出大世界。不同的文化体系，在悠长的岁月里，就是这样相互融摄，分分合合，参伍成文，构成一幅无比壮丽的人类文化全景图。

看不尽的缤纷

考古人员在南海1号靠近主桅杆附近和尾舱附近，发现了数十件（套）锡器，还有大量的八面体锡珠。从另一个侧面，反映出世界文化的交融与涵化。在西方，罗马帝国最早将锡制器皿大量用于家用器皿，而在中国，青铜器时代已开始运用锡与铜合金制作青铜器。周时有专门掌管冶锡的机构和官员，《周礼》"地官"一节便载"职金，掌凡金、玉、锡、石、丹青之戒令"。

对锡器的文献记载，最早见于南北朝北齐颜之推的《颜氏家训》，文中在谈到死后安排时说："吾当松棺二寸，衣帽已外，一不得自随，床上唯施七星板；至如蜡弩牙、玉豚、锡人之属，并须停省，粮罂明器，故不得营，碑志旒旗，弥在言外。"意思是：我死后只能备办二寸厚的松木棺材，除衣帽其他东西一概不要，棺底只要放一块七星板。至于蜡弩牙、玉豚、锡人这类东西，一并不用；粮罂明器，不去置办，更不用说碑志铭旌了。

《新唐书》记载，虔州南康、大庾、雩都、安远皆有锡、铅或金等。但锡器并不普及，富贵人家多做明器之用，营葬不用锡器，可博得节俭美誉。西汉文帝主张节俭，他的陵墓"皆以瓦器，不得以金银铜锡为饰，不治坟，欲为省，毋烦民"，便载入史书，赢得千秋万世的赞美。到唐代，因为锡器的密封性能好，皇宫中也用来做药罐。据说如今见到最早的中国锡器实物，是庋藏于日本正仓院的一件唐代宫廷锡药壶。

冶锡业在宋代进入繁荣时期。据《宋会要辑稿》载：元丰时有26个州（军）产锡。这些州、军集中分布在广东、广西、湖南、江西四省交界的山区。其中，广西贺州在宋元丰元年（1078）的锡产量，就达到878950斤，占当年全国总产量的37.9%，是宋代的主要产锡之地。

得益于宽松的社会氛围和发达的经济条件，王谢堂前的锡器，开始飞入寻常百姓家，不再限于明器，茶壶、油壶、水壶、饭碗、杯子、酒盅、烛台等，很多日用器具都用锡造。锡器以色如银、亮如镜、声如磬的特点，备受人们喜爱。用来存放茶叶可防潮保质，存放酒类可保酒香不失。宋人贮藏茶叶，除了用瓷器外，还喜欢用锡器。有人甚至觉得，瓷器还不如锡器。南宋赵希鹄所撰《调燮类编》一书便说："茶叶与瓷铜等罐，性不相能，唯宜锡瓶。"

打锡也成了坊间一门常见手艺。在城市的街道巷陌、乡村的村头墟场，经常看到挑着炉子、风箱的打锡匠，走街串巷，给人打造一些小锡器，谁家有什么需要，把担子往路边一搁，支起炉子便干。另一种是开铺经营的，吴自牧《梦粱录》记载："向者杭城市肆名家，有官巷北金药臼楼太丞药铺、胡家冯家粉心铺、染红土家胭脂铺、淮岭倾锡铺……"打造一件上好的锡器，有一套复杂的工艺流程，配料、熔化、压片、裁料、造型，到捶打、刮光、焊接、打磨、錾花、雕刻、嵌铜装饰等，缺一不可；工具和材料也要一大堆。明末青楼主人的《后水浒传》，讲的是宋代故事，在第三回"小阳春骑虎识英雄，游六艺领众闹村市"中，描写村民手持铜盆、锡旋、棍棒、钢叉，驱赶老虎的场面。锡旋便是一种打锡的专用刀具。打造比较大件和复杂的锡器，流动的手艺人做不了，只能在店铺里做。

南海Ⅰ号上的锡器，主要分为饰物和器皿两大类，饰物有饰牌、戒指、手镯、铃铛等；器皿则有碗、盘、杯、盒等，还有一枚小巧可爱的锡制印章。需要一提的是，船上的所有锡器，都不是纯锡，而是混入了铅，可算作合金类。《梦粱录》中记："其（杭州）巷陌街市，常有使漆修旧人；荷大斧，斫柴；间早修扇子，打镴器……卖镴器，如樽榼、果盆、果盒、酒盏、注子、偏提盘、盂

锡鱼形挂饰

勺、酒市急须、马盂、屈卮、渣斗、箸瓶。"所谓"镴器"，指的就是锡铅合金。沉船所见锡器，正好印证了宋代"镴器"的流行。

据第二份的沉船考古报告描述，至该报告内容截止时（2016年），从沉船出水九件锡制牌饰，都呈灰黑色，梯形造型，通长7.1厘米，最宽处6.5厘米，厚0.2厘米，重27.38克。上端均匀分布三个纽，纽由上端长条锡片回折后制成。牌饰正面周边装饰一条纹饰带，带两侧有边框，框内为连续卷草纹。纹饰带内为牌饰中心，有一朵像芙蓉的花卉纹，有八片花瓣，中有花蕊，周边为枝葛叶。花的上方有四朵连续倒垂的叶纹。花卉显得雍容富贵，整体构图美观，线条纤细流畅。整体为整块锡片裁剪成型，花纹为繁刻。

锡制纽绳镯有七件，颜色灰黑，圆形周长20.6厘米，长径6.9厘米，短径5.7厘米，重25.5克。由三股两端细、中间粗的锡条扭结而成，中部厚而两端细，彼此相对。镯体最厚处直径0.77厘米，尖状处直径0.4厘米。

锡制戒指有四件，也是灰黑色。整体呈马镜形，直径2.2厘米。由戒身和戒面组成。在戒圈顶端焊接六边形戒面底座，底座边缘焊接金属丝。大约可以分辨出六个包脚，中间包裹六边形金属片。戒面长1.7厘米，宽1.1厘米，厚0.44厘米。

锡制铃铛有九件，外形是球状的，顶部有圆角方形细纽，最有趣的是，有的铃铛内的铃心还在，摇动还能发出响声。

锡碗有三件，锡盘有九件，锡杯有一件，还有两件盒盖。碗和盘全部是素面，杯子上虽然有一圈花纹，但已模糊不清。喜欢欣赏纹饰的人，把目光落在两个盒盖上。其中一个圆形盒盖，直径5.4厘米，高1.9厘米，重22.39克。盒盖上方的圆形内，装饰小方格形底纹，底纹上装饰一朵怒放的牡丹，19片滴露形或半圆形花瓣，紧紧围绕花蕊。牡丹纹四周以卷叶纹装饰。靠近盖底处，有一圈附加的纹饰带，刻有连续的卷草纹。另一个盒盖呈南瓜形，外径3.66厘米，内径3.53厘米，高1.66厘米，重9.44克。盖顶繁刻出12个扇形，看上去像一只南瓜。盖顶中心是南瓜的蒂部，南瓜下焊接一圈卷草纹锡带。

古人常说五行八作，车行（拉车）、船行（跑船）、商行（买卖）、脚行（苦力）、牙行（中介）谓之五行；金匠、银匠、铜匠、铁匠、锡匠、木匠、瓦匠、石匠谓之八作。打锡匠名列八作之一，可见这个行当，与人们的日常生活已密不可分。南海Ⅰ号上的发现，也证实了锡器在民间的广泛使用。

在古代与锡密切相关的另一种金属是锌，又称水锡、白水铅、倭铅等，古代用途主要是用来制黄铜。黄铜就是铜锌合金，其价值地位仅次于青铜，除了铸币用到之外，日常的用途也相当多，包括车马、服饰、仪仗器具和民用器具、装饰品、佛像、佛具等。

1872年，在瑞典附近海域打捞出一艘沉船，在船上发现明万历十三年（1585）的金属块，经检测其为含锌98.99%的锌锭。据当时判断，这些锌锭是清乾隆十年（1745）由广州出口，运往瑞典的，不幸在瑞典西南海港附近沉没。

一些专家考证认为，《史记》所说"长沙出连锡"，以及《汉书》所说"铸作钱布皆用铜，淆以连锡"里的"连"就是指锌矿石。由此推断中国从西汉文景时期（前179—前141），已开始使用锌。但也有专家认为，汉代至隋代，人们虽然懂得把锌混在铅中，却不了解这是什么东西，也不能单独冶炼，纯属瞎猫撞着死耗子；到唐代认识提高了，学会用炉甘石炼黄铜，制作装饰品，很多器物中的锌含量增加了，但仍然搞不清这是什么东西；宋代将炉甘石和黄铜加入钱币中，使锌含量骤增，还是不能冶炼单质锌；直到明清时代，才真正学会炉甘石炼制成单质锌或黄铜，再用来铸钱。

事实果真如此？有专家依据明代李时珍《本草纲目》的一段文字提出疑问，这段文字是这么写的："《宝藏论》云：铅有数种，波斯铅坚白，为天下第一；草节铅出犍为，银之精也；衔银铅，银坑中之铅也，内含五色，并妙。上饶乐平铅次于波斯、草节。负版铅，铁苗也，不可用。倭铅可勾金。"重点落在最后一句"倭铅可勾金"，倭铅就是明代对锌的叫法，而《宝藏论》作者是五代的轩辕述，成书于南汉乾亨二年（918）。经学者考证，这句话不是李时珍加进去的，而是原文就有。这说明400多年前的学者也认同《宝藏论》的说法，即中国人对锌的认识与使用，不晚于五代。

从考古结果看，这些技术工艺、生产规模，在明末清初已很成熟，那么，它们的幼年阶段在哪里呢？当学界这类争论还在持续之际，水晶宫的考古现场，人们却有了惊喜的发现。从南海I号出水了四件锌造饰物。它们都是鱼形挂饰（其中两件损坏，两件完好），各长3.9厘米，最宽处（鱼腹）宽1.2厘米，高1.1厘米，重4.73克。鱼是中国传统工艺经常出现的吉祥物，取"余"的谐音有"富贵有余"之意；鲇鱼寓意"年年有余"；鱼跃龙门寓意身价倍增；鱼腹多子，表达多子多福的愿望。

这两件鱼形挂饰，造型活泼可爱，摇头摆尾，极尽绰约喋喋之态。器物表面錾刻菱格状鱼鳞，鱼尾分叉，每叉上刻细纹，背上有三个象征鱼鳍的三角形，中央鱼鳍的顶点焊接挂圈。小巧玲珑，益见匠心。鱼腹下部有开口。和饰物一起发现的，还有一颗铃心，估计这个挂饰是鱼形铃铛。器物的质地是锌，但表面有一层金色，可能做过鎏金处理。

鱼形挂饰的发现，为学界的讨论增添了一些实物佐证，对推动研究的深入进展，不无助益。但挂饰本身的艺术性也有可观之处。中国传统艺术，崇尚以小见大，如诗经九歌、唐诗宋词，无不文约意丰，所谓"此中有真意，欲辨已忘言"；而工艺品是有形的诗歌，于方寸之内，川渟岳峙，水流花谢，透露生趣盎然之乐。中国古代的艺术造型，除巨型佛像外，很少有欧洲城市那种崇雄伟岸的雕塑作品，更多是追求玲珑剔透，巧不可阶的效果。小小的鱼形挂饰，表现出无尽生命力的自然之美。

很多人认为，玉器是中国特有的工艺品，外国似乎不太流行，甚至有人提出，玉是中西文化的分水岭。事实并非如此。欧美乃至非洲人对宝石的喜爱，同样如痴如狂。坊间流传着这样一个故事：马可·波罗和父亲、叔叔结束在中国游历时，把大批瓷器、宝石、玉器带回欧洲。他们在家里设宴洗尘，招待亲朋好友，席间这三个人突然起身，用刀子割开回来时穿的旧衣服，大量红宝石、红玉、蓝宝石、金刚石、翡翠、珍珠和其他价值连城的宝物，从衣服夹层倾泻下来，互相撞击，发出清脆的声音，瞬间堆满桌子。众宾客看到这些光耀夺目的宝物时，全都目瞪口呆了。

古人对玉石的定义是："玉，石之美者。"据此而论，玉石与宝石都属同类，其文化内涵也相近。中国民间相信玉有辟邪消灾、防病治病的功用，象征如意吉祥，玉器的图案纹饰，讲究"图图必有意，意意必吉祥"。外国人也相信宝石可以解毒、辟邪、祛病。世界各大洲天各一方，各自成长，在地理大发现之前，交往不多，但对宝石、玉石的理解，却如此相似，这是一个人类学上的神奇现象，很难说只有中国人才喜爱玉。

《尚书》中有"火炎昆冈，玉石俱焚"之说，《逸周书》中也有"正西曰雍州……其利玉石"之句。这两本书所记载的都是商周时代的史料，是"玉"字最早出现的古文献。殷墟发掘出大量的玉器及玉器作坊，说玉器伴随着中华民族的整个成长历程，并不为过。

早在上古时代，玉作为货币、兵器，已很普遍。《越绝书》上记载："轩辕、神农、赫胥之时，以石为兵……至黄帝时，以玉为兵。"《管子》也说："先王以珠玉为上币，黄金为中币，刀布为下币。"在社会等级森严的西周时代，玉器具有礼制的象征意义，《周礼》称："以玉作六器，以礼天地四方，以苍璧礼天，以黄琮礼地，以青圭礼东方，以赤璋礼南方，以白琥礼西方，以玄璜礼北方。"

南越王墓中出土了大量铜钟石磬、漆器、丝织物、象牙骨器和玉器，其中有玉璧、玉盒、丝缕玉衣、玉印、玉佩、玉角杯等稀世之宝，证明南方的玉雕工艺，早在西汉时代已相当精湛。但作为一个有历史记载的行业，则自唐代中晚期始。

在南海Ⅰ号的发掘过程中，数量庞大的瓷器、铁器、金银器、铜器、钱币，固然令人兴奋不已，但一些小巧之物的零星发现，也往往给人带来意外惊喜。鱼形挂饰是其中之一，而当考古人员在2007年试掘时发现了一件玉雕观音挂饰，2009年又发现一件玉雕罗汉像时，那种欣喜之情，同样难以言表。

观音在梵语中意为"观照世间众生痛苦中称念观音名号的悲苦之声"，全称尊号是"大慈大悲救苦救难观世音菩萨"，民间认为观音有大慈大悲济世的功德，佩戴观音像可消灾解难，平安吉祥。传统的玉雕时饰，常见坐佛、观音、花簪、锁牌、十二时辰兽、秋蝉等的题材。民间的观音像，通常有四种形象：一是如意观音，右手持如意，象征事事如意，立于莲花上，安定人心；二是持莲观音，两手持莲茎，内心世界圆觉无碍，远离欲望；三是合掌观音，合掌微笑敬礼，耐心倾听；四是持经观音，即声闻观音，声闻是闻佛音教导而开悟，以其大愿，引导众生开大智慧。

在南海Ⅰ号上发现的观音像，低眉垂眼，跏趺坐在台上，双手仰放下腹前，右手置于左手上，两拇指指端相接，结禅定手印。这是佛陀在成道时采用的手势。2500多年前，佛陀结束六年苦行，在菩提树下端坐思维，夜睹明星而开悟证道，成就无上正等正觉。结禅定印代表内心祥和安定。

罗汉像只有七八厘米高，与成人的拇指大小相若，因保存较好，五官可辨，表情生动，衣服的皱褶纹饰，清晰可见。罗汉面如冠玉，侧身而坐，双手下垂相合，似乎在捻动佛珠。有考古人员猜想，罗汉的鼻子挺直，头型脸型都不像中国人，可能是个外国人。东南沿海城市蕃汉混杂，工艺品出现外国人形象，并不稀奇。在南海神庙就有达奚司空像；华林寺的五百罗汉堂里，也有一尊外国"罗汉"像，相传是意大利旅行家马可·波罗。佛教本来就是从印度传入的，佛陀、菩萨、罗汉的模样，无不带有外国人特征。考古人员认为，观音和罗汉像可能是船上人的随身挂饰。

玉观音坐像

玉罗汉像

　　另外还有一件小玉人像，头戴帽子或头巾，身穿长衫，双手举至胸前。脸上表情丰富，肢体语言生动。从工艺上看，有早期南派玉雕的风格，飘逸、洒脱、灵活通透。

　　中国人治玉的历史，长达4000多年，甚至更为长远，把玉器视作精神藏修息游之所，爱玉爱到了"君子无故，玉不去身"的程度，玉是云之根，是地之骨，聚山川的秀丽，藏日月的精华。在所有的工艺品中，玉雕的保存时间是最长久的，随着年轮的增添，只会愈显安详、温润。人赋予了玉石生命的温度，而它则记录着人类生命的历程，长久地影响着人类的文化与性格。

　　有记者问广东省文物考古研究院原副院长崔勇，在出水的18万件文物中，最具代表性的东西是什么？他沉吟片刻之后，给出了回答："很难，但是我可以给它定一个标准，第一个标准就是唯一性，它只有一件；第二个标准是绝对不是常用的东西，一定是一件艺术品；第三个标准是能反映出人们对于这件艺术品的审美情趣。首先是找唯一，后来我找了一件就是海螺雕杯，它用（是）一个夜光蝾螺，这也是产于南海，中国台湾、日本都有。这件是把一个夜光蝾螺切割一半，然后珍珠层面进行雕刻，再细致雕刻牡丹花卉，这个东西是我们不可想象的一种极品，非常有意思。"广东海上丝绸之路博物馆保管部副主任田国敏也如是说："海螺雕杯比较有特色。制作这种杯的夜光蝾螺产于我国南海等地区，但我们在东亚、欧洲都发现了这种螺杯。这是古代东西方文化交流的生动体现。"

　　夜光蝾螺是蝾螺科蝾螺属动物，生活在海底的岩石及珊瑚礁之间，贝壳比较大，壳表面暗绿色，具有灰绿色、褐色、白色相间的

海螺雕杯

带状斑纹，有三条棱脊形成许多瘤状突起；壳内面珍珠层很厚，最大特点是有耀眼的珍珠光泽。古人常用海螺制成酒杯，宋代周去非在《岭外代答》书中详细记述："南海出大螺，南人以为酒杯。螺之类不一，有哆口而圆长者，曰螺杯；有阔而浅，形如荷叶者，则曰潋滟杯；有剖半螺色红润者，曰红螺杯；有形似鹦鹉之睡，朱喙绿首者，曰鹦鹉杯。"

与周去非同时代的陶穀在《清异录》中解释："以螺为杯，亦无甚奇。惟薂穴极弯曲，则可以藏酒。有一螺能贮三盏许者，号九曲螺杯。"明代曹昭在《格古要论》中，也专门解释了鹦鹉杯："即海螺，出广南。土人雕磨类鹦鹉，或用银相足，作酒杯，故谓之鹦鹉杯。"由此可知，海螺酒杯种类很多，夜光蝾螺是其中一种。沉船上发现的夜光蝶螺杯，是把螺壳对半剖开，经过细细的抛光打磨，再雕刻上精致的牡丹花纹。

2003年，山东博物馆有一个"从文艺复兴到维多利亚——英国维多利亚与艾尔伯特博物馆藏吉尔伯特精品展"，展品中有一件文艺复兴时期的顶级瑰宝——酒器，也是用海螺制成的，在欧洲王室贵族眼里，稀有的螺壳可与瓷器、宝石相媲美。这个酒器的杯柄，是一位男子用双手承托起海螺杯身，骑着海怪，海怪凌驾在龟形底座上。其设计动感十足，故事性十足，体现了文艺复兴时期艺术家的创造力。

这是非常神奇的事情：大家在互不相干的环境中成长，没有受同一个老师的教导，却不约而同地热衷于在石壁、器皿上面，镂刻他们觉得美丽的图案花纹，而这些图案往往如此相似；对丝绸柔软顺滑质感和近乎透明的视觉效果追求，从石器、青铜、陶瓷、海螺这些器皿材料的采用，都是如出一辙；瓷器光滑细密的质地，海螺弯曲卷回的造型，轻敲时发出的清脆声音，在东西方人的心理上，唤起同样的愉悦反应。为什么会这样？是什么使大家进化得如此相像？

漆器震撼

当人们走出水晶宫，漫步在阳江的街头巷尾，沿着漠阳江堤岸，走向远处的水村山郭、稻田果林，走向渔港码头时，会听到一个在阳江流传已久的故事。

很多年以前，在太平洋彼岸的美国，几个小孩子在海边嬉戏时，发现一个黑乎乎的盒子，被潮水推到了沙滩上。盒子方方正正，黑色外壳发亮，上面还有金色的图案。孩子们把盒子捡回家里，打开一看，里面竟干干爽爽，滴水不入。盖子底下还有一行"中国广东阳江老义和造"的中文。有熟知历史的人推断，它是若干年前从广东阳江满载漆皮箱子返航的葡萄牙商船，在好望角遇台风沉没以后，在海上漂流了上百年的遗物，竟然完好无坏，令人诧叹。"老义和"是阳江城林氏家族开设的著名漆器作坊，以做皮枕和皮箱为主，清代乾隆帝爱新觉罗·弘历登极那年（1736）创立，爱新觉罗·弘历退位那年（1795）倒闭，这本身已让故事充满传奇色彩了。

中国漆器第一次从海上丝路走向世界，其实比乾隆时代要早得多。南海I号的发现，让人有机会一睹宋代漆器的真容。当发掘工作进行到2016年3月时，考古人员已清理出66件一色漆器和雕饰漆器标本（包括若干件残片），另外还有杉木质的薄木片细木条、片状竹条，属于漆器的竹木胎。漆器主要分布在沉船中后部，零七八碎地散落四处，很多漆器残片——包括竹条胎、木胎和剔犀、剔红及红、黑褐色漆皮——是在沉船尾部外侧发现的，经过仔细分辨，其中56件，被确认为漆碟、漆盒、漆盘、漆勺、漆簪等。值得一提的是，同类漆器在2002年、2007年的水下调查时，都有发现并提取了若干残片。

所谓一色漆器，又叫素髹漆器，是宋代漆器最流行的一个品类，就是单一颜色，以黑、酱、红色为主，其中以黑褐色为多，酱褐色次之，红色又次之。这与宋代崇尚简约的审美风尚，不无关系。器表光素无纹，器形有盘、碟、盒、托盏等，除圆口器外，也常见起棱或分瓣的方形和圆形器。其造型特征，与宋代的瓷器和金银器，颇有相通之处，显露出一种特殊的时代气色。

船上的髹黑漆器具，大多是碟、盘、盒之类，不过，有一件如意纹璧形物件，格外吸引目光。这件漆器是在舵孔外侧发现的，已开裂成数块，还缺了一角，但总的来说，还算基本完整，可以看出形状与纹饰。是一个圆坯璧形物件，中间有一孔，内为薄木片胎，木胎两侧髹上厚厚的黑灰色漆灰，表面也髹黑褐漆，正背两面都印有如意纹饰。古代的璧大多为玉器，圆形象征圆融并济，寄寓平衡、和谐、中庸，环回不已，生生不息之意。这只木胎漆璧直径只有6.5厘米，中孔径1.8厘米，厚只有1厘米。如此不起眼，又如此独特，应该是一件小挂饰，它本应挂在哪里？是船上某位商人的随身饰物吗？

船上还发掘出18件髹红漆器，有食具的勺子、匙子和束发髻的簪子（笄），有髹漆的圆盘残件，个别红漆箱板和红漆圆木柱状物等。在船尾右后部开裂的底板中，考古人员惊喜地发现一大块髹红漆的木板。"好家伙，这会是什么东西呢？"大家猜着。"会不会是船身的建筑饰板？"有人提问。"也可能是一个大木箱的板子。"如果是箱板，下面会不会压着什么宝贝呢？大家怦然心动了。

不过，木板被一大堆杂物叠压着，延伸至船尾部分又被散落的木结构压着，无法提取出来，它太脆弱了，经不起一点点折腾。考古人员还在琢磨如何处理时，木板上的油漆却因与空气接触太久，色调正以肉眼可见的速度变淡。考古人员急了，只好决定暂时原址保存，赶紧用泥浆把暴露出来的漆板重新封上，以免进一步损害。木板下面有什么宝贝，谜底留待以后再去挖掘吧。

在沉船尾部左后侧，发现了一件口径31厘米的剔犀圆盘。剔犀工艺是在胎骨上反复髹一种颜色，积成一定厚度，再髹另一种颜色，当两种色层达到一定厚度时，用刀雕刻出回纹、云钩、剑环、卷草等不同的图案。从沉船上发现的剔犀盘子看，上过很多道漆，而且突破了常见的红黑两色，加入了其他颜色，底漆是黑漆，第二层是银朱红漆，第三层是黑漆，第四层是石黄色漆，第五层是透明漆，面漆为黑漆，六层漆的厚度只有约1.5毫米。盘子两面都髹涂，背面边缘一圈与正面的工艺是一致的，髹饰红黑漆，外表腹壁部与器内整个盘面，均为黑地红彩，装饰卷草云头纹雕花，由中心卷草纹呈团花状向周边衍生，卷草边髹鲜红漆线，异乎寻常的华丽精美。

剔犀香草纹圆盘

　　如果说这只剔犀漆盘让人眼前一亮的话，那么另一只在沉船左后部外侧发现的剔红漆盘，则以纹饰之花影缤纷、繁稠复杂，让人更是眼花缭乱了。这只漆盘口径45厘米，被发现时倒扣在淤泥中，内外都沾满了泥沙、小海贝残骸、铁钉及凝结物残块，上部叠压白瓷盘、木盘等，因此保护较好，只略有开裂残损，盘底与盘壁有裂隙，局部漆皮剥落，但并不妨碍人们对剔红工艺的欣赏。

　　剔红是一种漆艺名称，明代黄大成在《髹饰录》中写道："剔红，即雕红漆也。宋元之制，藏锋清楚，隐起圆滑，纤细精致。又有无锦文者，其像旁刀迹见黑线者极精巧。"这只盘子是木胎菱花口，内腹壁有十道出筋，把腹壁分为10格，平沿表面满绘缠枝草叶纹，内外腹壁是满满的缠枝草叶花卉纹，漆盘内底剔红图案分四部分，自盘内底中央有一对凤凰，周围环绕着12朵缠枝花卉，其中有山茶、菊花、芍药、栀子、牡丹、蔷薇、秋葵、莲花、月季、石榴、兰花、梅花等四季鲜花，竞相怒放，争妍斗艳。盘内外壁的10格有如10块花瓣，每格里有三朵缠枝花卉纹，至口沿部的缠枝花卉至少有60朵，虽然满盘花卉，却不显得杂乱，而是井井有条，这种出神入化的工艺，真让人叹为观止。

据第二份沉船考古报告的分析，沉船上的漆器种类和器形，剔犀和剔红雕漆器有圆盘、盒、奁等，装饰纹样以香草纹、卷云纹、缠枝纹和花鸟纹等为主体，剔红漆器的红色漆层与后世的堆漆雕刻漆器相比，要轻薄许多；一色漆器表里一色，主要是素髹红、黑褐、橘黄（桐油）等单色漆，器形主要为黑褐漆方碟、葵口圆碟和漆盘及红漆箱、盒，橘黄色漆箱、盘等，但髹黑褐色漆碟和盘，是典型的宋代单色漆器。这些漆器的胎质以薄木胎为主，也有竹条胎，具有胎质轻薄、造型随意的特点。

对于沉船所载的大量瓷器和金银器，沉船考古报告分析，这艘船可能从福建沿海的泉州等地出海南行远航，不过结合南宋漆器的生产制作地域和多年来陆地考古发现的大量南宋墓葬出土品，推测这批漆器的产地，可能出自南宋都城及近畿地域，即浙江杭州、温州以及福建福州等东南沿海城镇。

中国漆器的历史，可以上溯至商周时代。1978年，在距今六七千年前的浙江余姚河姆渡遗址第三层中，发掘出一只木胎朱漆碗，这是世界上现存最早的漆器。战国时的漆器制作工艺，已相当成熟，器形与纹饰十分丰富，广泛应用于家具、文具、器皿、乐器、兵器及殡葬用品。工艺不断创新，制作精益求精，到西汉时，出现了彩绘、金银粉绘、金银片镶嵌和戗金纹饰，其富丽华美的装饰性，益发令人着迷。漆器开始传入朝鲜、日本、波斯等地。东汉光武帝刘秀，就曾经把丝绸与漆器赠送给日本使者。

唐代鉴真和尚一叶孤舟，六次东渡，历尽艰难，终于把佛教、医术、建筑和漆艺等，传播到日本。在鉴真的随行弟子中，有雕塑、绘画、漆艺高手，现存日本奈良招提寺的鉴真髹漆夹纻造像，便是由中国和尚思托、日本和尚忍基共同设计与塑造的。唐代薪火传至宋代，能工巧匠们在斑斓、复饰、填嵌、纹间等传统技法的基础上，大大发展和丰富了一色、剔彩、剔犀、犀皮、剔红、堆漆、雕填、螺钿、描金、戗金等多种工艺，足证宋代的漆器制造是一座高峰。

不要小看这些漆器，当它们进入欧洲时，所引起的震撼，不亚于丝绸与瓷器。对于15世纪、16世纪的西方人来说，漆是一种神秘的物品，比丝绸更难仿造。

继马可·波罗之后，不断有西方的航海家、旅行家、商人和传教士，远涉重洋来到中国。他们走南闯北，写下对中国的观感，并通过画笔留下了大量的视觉图像，这些都成为欧洲人认识中国的工具，也成为后来"中国风"兴起的灵感源泉。

据文献记载，意大利在16世纪初就把中国漆家具引入欧洲，可惜尢实物可考。后来，葡萄牙人从澳门带来大批中国漆家具，包括桌子、椅子、床架、柜子、箱子等物。当时欧洲人常把中国与印度搞混，许多中国器物都被冠以印度之名，来自中国的家具也被统称为"印度家具"，它们很快成为家居装饰的新宠，在各国风靡一时。

意大利传教士利玛窦在明代中国生活时，对漆器的制作，也琢磨了半天，他在札记中写道，漆是从某种树干挤出来的，外观如同牛奶，但黏度和胶差不多。中国人用这种东西制造树脂或颜料，称之为"漆"。涂上漆以后的木头，"可以有深浅不同的颜色，光泽如镜，华彩耀目，并且摸上去非常光滑"。因此，中国人的餐桌不用铺桌布，桌子脏了，只要用湿布一擦，马上就恢复光泽。

其实漆器的技术，在明代已被中国的工匠写成书了。明隆庆年间（1567—1572）安徽漆匠黄大成撰写的《髹饰录》，是中国现存古代唯一的漆艺专著，对制漆的工具、材料、色漆的制配及装饰方法等，均有详细记载。后来经嘉兴漆匠杨明逐条加注并作序，使《髹饰录》更加完善。这部书在明末已经失传，直到清乾嘉之际（1795年前后），《髹饰录》钞本现身于日本，世称"蒹葭堂钞本"。后来又辗转进入帝室博物馆（今东京国立博物馆）。民国以后，在日本友人的协助下，这部书的重钞本得以返回老家。

葡萄牙、英国、法国、荷兰人都绞尽脑汁，花了一个多世纪，企图破解中国漆器之谜，但都不能如愿。为了掌握髹漆技艺，他们付出的努力，并不少于研究瓷器工艺。最后，断定漆树是亚洲特产，不可能移植于欧洲，他们只能从印度进口树胶和虫漆，作为漆的代用品，仿制中国漆器。

16世纪，威尼斯的艺术家就开始尝试了，他们用印度虫胶加工，制成红、黑、深绿的虫漆，用在盒子、柜子、框架和首饰盒上，但质感始终不如中国漆。其中的奥秘，连意大利文艺复兴时期的艺术家达·芬奇也大感好奇，在笔记中留下"学习如何将树胶融入漆器胶"的记录。在早期的欧洲漆器仿制品中，最常见的图案有中国服装、小阳伞、扇子、奇珍异兽、宝塔、佛像、花卉等。由于未能掌握漆器的核心技术，仿制品与中国的漆器相比，仍有相当差距，但欧洲人已爱如珍宝。

路易十四时代，出于对东方艺术的迷恋，凡尔赛宫和特里亚纳宫内，都摆设了整套的中国漆制家具，以增添其豪华观感。当时欧洲还没掌握髹漆工艺，要想得到真正的中国髹漆家具，必须先把家具木胎做好，然后乘桴浮海，万里迢迢，运送到中国，请中国工匠髹漆彩绘，再运回法国。漆绘十分娇贵，运输途中极易碰损，往往令船主赔本，因此对运输也格外小心。一件家具从动工到完成，耗上一年多时间，是很正常的，但追求完美的法国人认为，仍然物有所值。

1698年，第一艘法国商船昂菲特里特号来到中国。1701年，它又做第二次航行。两次从广州运来大量丝绸、瓷器、漆器，尤其是第二次运来的漆器，包括手箱、桌子、描金衣柜及大小屏风等，数量巨大，款式众多，引起全国轰动，后来法国人干脆把漆器叫作"昂菲特里特"。由中国工艺品演化而出现的新词，在法文中并不鲜见，比如以中国（la Chine）为词根而造出的新词"拉希纳日"（Le lachinage），曾经用来泛指中国风格的螺钿嵌镶家具。

当"中国风"吹到英伦后，设计师、贵族、绅士、时尚人士，无不追趋逐奢。英国在16世纪中叶玛丽一世时期，已开始从中国进口漆器。17世纪十分流行来自福建的漆器，称之为"Chinapolish"，即"中国漆"。

在18世纪初的安妮和乔治一世时代，东印度公司从中国运来了大批漆器，英国商人便在伦敦开设了一些专卖店，出售屏风、茶盘、镜框等绘有漆画的工艺品，一时客如云来。中国特有的瓷器、漆器、墙纸，迅速浸透到英国的建筑物内部装修和陈设中。1700年，因为英国东印度公司进口漆器家具太多，引起英国本地家具制造商的抵制，为此还打了一场官司。一位商人指控东印度公司在伦敦港卸下惊人数量的橱柜、椅子、屏风、衣柜等，并在此之前的四年，进口了6500件髹漆茶桌，令他们的生意大受影响。官司最后判东印度公司为每件中国产品缴纳15%的关税。1753年3月的《世界杂志》（The World）刊登文章说："几年以前一切都是哥特式，如今一切都变成中国式或中国化了。椅子、桌子、壁炉、镜框，乃至最平常的用具，无一不受中国的影响。"

搜罗漆器、学习漆艺，不能满足欧洲人的狂热之情，欧洲竟兴起一股修建"漆屋"的热潮。漆屋本身就是一件漆艺作品，室内的四面墙壁，都用中国进口或仿制的漆绘装饰，家具也全是髹漆的，陈列着各种漆器，用以炫耀主人的财富和地位。这些承载着流金岁月的漆屋，最初出现于荷兰，然后向全欧洲蔓延，许多皇室贵族争相仿效。

漆屋大多采用黑漆描金和红漆描金色调，图案也是中国风格的，如丹麦哥本哈根有一间漆屋，用绿底金色描绘中国的赛龙舟场景。在意大利都灵的王宫里，也有一所漆屋，红漆墙上装嵌着极其华丽的漆画，在黑漆底上用蓝、红、金色描绘小鸟、花卉等中国风格的景物，有一种浓得化不开的中国情味。1724年，奥地利美景宫在维也纳落成。神圣罗马帝国皇后、罗马人的王后玛丽娅·特蕾莎为了纪念丈夫，在美景宫内建了一座"中国漆器厅"，也就是一间豪华的漆屋，陈列大量中国漆器。

　　东方的想象，西方的情调，把各种迥异的文化符号如梦幻般掺揉于一体，为那个已经逝去的世纪，留下了永不逝去的芬芳。有些历史场景，不是瞬间完成的。在南海I号上发现的漆器，已为这溥畅而至的时代透露出最初的征兆。

罐中乾坤大

现在，让我们重回宋代街头，回到宋人的日常生活中。宋人喜欢喝酒，无论生活在天南地北，从事哪种职业、属于哪个社会阶层的人，也无论是欢乐的日子，还是痛苦、悲伤、艰难的日子，都少不了杜康相伴。宋代范仲淹有诗《中元夜百花洲作》咏：

> 一笛吹销万里云，主人高歌客大醉。
> 客醉起舞逐我歌，弗舞弗歌如老何。

这些诗句，把人们节日饮酒助兴的心情与场景，描写得淋漓尽致。大街上的每个酒铺门口，都摆上了大酒埕，从早到晚，让人试饮新开酒。酒铺终日坐满酒客，杯觥交错，行令声震耳欲聋，醇馥的酒香弥漫一街。深夜酒阑客散之后，街道重新恢复宁静，一只只空酒瓶、空酒埕，堆放在墙角，等着被运去再次装酒。

南海I号上有一种酒瓶叫梅瓶，在宋代是很常见的，相传最初是皇家御用之物，称作"经瓶"。据文物鉴定专家刘东瑞在《梅瓶应称经瓶考》一文称，宋时大内有所谓"讲筵所"，让学识深厚的臣僚向皇帝讲述经典，讨论治国之策。讲经制度派生出讲筵用酒，产生了一种特殊的酒文化，讲筵所中使用的酒瓶，称作经瓶，即后来的梅瓶，他说："宋人称这种'经宴'上特用的酒瓶为'经瓶'是有特定含意的。"这种器形的酒瓶，从禁宸流入民间，被大量仿制，成为酒垆食肆的常见之物。但也有人不以为然地指出，经瓶之名，得之于它的器形修长。考古学家宿白便持这种观点，他说经瓶是指器形而言，南北为经，训为修长，以其深细长腹的特点，称为经瓶，与讲筵无关。

至于经瓶为何变成梅瓶，有一种说法称：梅瓶因为瓶口细小，仅可插梅枝，所以称作梅瓶。但学者许之衡在《饮流斋说瓷》一书中，提出不同看法，他详细描述了梅瓶的形制、特征及名称由来："梅瓶口细而颈短，肩极宽博，至胫稍狭，抵于足微丰，口径之小仅与梅之瘦骨相称，故名梅瓶。"虽指出其名称与器形有关，而非与功能有关，但他还是把梅瓶与梅枝联系起来了，也许因为宋代萧泰来的诗《亭坐》，让人产生了这样的联想："公余终日坐闲亭，看得梅开梅叶青。可是近来疏酒盏，酒瓶今已作花瓶。"一个酒瓶子的名称，竟引起如此多讨论，也是文化史上的有趣现象。

从南海I号发掘出几十件磁灶窑的酱釉梅瓶，瓶高大概在27~35厘米，口径在2.2~2.9厘米。外表看都比较粗糙，肩部多见长条形支钉垫烧痕迹，有些留下轮旋痕迹，有些留下手捏痕迹，有些还烧过火了，瓶身上多有墨书字迹，被涂写上"陈二部□""陈□"之类，有些被涂抹得乌七八糟，十分影响外观。这些墨迹经过800年海水浸泡还不褪去，试想当时的买家或者用家，如果想清除掉它们，恐怕也是一桩麻烦事。

磁灶窑酱釉梅瓶

不过，在广东最常见的酒瓮，不是梅瓶，而是一种被叫作"酒埕"的大陶罐。元代汪大渊所撰《岛夷志略》里，有不少中外交易记录，货品多为青白瓷器、铜器、漆器、铁条、烧珠、布匹之类，其中在"东冲古喇"一节中提到，"贸易之货用花银、盐、青白花碗、大小水埕、青缎、铜鼎之属"。在"苏洛鬲"一节中，亦有记载，"贸易之货，用青白花器、海巫仑布、银、铁、水埕、小罐、铜鼎之属"。这些"埕"，就是南方人对酒瓮的叫法。元剧《诈范叔》里有句台词："我几时吃那开埕十里香？"指的就是这个。

这些南方酒埕，把人们带入了宋代经济的另一个领域：酒业。在宋代，酒是禁榷之物，朝廷曾颁明令：民间酿酒三斗、造酒曲十五斤，或携带外地酒进入本地，都要判以苦役或徒刑，甚至死刑。官府垄断酒的酿制与贩卖，《宋史》记载："宋榷酤之法：诸州城内，皆置务酿酒。"这个垄断机构就叫公使酒库，贮藏大量美酒，用来贩卖和犒赏官员、军士，也会作为礼品在相邻州之间相互馈赠。

广州的公使酒库，设在原南越国宫署位置，即今南越王博物院王宫展区处。这个遗址在1986年被发掘，下面层层叠压着由民国至清、明、元、宋、五代、唐、隋、六朝、西汉、南越国、秦等各朝代的遗迹与遗物。这是迄今为止发现的最古老的中国宫苑实例，对研究中国历史文化，研究中国古代城市、古代建筑史和古代工艺史有极重要价值，是广州历史文化名城的精华所在。至于说公使酒库在此处，其依据是1997年在该遗址出土了北宋墨书"公使"的青白瓷碗底，再参考元大德朝《南海志》卷十《旧志诸司仓库》所载"（经略司）公使酒库，在州治东庑"，基本上可判定无疑了。

官府虽不准民间私酿私卖，但对饮酒却无限制，天圣七年（1029）宋仁宗赵祯曾下诏："民间有吉凶事酤酒，旧听自便，毋抑配。"广南东西两路（广东、广西）更宽松，允许民间酿酒与贩酒。宋代周去非的《岭外代答》说："广右无酒禁，公私皆有美酝。"明末清初屈大均在《广东新语》中记述了几种岭南美酝："《唐国史补》：酒则有岭南之灵溪、博罗。灵溪在乐昌东北，源出泠君之山，以其水酿，曰灵溪酒。博罗蛮村有桂，以其花酿，曰桂酒。苏长公有《桂酒颂》，并与酿法刻于罗浮铁桥下，谓非忘世求道者不以授云。惠州有罗浮春，长公以寄山中道士邓守安，有诗云：'一杯罗浮春，远饷采薇客。'又有海酝及万户酒，长公诗：'岭南万户皆春色。'又有雪酿，长公诗：'雪花浮动万家春。'盖宋时酒皆官酿，惟岭南以烟瘴不禁，谓之万户酒。"他说的"苏长公"，就是宋代文豪苏东坡。

官员利用权力私营酒业，蔚成风气，在仁宗朝几近失控，官员用公家粮仓的粮食来酿酒，卖酒收入却进了私囊。公使酒库的酒，本来是不准私卖的，却大量流入市场，官府不仅是幕后操控者，甚至有官员直接走到前台，让家属自设酒肆，打开门做生意。南宋庆元元年（1195）广东运判徐楠被朝廷罢官，理由就是他"居家则纵子女沽卖私酿，临政事则交通贿赂"。这种杀鸡儆猴式的治贪，并不能杜绝贪黩，因为利字当头，前仆后继者，络绎不绝。

在南海Ⅰ号第10舱，即发现丝绸残痕的那个船舱，存放着很多四系罐、双系罐；在第9舱的部分位置也有一些。它们体形差不多，器高30~40厘米，底径14~15厘米，腹径约33.5厘米。第8舱还有体

玉液春酱釉陶罐

形巨大的多系罐。这些大罐一般釉色较深，刻有弦纹，有些在四耳之间盖有戳印，分别是"玉液春""酒橙""丙子年号""上吉""王""吴字号"等字样。大罐以木条间隔，以防碰撞，有些还用竹篓套着。这些大罐是作包装之用的，里面装着其他小件物品，部分大埕里淤积着泥状物，经过检测，发现酵母、曲霉、青霉等酒的成分，证实曾经装过酒。

事情变得有意思了。为什么船上有这么多酒？第一种解释，这酒是给船上人喝的，因为海路漫漫，日子单调枯燥，何以解愁？唯有杜康。第二种解释，就是在收购大埕时，因为数量太大，新埕不敷，便把用过的旧埕拿来充数。还有第三种解释，也是最可能接近真实的解释：酒本身就是船货的一种。宋时从广州出口的商品，就有酒、糖、茶、米等。不同的解释，可以把人们带入不同的生活场景。当这些大埕放在博物馆展柜灯光下，供人参观时，每个从它面前经过的参观者，都可以做出不同的猜想。

不过，对广东人来说，更能勾起他们的记忆与兴趣的，也许是这种大酒埕本身。因为太熟悉了，以前遍布城乡，任何一家缸瓦铺都有销售；随便走进一家酱油铺，都可以看到堆满这类大大小小的埕。它们通常体形胖大，束颈小口，肩上有两个或四个桥状耳，是用来系绳子的，外表施酱黄釉，有的埕身会有波浪纹。人们用来装酒、酿酱油、腌咸鱼。时至今日，还有不少地方在使用。大凡上了岁数的广东人，一看都会笑着说：这东西也是宝贝？乡下多得很。然而，直到2020年，南海Ⅰ号发掘已近尾声，还没有人把船上发现酱釉四耳大罐，与广东酒埕联系起来。

考古人员最初判断，这些四系大罐和梅瓶一样，都是磁灶窑产品，并把这个结论写进了《南海1号沉船考古报告之二》："磁灶窑酱釉器有罐、梅瓶、执壶、盆、器盖、盘和流嘴残件等。罐类主要有四系罐、双系罐、小口罐等几类。"在介绍其特色时，报告写道："磁灶窑瓷器从釉色看主要为酱釉，其次为绿釉，还有少量黑釉和青釉。从器形上看则以罐、瓶等为主，其他有器盖、碗、粉盒、军持等。胎体一般颗粒较粗，胎质不够致密，多呈灰白色，也有泥黄色。装饰技法有模印、堆贴、剔刻、刻划、彩绘等。为适应外销需要，部分装饰花纹带有异域色彩。"2019年广东省博物馆等机构主办"大海道：'南海1号'沉船与南宋海贸"展览，同样把此类大罐都归为磁灶窑产品。

这似乎已成权威定论。但到2021年，事情突然起了一些变化。

2021年8月，当南越王博物院副院长李灶新看到从南海1号发掘出的酱釉陶罐时，一眼便认出：与奇石窑发掘出来的酱釉陶罐非常相似，而且与广州南越国宫署遗址出土的公使酒库陶罐，也高度相似。李灶新对南越王博物院的文物了然于胸。宫署遗址里埋藏着一个庞大的古井群，密密麻麻分布着500多口水井，时间从秦汉至近代都有，其数量之多、跨度之大、类型之丰富，足以让南越王宫博物院兼具"水井博物馆"的功能了。井下藏着逾百个木简、陶水罐、鹿角打水挂钩等文物，对研究广州水文化价值甚高。在其中一口井中，发掘出宋代公使酒库使用的奇石窑酱釉罐，上面赫然留有"大观三年""政和元年""奇峰宅""潘家记""醇酊""真珠红""百花春""清香""吴字号""林字号"和"酒墱"等印款信息。

这些酱釉罐与南海Ⅰ号上发现的酱釉缸竟如此相似，难免让人联想，两者会不会有什么渊源？这个猜想，把人们的好奇心一下调动起来了，但在找到更多的实物证明之前，它仍只是一个猜想。

2021年9月，佛山市南海区狮山镇、里水镇因修路或民房建设，发现了三处古窑的遗址。广东省文物考古研究院与佛山市博物馆、佛山祖庙博物馆和南海博物馆，联合组成考古队，在广东省文物考古研究院水下考古研究所所长肖达顺率领下，赶赴现场。

肖达顺毕业于中山大学人类学系考古学，是一位后起之秀。在他身上，不乏年轻人敢于"大胆假设"的魄力和勇气，也具备了"小心求证"的技能与细致。他们此行目的很明确，用肖达顺的话来说，就是"试图通过田野工作摸清窑址的保存情况和分布范围，弄清窑址具体文化内涵及其发展序列，同时运用科技手段检验'南海Ⅰ号'沉船和南越国宫署遗址所见酱釉器来自佛山南海相关窑址这一认识结论"。

直至2021年12月，调查发掘基本结束，确认了奇石窑和文头岭窑两处窑址的基本范围，掌握两处窑址窑炉的基本形态，并采集了一批印文酱釉陶罐残片。在奇石窑曾发现不少留有"政和元年""政和六年""潘宅""陈□□""太原□""莲花"及无字花纹的青黄釉大罐，还发现了"奇石""清香""大吉""己巳年""庚午年"等款识的标本。在文头岭窑址出土器物中，则有"何深郡""安定""陈宅""梁宅酒""吕家工□""范宅酒墱"等印款。

追溯发掘奇石窑的历史，其实早在20世纪50年代，它已被考古界发现，从奇石村虎石山至崩岗头约3000米范围内，唐宋古陶瓷片几乎俯拾皆是，其中就有"嘉祐□□"的印款。嘉祐是宋仁宗赵祯使用的年号，时间是1056年至1063年；另外还有"张可""安祖""潘南""潘安"等陶工名字。当时因未见北宋以后的款识，人们普遍认为，奇石窑在北宋末年已式微，甚至完全废弃了。这个观点对考古界影响很大，甚至左右了一些考古发现的结论。把北宋、南宋初这类罐归为奇石窑，此后归为福建磁灶窑，几乎成了一种思维定式。比如南宋初的印度尼西亚鳄鱼岛沉船上的类似大罐，被认为是奇石窑产品，而时代稍晚的爪哇沉船以及南海I号上的同类大罐，则被认为是磁灶窑产品。

然而，在2021年的发掘中，找到了"己巳年"和"庚午年"款识，前者即1149年，南宋绍兴十九年；后者即1150年，南宋绍兴二十年。证明奇石窑的窑火并未熄灭，到南宋时还很旺。这是一个突破性的发现，为南海I号与广州、佛山两地联系起来，提供了时间上的可能性。而且两处窑址发现的陶罐标本，也证实了广州的南宋公使酒库、南海区窑址与南海I号之间，确有关联。肖达顺为此兴奋莫名，他在事后一篇总结性文章中写道："通过此次较为系统的区域调查，基本确认南海区的奇石窑和文头岭窑都出土'南海I号'沉船相关器物，明确两处窑址是'南海I号'沉船上陶瓷生产地之一，细化了相关考古资料所描述的'历史景观'。"

这个发现震动了考古界，媒体也闻风而来。

为什么一直被认为来自泉州的商船上，会出现这类有广东血缘的陶罐，而且数量如此之多？广东省文物考古研究院研究馆员李岩对媒体讲述："我与南越王博物院李灶新先生谈及南海I号沉船年代问题时，同时注意到一件丙子年款大罐。他告诉我，考古报告中认为这件大罐是福建磁灶窑所产，应是搞错了，这类罐子应是广东佛山南海奇石窑及文头岭窑产品，并向我提供了最早提出这一观点的相关文章，作者是香港中文大学黄慧怡老师。我当时就说，这事太重要了！"

李岩所提及的黄慧怡，是香港中文大学人类学系助理教授，其研究重点是公元9至14世纪的中国陶瓷工业，以及中国与东南亚在古代的文化互动。据媒体介绍，早在2018年发表研究结果时，她就宣称：通过对比大量海外、东南亚及中国地区的考古发现，此类罐子的花纹，一类印有花卉装饰，一类有印章铭记，一些罐子腹部有波浪纹装饰；不少胎质较粗松，胎釉结合较差，釉层多剥落；釉色以青黄釉为主，还有淡青、深青绿、酱黄、酱褐、酱黑釉及无釉器——"这些都是'广东罐'的特色。"她做出了判断。

"广东罐"这个概念，早在1922年就被提出了，也称为"广东器"，当时是特指佛山出产的陶罐，由于它们使用含铅青瓷釉，外观不及龙泉器的釉质漂亮，主要是用来储藏东西的，唐宋时的远洋船舶，很多都用它来存放淡水、食物和酒；体形较小的罐则用来腌制食品，如咸鸭蛋、腌肉之类。崔勇认为，这些广东罐所承载的历史信息，甚至比瓷器还要丰富。瓷器所具有的质地、釉色、器形、纹饰等信息，大罐基本上都有；而大部分大罐都具有产地、工匠（主人）、年代、用途等丰富信息，瓷器却往往阙如。这告诉人们：文物的价值并不仅仅在于漂亮，还要看信息的承载量。这就是崔勇后来感慨所称："并不是漂亮就是好东西，其实信息含量最大的，是这批广东罐。"

2021年8月，考古队把调查重点放在奇石村南桃园岗（旧称荔

髇前公用酱釉罐

枝岗），现场虽然被划为保护区，周边却早已被密密麻麻的厂房覆盖。20世纪六七十年代，这一带还有大量裸露的陶瓷碎片堆积及废弃的龙窑窑址，如今已片瓦不存，很难发现窑炉等具体迹象，仅在西门村、北面村边坡地，发现不同时期窑床上下叠压的斜坡式龙窑一座。

考古队对文头岭南端逢涌村环山地带，也进行了细致踏查。尽量把较为成形、保存较好、不同器形和纹饰的标本全部采集，重点关注与南海Ⅰ号相关的带戳印字款的罐类残件。通过抢救性的局部发掘，文头岭断面发现的窑炉，被确认是一座斜坡障焰柱龙窑，窑内宽约3.5米，但揭露面积小，窑头部分也已被破坏，长度不明，根据现场走向推测有20米以上。

广东省文物考古研究院与南越王博物院、佛山市南海博物馆组把采集到的奇石窑、文头岭窑酱釉罐材料、南越国宫署遗址的酱釉罐材料，以及从南海Ⅰ号挑选的一些明确的酱釉罐标本材料，一起送到北京大学做科技检测。

南海Ⅰ号上有几种不同类型的酱釉大罐，一类器体较为厚重，釉质平滑，流釉现象明显，胎质较细腻，肩耳间多饰方框等戳印；另一类器型上与前者相似，但器体较轻薄，釉面稀薄斑驳，胎质含砂量大，轻脆易碎；还有一类是鱼鳞纹特大罐，与前二者迥然相异。经过便携式X荧光光谱分析技术，对酱釉成分进行分析，结果表明，南海Ⅰ号上采集的第一类酱釉罐，与南越国宫署、南海奇石窟和文头岭窑的标本材料成分，高度相似，可判定同出一源。第二、三类的酱釉罐标本则不同，具体出自哪个窑口，还有待考辨。

2022年7月1日，《中国文物报》以整版篇幅，报道佛山市南海区狮山镇奇石窑和里水镇文头岭窑考古成果，提出南海I号沉船部分酱釉罐等器类产自里水。广东省文物考古研究院正式对外公布，确认南海I号沉船部分陶瓷器产自佛山南海奇石窑和文头岭窑，并确认南海I号曾经到过广州。一只酱釉大埕，把南海I号、南越王宫署、南海窑口串起来了，学界给它起了个名称叫"三南模式"。

　　这个结论，如清风掠长空，拨云见明月，人们眼前突然一亮，带着狂喜的心情问：南海I号是从广州出发的吗？

　　谜底已近在眼前，所有人都预感到了，只待最后揭晓的一刻。

第四章

千古船说

是广船还是福船

在经历了漫长的34年之后，熬过了无数个惊喜、激动、焦虑、失望、希冀、疲惫、欢乐的日日夜夜，对南海I号的考古发掘工作，在2021年终于到了收官阶段。"我们已替古人卸完了18万件船货。"崔勇幽默地对媒体说。"替古人"三字，尽显任务顺利完成后，内心的轻松与欢愉。孙键对媒体说："到现在为止，我们已经从这条船内清出货物174000件，如果加上早期发现的，是182000件，这个数字是什么概念呢？在我们所做过的其他沉船里面，像三道岗沉船，大概是600多件，韩国的新安沉船是20000件，华光礁I号沉船是12000多件，碗礁I号沉船是15000件，加起来都没有这条船的装货量多！"

现在人们关注的重点，开始转到怎么保护这艘古船了。

船是一件最大的文物，无论从体积还是价值而言皆是。尽管考古发掘已基本结束，但解谜的过程，才刚刚起步。南海I号就像一个宝匣，不仅满载宝物、满载谜团，而且它本身也是一个巨大的宝物和谜团。《光明日报》在2007年12月刊登文章，标题就是"南海I号有多少秘密令人期待"。文章列出了若干谜团，第一号谜团就是：南海Ⅰ号是哪里制造的？

　　要解答这个疑问，需穿过历史的重重迷雾，回到最初造船出海的始发点。中国人是从什么时候开始造船的呢？第一艘船的诞生也许太过久远，已无迹可寻。早在周朝的《易经》上，就有"刳木为舟，剡木为楫，舟楫之利，以济不能，致远而利天下"的说法；战国时的《墨子》称，舟是尧时巧匠名倕发明的，但又说是舜的臣子后稷发明的；《吕氏春秋》则云，船是舜的臣子虞发明的。值得注意，《吕氏春秋》也记载南方越族懂得造船："适越者，有舟也。"各史家无不把造船史极推至史前时代。

　　根据有史料可证的说法，闽粤两地从新石器至青铜时代，就开始造船出海了。1989年在珠海市高栏岛宝镜湾，有多幅摩崖石刻画，以阴纹蚀刻在花岗岩面上，其中有船的形象。这些岩画是新石器至青铜时代留下的。画中有一条长85厘米的船，船下有水波纹，船后部竖起一支长竿，约75厘米，竿上似有旗幡飘舞，也可能是桅与帆。画中船身与桅高的尺寸比例，为造船的黄金比例，一直沿用到现代。另一幅刻画着一群人围在一条大船周围，手舞足蹈，欢腾雀跃，有两人还想爬上船，看样子是在欢迎大船出海归来，或是庆祝新船下水。还有一幅刻画了四条大小不一的船，排列在海里，船体都是两头尖翘，船底平直，上宽下窄，船身刻有水波纹、云雷纹、鱼鳞纹、卷云纹等。有行家指出，两头上翘的船，肯定不会是独木舟，上翘部分只能由木板制成。

　　考古人员曾经在福建武夷山白岩洞穴取下一具船棺，是用两根质地坚硬的楠木刳成，棺木如船形，全长4.89米，宽0.55米，高0.73

米，分底和盖两部分，作上下套合，棺长4.53米，底如梭形，棺盖作半圆形，内部刳空，如船篷状。根据船棺的构造和制造技术及棺底竹席制作水平，研究者几可认定使用了青铜工具。另外，在福建连江亦曾出土一条樟木做的独木舟，长7.10米、前宽1.10米、后宽1.50米，残高82厘米。两侧舷板由前向后斜起最高舷板60厘米，舷板上薄下厚。据中国科学院贵阳地球化学研究所对舟体木材测定，这条独木舟所属的年代，距今约2170±95年。

自20世纪中叶以来，从广西西林、罗泊湾等地陆续出土的战国铜鼓，船纹和竞渡纹是一种常见的纹饰，说明至少在两千多年前，整个南方沿海地区，造船业已很普遍。这些考古发现，为那时南方的造船业水平，提供了可信的实物证明。

最有趣的是，在南越文王墓东耳室出土的提筒上，清晰地刻画着四艘古船图案，上面的隔舱壁、锚、舵、桅、帆、桅靠，都历历可辨。有人认为是两桅船，也有人认为是三桅船。以前人们对中国造船什么时候发明帆，歧见纷纭，而南越国的这些船的图案，给出了明确答案：两千多年前已经有帆了，桅就是为帆而存在的。而桅靠是用来固定桅杆的，防止升帆时桅被风吹倒，还可以兼做绞缆车，用于升降帆和收锚。这是一个了不起的发明。考古学家麦英豪指出："船上没有刻画桨楫和水手，推进的动力是三帆一橹，显示出这是大型的海船。"蒋祖缘主编的《广东通史》则说："从船首高翘之状可知，这艘应是尖底型海船。"

在四艘船的船头各悬挂一物件，不少专家认为是倒挂的首级，战争胜利者炫耀自己的战利品，但也有专家指可能是双齿带插钎木锚。如果是作为领赏用的战利品首级，为什么不画上一排十个八个，岂不更加显赫？为什么每船都只有一个？因此不排除是锚。

以前有一种观点，指东汉时吴国交州刺史步骘迁治所于番禺，并大造海船。从1955年在广州东汉墓出土的陶船模型看，当时的船已有舱室，船首有木石碇（双齿锚），船尾设舵，两舷设走道，具有远航能力。这被学界认为是锚和舵最早出现的时间。但如果南越王墓提筒上那四艘船挂的"首级"是锚的话，则把时间提早了至少一百多年。

另外，船尾那支长长的条状物，有专家认为是弓形大橹。但也有专家认为是早期的桨舵，依据是东汉刘熙《释名》一书在"释船"一节中，对"橹"的解释是："在旁曰橹。橹，膂也。用膂力然后行舟也。"同时《释名》对"舵"也做出解释："其尾曰柂，柂拕也，在后见拖曳也，且言弼正船使顺流不使他戾也。"柂即后来的舵。古人已清楚指出，汉代的船橹是安装在船侧的，装在船尾的是柂。如果此说成立，又打破了以前史界认为东汉才出现舵的说法。

不同的学术观点，在学界不断搅动一池春水，究竟孰是孰非，迄无定论，大家都需要更多的史料支持，更多的田野考古新发现。但有一点可以肯定：在南越王墓出土的提筒上的船纹，无疑就是广东船（广船）的雏形。

隋唐时海上丝路兴盛，广州成为日益重要的通海夷道，造船业也大有进步。据史籍记载，唐代岭南节度使张九皋曾在广州"召募敢勇，缮治楼船"。唐代岭南制造的海船，以苍舶、木兰舟最为著名。前者船长20丈，能搭载六七百人。不少波斯商人都偏爱广州造的船，甚至专门在广州租赁或订造海船。

南汉造船业再上层楼，拥有强大的船队，远征占城，携回大量的奇珍异宝。南汉船队在南海航线上威名四播，甚至令海外商舶感到畏惧，想来中国做生意又不敢来，有些船驶到苏门答腊，便不敢再往前了，四处打探消息，希望中国商人到苏门答腊交易，因为担心被南汉船队拦截，蒙受损失。

宋代广州是岭南主要的造船基地之一。官府在广州设立战船场，配置厢兵造船，仅造船厂指挥就有75人。摩洛哥丹吉尔人伊本·白图泰14世纪曾游历广州，他在游记中写道：中国海船"皆造于中国的泉州、广州两处"。

寻究此时的海舶制造技术，经过不断改良，已颇称先进。升降舵是一大发明，船行浅水时，可将之提起，行驶深水时，可将之放下，减低船尾水流涡漩的影响。还出现了副舵及三副舵，减少航行中的横漂。发明了开孔舵，在舵叶上开孔，降低舵的扭矩，减少水流阻力。1979年，在宁波出土一艘宋代海船，排水量约50吨，两侧船舷的第七和第八接缝处，各有一根截面为半圆形的纵向长木，紧贴在船壳板目，并用铁钉钉合。考古人员认为，这两根长木就是舭龙骨，其存在是为了减缓船舶的左右摇摆，提高航行时的平稳性，比西方相似装置的出现早了六七百年。

按《萍洲可谈》所说，宋代"甲令海舶，大者数百人，小者百余人"。另据史籍记载，宋代制造的大海船，可容五六百人，载重二千斛，拥有当时世界上最先进的航海设备，包括罗盘针、转轴、避水舱、桅、舵、锚等。宋宣和六年（1124），通议大夫、礼部侍郎路允迪奉诏出使高丽，以他的身份地位和使命，当然是要乘坐大海舶的，据随行的奉议郎徐兢撰写《宣和奉使高丽图经》所记，朝廷诏令专门制造了两艘巨舰，一艘命名为"鼎新利涉怀元康济神舟"，一艘命名为"循流安逸通济神舟"。同时委托福建、两浙的监司"顾募客舟"六只随行。

这六只客舟并非专为此行建造的，而是从民间征募所得，略加修葺装饰，因此更接近闽浙民用船只的船型，"其长十余丈，深三丈，阔二丈五尺，可载二千斛粟……皆以全木巨枋搀叠而成，上平如衡，下侧如刃，贵其可以破浪而行也"。据此可知，闽浙船都具有"上平如衡，下侧如刃"的特点。以宋代的计量单位，一丈约为3.07米；一千斛约为60吨，二千斛即载重约120吨。而两艘"神舟"则"长阔高大、什物器用、人数，皆三倍于客舟也"。依此而言，神舟的装载量至少是六千斛，即360吨，排水量可达1000吨以上。神舟下水时，万众欢腾相迎，文人则以"巍如山岳，浮动波上，锦帆鹢首，屈服蛟螭，所以晖赫皇华，震慑海外，超冠今古"之类的奇辞瑰句来褒饰。

迄今几乎所有研究与媒体报道，都说南海1号是一艘福船。由国家文物局水下文化遗产保护中心等机构联合发布的第二份考古研究报告有如下结论："从已发掘暴露的船体结构和船型判断，该木船体船型宽扁，船艏平头微起翘，两侧船舷略弧曲，艏艉部弧收，具有一定的型深，是长宽比例小、安全系数高、耐波性好、装货量大的短肥性船型，属于我国古代三大船型的'福船'类型，[①]与福建泉州湾后渚沉船、海南西沙'华光礁1号'沉船结构相近，船体保存

---

① "三大船型"指广东造的广船、福建造的福船和北方造的沙船。

较好，存有一定的立体结构，这在以往的国内外沉船考古中较为鲜见，可以说是迄今为止世界上发现的海上沉船中年代较早、船体较大、保存较完整的远洋贸易商船，对于研究中国古代造船史、海外贸易史具有极其重要的意义。"

根据对南海I号的考察研究，这艘船的船体使用多重木板搭接构造的工艺技术，两舷上部及船壳板多为三重板结构。如残存左右两侧板为多重板搭接结构，主要为三重板结构。在横向隔舱中，除艏尖舱残断外，隔舱进深最宽的是第2舱1.93米，最窄的是第14舱0.83米。在隔舱间还有以舵、桅为中心左右对称的货物隔板和小隔舱，这种船舱从船艏至船艉的纵向分布，提高了木船内部的整体挤压强度。

从船体中上部的船板之间对接或搭接结构、链接方式，可以发现木板之间的搭接、榫卯、铆钉等传统造船工艺技术和手段。木板之间的搭接有同口、直肩同口拼搭法，第4、10舱的右侧船壳板、第12舱的左板就是同口搭接，第12、13道隔舱板左端与船壳板之间，采用了隔板滑肩口、船壳板榫口的套搭结构。第12舱左端水线甲板与船壳板、隔舱板之间的搭接结构，也十分明显。在主桅杆夹等处，则广泛采用了大榫卯嵌合的做法。在隔舱板、舵孔两侧的竖板，都发现铁钉锈蚀痕迹，可以推断曾采用铁钉固定木板。

沉船考古报告写道：从木船左右两侧残存的船板看，左舷板与水线甲板（舵甲板）相连，板表面残损较多，前后残断，受挤压开裂错位，向外倾凸，部分移位。整体上左船舷板南端破坏较大，北端保护较好。上下的板与板之间，有白色黏性填充物，也就是舱料痕迹，个别保存较完整的地方厚度可达0.01米，主要成分为桐油、白灰、麻丝。

明代嘉靖十二年（1533），奉诏出使琉球的行人司行人陈侃，在福州南台建造册封舟，船造好后，漳州的船工一看，嗤之以鼻，认为这种船不适合远洋航行，必须加以改造。陈侃副使高澄后来写了一篇《操舟记》，记录漳州船工的意见和修改方案。漳州船工指出："此舟不善者有三：盖海舶之底板不贵厚，而层必用双；每层计木三寸五分，各锢以铁钉、艌以麻灰。不幸而遇礁石，庶乎一层敝而一层存也。今板虽七寸而钉止尺余，恐不能勾连；而巨涛复冲撼之，则钉豁板裂，虽班师弗能救矣；此一不善也。闻前使二舟，则舱阔人稀，可免疫痢之患。今共一舟，则舱止二十有四，除官府饮食、器用所占，计三十人共处一舱，恐炎蒸抑郁，则疫痢者多，虽卢医弗能疗矣；此二不善也。海涛巨而有力，舵杆虽劲木为之，然未免不坏，亦不免不换也。今舵孔狭隘，移易必难，仓促之际，谁能下海开凿以易之。舵不得易，则舟不得行。"

虽说《操舟记》是明人所著，但工艺技术，则一脉相承。这个故事告诉人们：即使到了明代，同属福船，福州与漳州的造法，也不尽相同，更何况在南宋，福船尚未最后定型。因此很难根据两三个特征而做出判断。

要考南海Ⅰ号是否福船，当从福船与广船的渊源说起。

福船者，福建所建造的海船也。最常见的福船是采用松木、杉木造的，具有尖底面阔，艏艉高昂，设水密隔舱的特点。徐兢提到那六艘从闽浙顾募的客舟，都是"上平如衡，下侧如刃"的，笼统地说来自闽浙，并无加以区别。研究者把它们全部归入福船之属，不分闽船与浙船的异同，这是拜福船后来的名气所赐。而广船的特点，则往往被描述为头尖体长，吃水深，梁拱小，甲板脊弧不高，下窄上宽，状若两翼。船体用铁力木制成，横向结构以紧密的肋骨与隔舱板构筑，纵向强度依靠龙骨和大撬维持，以坚固著称。

　　1973年，在泉州湾后渚港附近海滩下发现一艘宋代沉船，残长24.2米（复原后长34米），残宽9.15米，出水时只有下甲板的部分，船身扁阔，尖底，有13个水密隔舱，多重板船身结构。船上发现了香料、货物木牌签、铜铁器、陶瓷器、铜铁钱、竹麻编织物、装饰品、果核、贝壳、动物骨骼及其他遗物。其中未脱水的香料药物数量最大，说明是一艘归航的海船。专家根据船的形状和船货判断，这是南宋景炎二年（1277）农历七至九月间，从东南亚运载香料药物等商品归返泉州的一艘典型福船。

　　迄今发现明代以前的沉船，绝大部分被判定为福船，虽然广州也是世界性大港，南海是海上丝路的重要航线，却极少发现符合广船定义的远洋沉船。原因何在？就是因为扁阔尖底，已成为福船的公认特征。只要看到扁阔尖底，就断定是福船。其实，船底如刀刃、船身扁阔、艏艉上翘、水密隔舱，都不能作为福船独有的特征。从南越文王墓出土的提筒船纹看，艏艉上翘，有水密隔舱，船底呈"U"或"V"形，这些特点，早在南越国时期，广东船亦已式式俱备。

　　《宋会要辑稿》记述：南宋建炎三年（1129），在福建、广东沿海雇募船只，作水军海防之用，船分为三等，"上等船面阔二丈四尺以上，中等面阔二丈以上，下等面阔一丈八尺以上"。船面与船底阔度，大约是十比一，属于小平底的船。质言之，当时从闽粤两地雇募的船全是小平底的，船型并没有太大差别。

南宋绍兴二十八年（1158），福建路安抚转运司奏报朝廷："昨准指挥两司共计置打造出战鲂鱼船一十只，付本路左翼军统制陈敏水军使用。契勘鲂鱼船乃是明州上下浅海去，处风涛低小，可以乘使。如福建、广南，海道深阔，非明海洋之比，乞依陈敏水军见管船样造平底船六只，每面阔三丈，底阔三尺，约载二十科，比鲂鱼船数已增一倍，缓急足当十舟之用。"这里说的明州，即浙江宁波。浙江造船也是大名鼎鼎的，所谓鲂鱼船，就是一种有代表性的浙船，《宋会要辑稿》述其特点是："方头小，俗谓荡浪斗，尾阔可分水，面敌可容人兵。底狭夫如刀刃状，可破浪。"据此同样可证，直到南宋时，无论广东、福建，还是浙江造的船，都有尖底，也有平底，并非独家所有。

再说另一个特点。一般认为，福船的船型是扁而阔，广船是瘦而长。但从文献上看，这个特点，至少在宋代并不明显。徐兢对随行六只客舟的记录，被研究者推崇为"历史上第一份最为详细的关于福船结构的文字"。在其记录中，客舟"其长十余丈，深三丈，阔二丈五尺"。他没有说明十余丈具体是多少丈，姑取中数为十五丈。再来看看北宋曾公亮和丁度撰写的《武经总要》，记述广南东路征渔船做战船，其长六丈，阔一丈六尺。如此看来，似乎广船也同样具有扁而阔的特点。

最后只剩下一个材料的区别。据古籍文献记载，福船多用松木、杉木，广船多用铁力木、乌婪木。中国国家博物馆在2005年把南海I号沉船木样，送去中国林业科学研究院木材工业研究所做鉴定，鉴定方法是把六块不同腐朽程度的木样，用碳蜡分别进行包埋处理，然后用切片机按15~20微米厚度，从横、径、弦三个方向切开，再经过脱蜡、染色、脱水、封片，制成永久光学切片；利用穿孔卡、计算机、显微照片、书籍文献等手段，对样本进行识别鉴定。最后得出的结论是：木样分别为硬木松和杉木。前者可能是马尾松，广泛分布在长江以南地区；后者在福建、广东沿海山地、雷州半岛、广西南部都很常见。

鉴定结论符合古籍关于福船多用松杉的记载，成为判断南海I号为福船的重要依据之一。但广船真的全是铁力木做的，没有用松木、杉木做的吗？当然不是。因为铁力木多生长于两广、云南地区，福建不多，所以福建造船少用，但这并不等于广船就全都用铁力木。铁力木虽然坚实却极沉重，做战船去撞击敌船是一流的，锐不可当，但成本不菲，造价比使用松木、杉木高出一倍，所以多用于制造战船，一般民用商船，不太负担得起全部用铁力木。南越国第五代君主赵建德尚且懂得派人到福建漳浦采巨木造船，宋代当然不会不懂，福建木材输入广东造船，古已有之，更何况广东本地也盛产松木、杉木。所以用木材区分广船、福船，并不严谨。

那么，广船与福船，到底有没有区别？事实上，两者在宋代的区别并不显著，那时甚至还没有"广船""福船"的概念。直到明代万历四十一年（1613），王在晋撰《海防纂要》时，才第一次提出这两个概念，把广船与福船分为不同的两大船型。时距南海I号沉没，已过去430年了。沙船是在更后来才被加入，出现所谓中国的三大船型；有人又把浙闽粤流行的鸟船加入，成为四大船型。

总而言之，两宋时广船与福船，同出一源，难分彼此，属于混合型的。20世纪80年代，一班在英国剑桥大学读书的学生，被元代马可·波罗送阔阔真公主出洋的故事深深打动，带着中国古帆船图样，跑到香港，请老船工帮助，用传统的造船方法建造了一艘仿古帆船，命名为"阔阔真公主"号，准备重航波斯，后来两伊战争爆发，计划被迫搁浅。几经辗转，这艘帆船被香港商人收购，2009年转赠给广州亚运会组委会。当年3月，阔阔真公主号仿古船从亚奥理事会总部所在国科威特扬帆启航，历时三个多月，途经十几个亚洲港口，7月9日抵达广州，完成了"重访海上丝绸之路"的漫漫航程，在广州白天鹅宾馆码头举行了归航仪式。

在当时的媒体宣传上，众口一词称这艘仿古船为福船。不过，建造这艘船的图样，只是一艘古帆船，并非真正的阔阔真公主号样式。宋末元初，广东、福建两地建造的海船，样式其实大同小异。旅行家伊本·白图泰记述了他目睹的中国海船："中国船只共分三类：大的称作艟克，复数是朱努克；中者为艚，小者为舸舸姆。大船有十帆，至少是三帆，帆系用藤篾编织，其状如席，常挂不落，顺风调帆，下锚时亦不落帆。每一大船役使千人，其中海员六百，战士四百，包括弓箭射手和持盾战士，以及发射石油弹战士，随从每一大船有小船三艘：半大者、三分之一大者、四分之一大者。此种巨船，只在中国的刺桐城建造，或在隋尼凯兰即隋尼隋尼（即广州，又译茶克兰）。建造的方式是，先建造两堵木墙，两墙之间用极大木料衔接。木料用巨钉钉牢，钉长为三腕尺。木墙建造完毕，于墙上制造船的底部，再将两墙推入海内继续施工。这种船的船桨大如桅杆，一桨旁聚集十至十五人，站着划船。船上造有甲板四层，内有房舱、官舱和商人舱。官舱内的住室附有厕所，并有门锁，旅客可携带妇女、女婢，闭门居住。有时旅客在官舱内，不知同舟者为何许人，直至抵达某地相见时为止。水手们则携带眷属子女，并在木槽内种植蔬菜、鲜姜。船总管活像一大长官，登岸时射手、黑奴手执刀枪前导，并有鼓号演奏。"

朝廷送公主出洋的船只，至少应该有这样的规模，才能彰显帝国威仪。因此，伊本·白图泰所描写的这种大船，可视作阔阔真公主号的船型。值得注意的是，他称在泉州、广州两地都建造相同的船，建造方式也基本相同。据此可以大胆悬测，真正的阔阔真公主号，应兼具广船与福船的特点，属于混合型的海船。

南海I号究竟是哪里造的，可以有多种可能，延伸出多种解释，需要寻找更多证据，有待后人续考，就像沉船上的那些酱釉四系罐，最初判断为磁灶窑产品，后来因为新证据的发现，便颠覆了原有的结论。在历史的长河里，探索永无止境，发现也永无止境，一切皆有可能。

问君何处来

人们站在水晶宫平台上，俯瞰着南海1号残缺不全的船体，光线从南面巨大的玻璃墙体透射进来，外面的风在猛烈刮着，银滩上几株棕榈树被吹得摇摇摆摆，海浪层层扑来，又层层退去，渲染着梦幻的色彩。沉船安静地躺在密密麻麻的支架下，一动不动，像一条精疲力竭的年迈鲸鱼，搁浅在泥淖里轻轻喘息，知道自己已不复年轻，难再冲浪，却心有不甘，眼睛仍盯着外面，遥望阳光灿烂的海洋，只要稍微缓过气来，恢复一点体力，它相信自己还有机会，可以游出水晶宫，再次投入波涛。

但这艘沉船历尽沧桑，它再也游不动了。谁也不知道它有过怎样可怕的经历，它曾目睹过什么，它还记得什么。水晶宫内外，每天人来人往，在它周围徘徊、观望、思索、提问，"它从哪里来？""它要到哪里去？""它为什么在这里？"人们欢快地交谈，然后一一离去。它却沉默不语。直到天色暗淡下来，博物馆里空空如也，游客都走光了，只有远处的夜涛，无休止地发出沉雄悲壮的低吼，像协奏曲一样扣人心弦。这首乐曲只为水晶宫里的沉船而奏，仿佛一头鲸鱼向另一头鲸鱼发出的信号。但它还是沉默不语。第二天，太阳升起，黑暗退去，光线再次从巨大的玻璃幕墙透射进来。水晶宫又是人来人往，洋溢着喻喻的人声，一批新游客来了，大家继续围着沉船徘徊、观望、思索、提问，欢快地交谈。它依然沉默不语。

围绕着南海I号，有不少疑团，一直在人们心头盘旋：它是什么时间、从哪里出发、要到哪里去？它遇见了什么？为什么沉没？这些疑问，有的也许永远无法破解，有的却可以在发掘与研究过程中，找到更接近真相的线索。

首先是南海I号的出发时间。考古人员曾在船上发现一只二龙戏珠金手镯，于是有人提出，这是皇家之物，平民百姓谁敢佩戴龙纹金饰？那是犯僭越之罪的。由此推测船上可能有皇室人员。皇室人员怎会出现在广东海域？再推演下去，自然联想到南宋恭帝德祐二年（1276）临安被元军攻陷，宋室南逃广东了。结果一部海上丝路史，演变成了一部王朝兴亡的演义小说。然而，人们只需提问：皇帝南逃，怎么还带着满满一船民用瓷器？这个大胆假设，便像泡沫一样破碎了。

所谓"崖山海战"之说，虽然不堪一驳，但船上的金叶子、银铤及瓷器，却为人们提供了最初的时间证据。考古人员从这些物品推测出，沉船应属南宋中晚期。但大家期待在船上找到年份确切的物品，为沉船的生命线，定下一个时间坐标点。

2002年，这样的物品出现了。在初步发掘中，发现了一枚南宋绍兴元宝。这是在当年的试发掘中，发现年代最晚的铜钱。绍兴是南宋高宗赵构的年号，绍兴元年即1131年。这让考古人员备感振奋，第一个时间点有了：南海I号的出发时间，不会早于1131年。

乾道元宝铜钱

　　光阴荏苒，一晃又是10年，截至2014年，从沉船已出水数以万计的铜钱，其中有一枚南宋乾道元宝，被考古人员从浩如烟海的铜钱中找了出来。它和其他铜钱一样，长满铜锈、表面坑坑洼洼，篆书钱文，直径2.7厘米，孔径0.7厘米，看似无甚特别，但它却把南海I号的时间线，往后推移了一步。乾道元年即1165年。这是一个新的时间点：南海I号的出航时间，至少不会早于1165年。

　　然而，更准确的时间，还有待更多证据的出现。随着南海I号被送入水晶宫，全面发掘的开始，陆续有更多时间证据，从泥淖中慢慢浮现。这时，一枚淳熙元宝进入了人们视线。淳熙也是赵昚的年号，改元时间是1174年，这就把时间线再次往后推进，精确至不早于1174年了。

　　国家文物局水下文化遗产保护中心等机构在2005年发布的第一份沉船考古报告中写道："沉船出水遗物中，瓷器数量最多，主要有江西景德镇窑青白瓷、浙江龙泉窑青瓷、福建德化青白瓷和白瓷、闽清义窑青白瓷和青瓷、晋江磁灶窑酱黑釉瓷和绿釉瓷等不同窑口，多为日常生活用器，如碗、盏、盘、碟、罐、瓶、壶等。不少器物的底部还有墨书题记，如'郑知客''李大用'等。经研究，瓷器年代为南宋时期，与沉船中其他遗物年代相一致。这些瓷器因为在烧制好后随即作为销售商品被运送到船上，故此完全看不到使用的痕迹，同时因为沉船在较短时间内就被完全掩埋，隔绝了器物本身与海水的接触与冲刷，所以这些瓷器大多数极为完整，而且釉面光亮如新。但也可看出，这些瓷器中有明显的质量高、低之别，应是为了满足不同层次的消费者。"

　　结论是比较模糊、谨慎的，只说是南宋时期，没给出更确切的时间。也许因为考古人员预感到还会有新发现。这种预感是对的。秋月春风，寒来暑往，水晶宫外的海潮，依时涨落，象征着时间在不间断地、步伐坚定地、自顾自地行进着。水晶宫里的考古发掘工作，也在按部就班、有条不紊地推进着。从瓷器发掘方面不断传来好消息：更多款识在瓷器上出现了，如"张公""邱宅号""梁宅"以及"乾道直□"等。人们的预感愈来愈强烈，似乎很快就会有惊人发现。

终于，最具决定性的证据出场了。考古人员在一件德化窑青白釉印花双系罐上，看到有"郑尽金记直癸卯岁次"墨书。还有一件酱釉罐则有"淳熙十年"纪年款。时间点再次往后推移了！真是来之不易，每个人都很兴奋，心情欢快得像风中飞舞的旗帜。后来考古人员还根据这个墨书，一直追寻到福建德化三官村，把郑尽金的后人找出来了，就是一个祖祖辈辈经营陶瓷的家庭。

在货物上留下货主姓名、工匠姓名，都可以理解，但古人为什么要写下纪年？他要提醒自己什么？是为了记录产品完成的时间，还是装船的时间？还是特意为后人留下时间的线索？历史如此不可思议，尽管看似千回百转，深不可测，但它总有自己的办法，在不经意处打开缝隙，让人感觉豁然开朗。

南宋淳熙十年（1183）就是癸卯年。虽然从1183年至1279年南宋覆亡，中间还有一个癸卯年，即南宋淳祐三年（1243），但沉船上并未发现淳熙癸卯年以后的铜钱和物品。直到发掘结束，在十几万件文物中可确认的，南宋淳熙十年（1183）是一个最晚的时间点了。因此，南海Ⅰ号的出发与沉船时间，便精确地落在了这一年。

有人可能会提出疑问：这些瓷器当年烧好，当年装船，当年出发，当年沉没，会不会太具戏剧性了？即使船上发现了淳熙十年（1183）的瓷器，也不能证明就是这一年沉没的，也可能是第二年、第三年。这种可能性当然不是没有，但既然没有其他证据，就只能以现有证据来判定。考虑到远洋的海船都是在秋冬季出发，它有大半年时间装船，时间是足够的。至于它是不是真的在淳熙十年（1183）沉没，只能说可能性极大，从现有的证据看，至少它是最接近正确的时间点。

接下来的问题是：它从哪里出发？

一些考古专家根据船载货物推断，大量瓷器都是福建、浙江、江西等地窑口的，始发港可能是在泉州港及其以北沿海地区。2015年第二份沉船考古报告中写道："'南海Ⅰ号'沉船位于广东省台山、阳江交界海域。台山在春秋战国时期属瓯越地，汉时属南海郡，至晋改新会郡，宋属广南东路广州新会县；阳江最早属秦南海郡，汉武帝元鼎六年（前111）属合浦郡高凉县，为粤西地区最古的县治，唐太宗贞观二十三年（649）从高州分出建为恩州，属广州都督府管辖，自贞观年间建恩州起至洪武元年（1368）撤除恩州建制，阳江单独设县，其间720年均属恩州辖制。目前尚未有发现'南海Ⅰ号'沉船在两地停靠的直接证据，最大的可能是从我国东南沿海港口启航前往东南亚、西亚途中因为自然、人为等尚不知晓的原因而罹难沉没的。"

报告留有余地，没有具体指明"东南沿海港口"是指哪个港口，是泉州？福州？还是宁波？这都是有可能的，但都没有确证。报告也只说没有发现南海Ⅰ号在台山、阳江停靠过，却没有说是否在广州停靠过。凡此种种，都是有待破解的疑团。

宋元丰三年（1080）实行的"广州市舶条"规定，中国商船前往"南蕃诸国"，只能从广州出发，也只能返航广州。有研究者据此提出，南海 I 号应该是从广州出发。不过，揆诸史实，所谓"广州市舶条"因其极端不合理，只推行几年就废止了。所以广州是南宋海上丝路唯一出发港与回泊港的说法，难以成立。在南宋大部分时间里，市舶司仅要求商船的出发与归航在同一个港口，并无指定非哪个港口不可。

有一个流行观点认为，南宋迁都临安，泉州距离临安较广州近，泉州纲运临安"限三月程"，广州纲运临安"限六月程"，可证泉州运货到临安的时间，比广州要缩短一半，费用自然也会节省不少，所以泉州在南宋已取代广州，成为海上丝路的第一大港。

此说表面上看似有道理，可以主张，然事实上，即使在北宋时，从泉州去开封，船行沿海至杭州，走京杭大运河、通洛渠即可达汴梁，路途亦不比广州遥远；从广州去开封，沿北江或走陆路，经韶州再沿浈水至南雄，陆运越梅关，沿章江达赣州，又沿赣江，越鄱阳湖而达长江，下行至江南之地，再沿大运河北上汴梁。两者相较，孰易孰难？当不难得出结论。那么，为何北宋时广州的海贸地位比泉州要高呢？

这里有一不可忽略的因素，即蕃舶到中国，货物并非全部运入京城，而是只有一半甚至更少部分要入京，余下大量则在本地出售。《宋会要》里有不少因"外帑香货充斥，积压陈腐，几为无用之物"，由市舶司就地变卖的记载。比如南宋绍兴元年（1131）广南东路市舶司便上言朝廷："契勘大食人使蒲亚里进贡大象牙二百九株，大犀三十五株，见收管广州市舶库。象牙各系五十七斤以上，依例每斤估钱二贯六佰文，约用本钱五万余贯。数目稍多，难以转变，乞起发一半，将一半就便搭息出卖给还。"朝廷同意拣选大象牙一百株、犀二十五株起发赴行在，其他都在广州出售。还有一些舶来货在临安因民间不习惯使用而滞销，也不必运到临安。绍兴八年（1138）有臣僚上言：从广南东路进口的香药物货，"尚有民间使用稀少等名色，若行起发，窃虑枉费脚乘及亏损官钱"，朝廷诏令市舶司，凡临安府民间使用稀少物货，更不起发本色，"一面变转价钱，赴行在库务送纳"。

因此，与临安的距离，并不是蕃舶选择港口的唯一考虑条件，还要顾及当地市场消化货物的能力，以及到中国的航线长短等。从太平洋来的船只，可能会选择泉州为第一港，但从印度洋来的船只，则大多会选择广州为第一港，因为省下了从广州到泉州这段航程。当时中国最主要的贸易国，大多集中在印度洋的孟加拉湾和阿拉伯海沿岸，走印度洋的居多。如果从港口城市运往临安的运费，与他们无关，他们为何要舍近求远呢？

还有研究者认为，南海1号上有数以十万计的瓷器，如此巨量的货物，只能集中在同一个地方采购，不会东进一点货，西进一点货。宋代初年，广州是全国各地瓷器集散地，因而古船最有可能是从广州始发。2022年对奇石窑和文头岭窑的考古成果，也证实沉船上的酱釉四系罐来自佛山，这就更证明始发港是广州了。但也有人提出异议：南海1号只是停靠过广州装货而已，始发港应该还是泉州，因为大部分福建窑场的瓷器，都是在福建装船，经过广州时，再补了一些佛山窑场的货，也许还包括一些广东铁器。有没有这种可能？当然有的。这是否意味着泉州是始发港？却又未必。

要破解始发港谜团，首先要对"始发港"做一个定义。所谓始发港，并非指这艘船最初出发的港口，而是指最后发给出海凭证的港口。有研究者根据南海I号的船货有临安的金叶子、银锭，有湖州的铜镜，有江西景德镇的瓷器，从而推断它曾停靠过这些地方的港口。这种推论没有把运输成本考虑在内，所以可能性不大，但它在福州、泉州、漳州、潮州、汕头这些闽粤沿海港口停靠过，却并非全无可能。那么哪个才是它的始发港呢？

按宋代规定，凡到外国的海船，必须由商人向所在州申领一份许可证，列明船货的种类、数量，要去哪里，还要本地三位富裕人家担保，由"所在州"验实后，牒送"发舶州"，也就是始发港的市舶司，验明货物，发给凭证，才能出航。不仅如此，发舶州所在地的转运司还要派两名官员上船，查验有无夹带违禁物品，其中一名官员要待在船上，直到这艘船真正放洋前才离开，以防商人半途搞鬼。

这就是说，这艘船的第一站（所在州）是哪里，在哪里停靠过，都不重要，重要的是出海凭证是哪个发舶州发的。那么，南海I号的出海凭证是由哪个市舶司发出的？无非是福建路（泉州）或广南东路（广州）其中之一。如果是泉州发的，福建路转运司就要派官员在泉州上船，一直陪着南海I号到广州装完货，再到涠洲才下船，即《宋会要》里说的："候其船放洋方得回归。"这似乎不太合理。

宋代经济活动十分兴旺，近海航运成为重要的水路交通。从闽粤地区运往临安的货物，只要能走海路，基本就不走陆路了。广州、惠州、潮州与汀州、泉州、福州之间的客货船运，一年四季，川流不息。即使南海I号的大部分瓷器是在泉州装船的，但它还要到广州装货，那么从泉州至广州这段，属于国内航线，并不需要领凭证。因为还要在广州装货，福建路转运司无法验货，市舶司也不太可能发给凭证。如此就只能是广州的市舶司发凭证，由广南东路转运司负责在船只放洋前全程监督。

　　不过，这艘船上有太多违禁品了，会不会是一艘走私船，根本没有领到市舶司发的出海凭证？第二份沉船考古报告中便写道："既携带了违禁的铜，又携带了可造兵器之物，本船可想而知，是无券的（即无出海凭证）。本船的'纲首'把如此成规模的兵器坯件贩运出境，想必是费尽了周折。"

　　如此规模的远洋海船，满载走私货物，从泉州出发，沿海岸行驶，经过多个港口，到广州装货再出发，一路畅通无阻，似乎也是不太可能之事。根据货物在船上的分布，比较合乎情理的推想是：南海I号先在泉州装上合法的瓷器，留一两个空舱位（船中部的第9舱、10舱），到广州再装一批广东罐等合法货物，走私货物也在这时运上船。即船货既有合法的，也有非法的。不排除他们买通了市舶司或转运司官员，这种情况在宋代并不鲜见。《宋史》中有记载："三路舶司岁入固不少，金银铜铁，海舶飞运，所失良多，而铜钱之泄尤甚。法禁虽严，奸巧愈密，商人贪利而贸迁，黠吏受赇而纵释，其弊卒不可禁。"根据《宋史》所载，至少到南海沉船前八年的淳熙二年（1175），这种情况仍未见明显改善。

　　当然，这亦只是诸多悬想中的一种。既无从证明南海I号的货是否在泉州装船，它在广州停留了多长时间，装了多少货，也无从证明它的出海凭证，是由哪个市舶司发的，或者它到底有没有出海凭证，因此，只能像推断它的出海时间一样，依据现有证据，判断它最后从哪个市舶司管理的港口出发。那么，无疑是在广州。

南海I号的目的地是哪里？

也许这是比始发港、沉船时间更难解开的谜团。因为宋代与海外的贸易航线，已愈来愈多，遍及东南亚、西亚、南亚、中东，乃至欧洲。诚如《岭外代答》所载："西南海上诸国，不可胜计，其大略亦可考。姑以交趾定其方隅：直交趾之南，则占城、真腊、佛罗安（在今马来半岛）也；交趾之西北，则大理、黑水、吐蕃也。于是西有大海隔之，是海也，名曰细兰。细兰海中有一大洲，名细兰国（今斯里兰卡）。渡之而西，复有诸国。其南为故临国（在今印度西南沿岸），其北为大秦国、王舍城（在今印度）、天竺国。又其西有海，曰东大食海（今印度洋），渡之而西，则大食诸国也。大食之地甚广，其国甚多，不可悉载。又其西有海，名西大食海（大西洋、地中海），渡之而西，则木兰皮诸国（在今西非洲），凡千余。更西则日之所人，不得而闻也。"

公元12世纪、13世纪，中国的商品，无论是丝绸、瓷器、漆器，还是铜器、铁器，在全世界都是畅销货，只要云樯可至，中国货就可。仅从南海I号的船货，很难判断南海I号的去向，它有可能去斯里兰卡，有可能去苏门答腊，也有可能是去印度、菲律宾，或者阿拉伯。1987年第一次从沉船捞出金链子时，就有考古人员推断它的目的地，有可能是东南亚、西亚地区。

但这种猜想始终没有得到最可靠的证据。还有各种各样的可能性，比如这些金首饰、蛇骨头是船上搭便船的乘客的，他准备在西亚某个港口下船，并不随船到最终目的地；又或者这种风格的金器金饰，不止东南亚或西亚有，其他地方也有；又比如船上广东罐里的酒，如果是商品，那么准备卖到什么地方？沿途有哪些地区宗教是禁止饮酒、贩酒的？这些都要考虑在内。

有一分证据说一分话，证据走到哪里，就跟到那里，抽丝剥茧，以慎为键。古诗云"山重水复疑无路，柳暗花明又一村""尽日寻春不见春，芒鞋踏遍陇头云"，待到蓦然回首时，却是"春在枝头已十分"。这就是探索的乐趣所在。这种意外惊喜，在考证船上有无运载丝绸、从酱釉四系罐推论南海I号的始发港、以铜钱年份和瓷器墨书考证出航时间等一系列事情上，已屡屡出现，说不定未来某日会有新证据的发现，尚待善学者考辨。

海上生死劫

沉船上虽然有万千宝货，价值连城，但最让人牵肠挂肚的，还是船上人的命运：他们逃生了吗？当人们想象南海1号遇难过程时，脑海里会不断闪回着巨浪滔天的场面，耳畔总是回响着人们惊慌的呼叫声。至今仍无法判定，南海1号究竟遇上了什么，令它如此迅速、完整地沉没。也许这会成为一个千古不解之谜。但人们还是忍不住去猜度、想象、追寻，在脑子里一遍遍重构沉船发生那一刻的画面。因为船上有我们的同类，对他们的喜怒哀乐，我们会感同身受。

这是一个沉重而难以回避的问题：南海1号因何沉没？人们也许会马上想到"触礁"二字。在无数描写海洋的文学作品里，触礁是最常见的海难原因之一。南海1号会不会也是这个原因沉没？从小在阳江长大，对这一带海域十分熟悉的冯峥，以否定语气说："海上沉船最大的概率是触礁和台风。帆岛海域没有暗礁，可以排除触礁。"魏峻在2007年也对媒体表示，这艘船沉没的原因，还缺少确切证据。在这个海域附近没有礁石，船体也没有发生大规模断裂，不大可能是因触礁而沉没。

第一份沉船考古报告对沉船状态的描述是："船体未见倾覆，基本平卧于海底上，右舷略侧倾，船艏略下沉。"这也许是沉船在被考古发掘扰动前，最接近初始的自然形态了。对沉船的原因，报告写道："南海1号沉船所在海域，除较远处有巨大的礁石大帆石、小帆石外，基本上没有其他的岛礁或暗礁，沉船原因大体可以排除是航行中的触礁事故。沉船很可能是因为在航行中遭遇风浪而造成，由于当时满载货物，因此在沉没过程中保持着相对正沉的姿态。当沉船沉入海床表面之后，在一段时间内慢慢地沉陷到海床的淤泥中。当这个沉降过程到达一个比较稳定的阶段，应该就是船舭部位与海床处于同一个平面时，继续下沉的状态基本停止。"

无论是阳江当地人，还是考古人员，几乎异口同声排除了触礁的可能性。那么，第二个能够想到的原因，就是遇上风暴了。海上风云变幻，台风是所有船只最危险的天敌。在第一份报告中，已提出了"在航行中遭遇风浪"的可能性。人们期待在第二份沉船考古报告中，会有更明确的答案，但第二份报告似乎没有新进展，反而比第一份更加含糊，只说是"因为自然、人为等尚不知晓的原因而罹难沉没的"。视角拓得更大了，从原来的自然原因猜想，扩展到人为原因。

究竟是什么人为原因？可能性太多了，船只失修、帆破船漏、操作失误、货物超载、遭遇海盗，都可能导致沉船发生。最初探测到沉船状态时，就有人提出，如果是遇风浪而沉没，船身应该是倾侧的，但南海1号却是平稳地落在海底，这说明它不是被风浪打翻的。而这个推论本身有漏洞，广东省文物考古研究院原副院长崔勇指出，南海1号正沉的姿态并不能反映风浪情况。"沉船沉没过程是一个非常复杂的水动力学过程，即便是在水面受气流的影响发生侧翻，但沉船完全没入水后就是另一个环境，沉没过程不受气流或水流的影响，只会受到从水面到海底过程中浮力、重力和下沉阻力的影响，会有一个自我修正的过程。况且桅杆是带帆的，没水后不可能同步下沉，更不可能倒扣，只要达到一定深度，正沉是最常见的状态。"洋流也是影响沉船姿态的一个因素，"沉船在水底会阻碍洋流前进，因洋流的流量是恒定的，受到阻碍就会局部改变流速，水流会绕着船两侧加速流过，形成局部的冲刷效应，时间长了就会在洋流的向流面形成淘蚀坑，而这片海域是半日潮，每天都有相反的几次洋流冲刷着船的两侧，当淘蚀坑达到一定深度时，沉船就会坐落至坑底，坐落后洋流受到的阻力就会减少，淘蚀效应也会越来越弱直至消失，才会出现沉船现在这种正沉甚至被掩埋的现象。"

也有人认为南海 I 号沉没是由于超载。对于超载，有考古专家表示怀疑。船上火长应该具有丰富的行船经验，对载货量多少到极限，心中有数，不会任凭商人装货至超载而不管。即使真的超载，船一离港就应该觉察了，不至于到了前不着村，后不着店的地方，让船爆裂沉没。这艘船的设计，有十几个水密隔舱，船体也为多重板构造，即使某个舱漏水，也不至于危及全船。马可·波罗在游记中，曾详细描述水密隔舱的设计与功用："若干最大船舶有内舱到十三所，互以厚板隔之，其用在防海险，如船体触礁或触饿鲸而海水渗入之事。其事常见，盖夜行破浪之时，附近之鲸见水起白沫，以为有食可取，奋起触船，常将船身某处破裂也。至是水由破处浸入，流入船舱，水手发现船身破处，立将浸水舱中货物徙于邻舱，盖诸舱之壁嵌隔甚坚，水不能透，然后修理破处，复将徙出货物运回舱中。"这与南海I号的设计相符。

　　远洋大海船与运载红砖的沿海小船，不可同日而语。身为考古专家的张威曾对媒体说，如果南海I号是超载沉没的，那它为什么会离岸那么远才沉没呢？这很难解释。南海I号沉没的地理位置，水流规律十分不稳定，容易发生海难，这也许才是最有可能的原因之一。

　　自然因素与人为因素兼而有之、共同作用的说法，在考古界亦有之。崔勇就说过，有可能是不安全的摆放货物方法，不幸又遇上大风浪，造成沉船悲剧。他的关注点没有落在船漏问题上，而是落在船货装载方式上。

　　按照常理推想，为了船的稳定性，装船时肯定把铁器装在下层压舱。"但事实上，"崔勇对媒体介绍时说，"现在发现的所有宋元时期的沉船，也包括一些明代清初的船，只要是铁器和瓷器混装，全是铁器在上面。"为什么呢？因为上轻下重的装载，类似不倒翁，轻轻碰一下就会晃，但不会翻。结果是船的稳定性越好，越容易摇晃。为了防止因船身摇晃而碰碎瓷器，就把铁器放在上面，使船晃得没那么厉害。南海I号上有130多吨铁器，瓷器17万件（套），另外还有几万枚铜钱，以及金银、漆器、朱砂和丝绸等。"它是宋元时期典型的大商船，完整长度应该有30至35米，装了三四百吨的货物。"崔勇推测，南海I号沉没的原因，有可能是遇到了强烈的季风，加上合理但不安全的装载方式，导致沉没。

　　遭遇风暴沉没的说法，又再次回到了人们的讨论范围。也许这是我们最不愿意接受的原因。因为海上风暴是船家最可怕的噩梦，经历剧烈的生死搏斗，却没有逃生的机会。这是一种怎样绝望的感觉，细细一想，也会不寒而栗。

关于南海1号沉没原因，这么多年来的探寻，众说纷纭，并未随着发掘工作的结束而结束，注定还要继续下去的。尽管对于沉船上的人来说，也许已不再重要，无论故事如何叙述，结局都是一样的，但对于后人来说，却大不一样。每一次生命的历程，都是独一无二的、真实的，不仅要有一个开头，也要有一个结尾，才算完整而无憾。

正因为如此，当《光明日报》2007年12月那篇文章向人们提出"船上人员是否逃生"的疑问时，让人格外揪心。文章写道：从1987年发现南海1号到该船整体打捞出水的整整20年时间里，打捞人员多次下水探摸，却一直没有发现船员骸骨。这是否意味着船员已经成功逃生了呢？考古专家表示，南海1号是一艘木船，与钢结构船不同，它的沉没速度会比较缓慢；而且整船长约30.5米，宽9.8米，船身并不算庞大，门窗不高。沉船事故发生时，船上人员想要逃离船只并不难，所以很有可能南海1号沉没后只有货，没有人。至于船上人员逃离后，最终能否脱险，则要看运气和当时沉船遭遇的海况了。解谜的钥匙之一，在于看船内有没有人的遗骸，不过就算没有发现人的遗骸，也不能证明船员顺利逃生了。

我们当然更希望船上人都已逃生了，为这幕沉船悲剧的结局，添一丝让人欣慰的亮色。不然，南海1号上至少有几十号人，没一个活下来，也太过悲惨了。冯峥认为，船上人应该已顺利逃生。理由是：船是超载沉没的，海上并无大风浪，逃生是有可能的。他说："船行到帆岛附近，吸透海水的货物，超过了船的负载量，于是，就慢慢地沉了下去。因为是慢慢地沉，所以船上的人还来得及逃生。"

　　但愿如此。只不过还没有足够证据支持这种说法。只要设身处地想想，都会明白，船上不太可能还有人的遗骸，因为船如果是被风浪打沉，船上人都会被巨浪卷走；如果没有风浪而沉没，他们也肯定弃船而逃了。怎么也不会有人还待在船舱（楼）里不走，和船一起沉到海底，除非他被困住了动弹不得。

　　然而，上天的安排，往往出人意表。只要发生过的，就一定会留下痕迹，只不过有时以这样的形式，有时以那样的形式出现，有时是豁然开朗的明示，有时可能是隐晦曲折的暗示，需要细细琢磨，认真思量。但历史不会留下空白。

　　现在最不可思议、最震撼人心的事情出现了：在南海I号上，发现了人的骨骼！

　　这是一具完整的人类的下颌骨，一枚完整的胸椎，一枚完整的指骨，十枚肋骨残片和一枚完整的臼齿。从形态上看，下颌十分粗壮，咬肌发达，上面还留着两枚牙齿，应该是一名壮年期的男性。胸椎是在靠近腰椎的位置，可能是第11、12节胸椎，椎体发达，骨密度较大，显示肌肉发达，估计是一名20岁上下的年轻男性。指骨的骨密度也表明是一名男性青壮年。

　　对于这项重大发现，调查报告十分谨慎地写道："骨骼保存较差，且数量较少，可获得的有效信息较少，但我们仍然能够从以上初步鉴定得到一些认识，在可判断性别年龄的骨骼中，皆为青壮年男性，较为符合船员的身份。还有部分肋骨碎片无法判断性别，但是都属于成年个体的骨骼。没有发现明显的儿童和老年个体骨骼，也没有发现明显的女性个体骨骼，这也与船员的成分比较一致。但是根据这些零碎骨骼，缺少形态学研究的基础材料，我们无法判断这些骨骼是当时'南海I号'船员的骨骼，还是后来在附近死亡个体漂流到'南海I号'的。"

在南海I号上发现的人类遗骨，散落在沉船不同位置，并非在同一个地方集中发现。经过碳-14检测，大致可以判断，这些遗骸是来自983年—1270年间，与沉船发生年代相符。在一个装着腌制梅的罐里，还发现了两根人的头发，也是非常重要的佐证，在完成检测后，将会发现更多船上人的生活细节，包括他们的饮食、健康等信息。

沉船海域没有岛礁，离海岸也有一段距离，如果说这是来路不明的尸体，在茫茫大海上随波逐流，碰巧漂到南海I号沉船上头，又碰巧停了下来，这种概率能有多大呢？虽然不能绝对排除可能性，但既然没有其他证据，就只能说，在沉船上发现的骨骸，最大可能就是沉船上的人。

联合国教科文组织在2001年11月通过了《水下文化遗产保护公约》，这是在世界范围内首个关于保护水下文化遗产的国际性公约。公约明确要求："缔约国应确保对海域中发现的所有人的遗骸给予恰当的尊重。"正是出于对逝者的尊重，南海I号沉船考古报告不会对遗骸做过多描述，也不会轻易做出何种推测。

但我们内心却深深缅怀他们。尽管不知道他们是谁，从何而来，因何而去，但我们知道，在这片大海、土地和苍天之间，站立着我们，也曾站立着他们。当我们走出水晶宫南门，遥望远方时，仿佛还能见到他们的身影，如同海市蜃楼般，在波涛与雾岚间，隐隐浮现。有人摇着船桨，有人扯着利篷，有人站在船楼高处眺望，有人在甲板上走来走去，他们在笑，在放声大笑。这些无视死亡的男子汉们。阳光与空气都在这里，照亮了天空与大海，照亮了他们的世界，还有一艘毫光四射的漂亮大船。我们不禁泪眼模糊了。

　　不管骨骸主人的身份是什么，不管是船员、商人，还是渔民，也不管漂流了多久，他，或者他们，总算回来了。让我们燃一炷引路香，带他们踏上归家路吧。

希望在民间

南海I号像一颗陨落的流星。它没能到达目的地，没能看到彼岸的风景。它在大海的怀中沉睡了800多年。大海却从不入睡，海浪不分季节、不分昼夜地翻腾咆哮，时间就这样随着波浪，滚滚而来，又滚滚而去，从来不为谁有一息之停。沉舟侧畔千帆过。一艘船消失了，无数船正破浪而来。

南宋以后，中国人已逐渐懂得用海洋来划分世界地理。宋代周去非的《岭外代答》，把海外世界分南大洋海、东大洋海、西南海、东大食海、西大食海五部。而"东洋""西洋"概念，在南海I号沉没140多年后也出现了，并被后人一直沿用。在时人认知中，以婆罗洲为界，东面称东洋，西面称西洋；亦有以苏门答腊为东西洋的分界。事实上，随着中华文明走向西方的脚步，人们的眼界日益开阔，东西概念所指的范围，也在不断变化。

元代中国流向西方的物品，包括属于纺织品的丝绸、绢帛、锦绫、布匹；属于陶瓷的青白花碗、瓷盘、水坛、大瓮壶、瓶；属于金属器皿的金、银器、钱币、铁器；属于生活用品的木箱、皮箱、漆器、雨伞、帘子；属于文具的书籍、纸笔、乐器，等等。汪大渊所著的《岛夷志略》一书，忠实记录了当时中国的青缎、红色烧珠、苏杭色缎、青白花器、瓷瓶等物，通过印度与欧洲人交易的情节。

元代陈大震编撰的《南海志》，对广州外贸的繁盛，做了这样的描述："山海为天地宝藏，珍货从出，有中国之所无。风化既通，梯航交集，以此之有易彼之无，古人贸通之良法也。广为蕃舶凑集之所，宝货丛聚，实为外府。"陈大震是番禺人，出生于南宋绍定元年（1228），时南海I号已沉没45年；该书完成于元大德八年（1304），时南宋灭亡26年，昨日繁华，记忆犹新。书中所描写的，当为他在宋元之交亲睹的景象。

元代在社会、经济、文化各方面，均远不及宋代，并先后四次禁商下海，在泉州设立市舶司，企图由官府和少数权豪垄断海外贸易。泉州的商业地位迅速提升，成为中外交流的枢纽。由朝廷垄断海外贸易，是一条已被前朝证明走不通的路，现在再走，还是不通。在朝廷控制较弱的岭南，海外贸易始终由民间商人支撑。尽管由于南宋亡于岭南，抗元的斗争，此起彼伏，海路时断时续，但最终仍可达到宋时的外贸规模，实在是一个奇迹。

元代的驿路，贯通欧亚。元至元十四年（1277），元世祖下令泉州设市舶司，对舶货实行低税政策，促进了贸易的增长，泉州成为全国最大的海贸中心，元代庄弥邵在《罗城外壕记》中称："泉本海隅偏藩，世祖皇帝混一匡宇，梯航万国，此其都会，殆为东南巨镇。"

元至正九年（1349）的《岛夷志略》记载，当时到泉州贸易的国家和地区，多达100多个，较南宋宝庆元年（1225）的《诸蕃志》所载，近乎翻番。外商得到很好的接待，《元史》说："于是四方往来之使，止则有馆舍，顿则有供帐，饿渴则有饮食，而梯航毕达，海宇会同，元之天下，视前代所以为极盛。"泉州的海外贸易，以官本为主，朝廷企图垄断主要的海贸收入，但管理却鞭长莫及，明弘治朝修的《兴化府志》记载："元政宽纵，听民与番互市，故海岛居民多货番。"近年在福建平潭大练岛、福建漳州漳浦县圣杯屿、福建龙海隆教畲族乡东南海域半洋礁，都发现了元代的沉船，出水了大量元代瓷器。

景德镇是一个创造奇迹的地方。在宋代只用三四年时间，便打响了"景德"这个招牌；而在元代，它又创造了一件石破天惊的大事：烧出了世界上第一只青花瓷。

坊间有一个众口相传的故事。在元代的景德镇，一位叫赵小宝的瓷工，苦于用刀具在瓷坯上刻花，费时低效，一直想找到一种颜料，可以像画家作画一样，用笔直接把图案描绘于瓷坯之上。他的未婚妻廖青花下决心帮他实现梦想，便跋山涉水去寻找这种颜料，终于让她找到了一种料石，但她却冻死在回家的路上。赵小宝悲痛欲绝，把未婚妻找到的石料磨成粉，调制成一种孔雀蓝颜料，描画在珍珠般的素胎上，烧成莹净柔美的蓝色花纹。为了纪念这位死去的女子，从此人们就把这种白底蓝花的瓷器，叫作"青花"。

不少的元青花设计，都带有伊斯兰风格，说明当时的青花瓷，很多是为出口伊斯兰世界而制作的。如今存世的元青花，半数以上散落在国外，尤以土耳其、伊朗等国家所收藏的青花瓷为稀世珍品。几乎所有具有典型伊斯兰风格的元青花大盘，都收藏在伊斯兰国家的博物馆里。元青花自从被人们认识以后，受到热烈追捧。

2006年，元青花大罐《鬼谷子下山》，在英国伦敦的拍卖市场上，创出2.3亿元人民币的成交价，刷新了当时中国艺术品在世界的最高拍卖价纪录。

据研究文献所载，早在唐宋时就有青花瓷了，但无论是唐青花，还是宋青花，与元青花相比，都只能算是粗糙简单的雏形，不是真正意义上的青花瓷。直到元代，景德镇湖田窑采用了瓷石加高岭土的二元配方，才把青花瓷的工艺推到了一个崭新的境界。青花瓷对西方世界的巨大影响，在其后几个世纪里，历史将一一记载。

元末天下又复大乱，群雄并起，江山历劫，最后朱元璋大明立国，天下归一。但海贼倭寇猖獗，海疆不靖，朱元璋罢泉州、明州、广州三市舶司，盛极一时的海上丝路，遂告萎绝，中国与欧洲的联系，亦顿然中断。朝廷实行极其严厉的海禁，凡擅自造两桅以上船只，或带违禁货物前往海外互市、贩卖番货者，一律等同谋反，为首者枭首示众，全家发边卫充军。《大明律》规定："不问官员军民之家，但系番货番香等物，不许存留贩卖，其见有者，限三个月销尽，三个月外仍前存留贩卖者，处以重罪。"民间一切正常海市，都在禁绝之列。直到明永乐元年（1403）才恢复三州市舶司，掌管对外贸易，但同时又颁布一项愚蠢规定：所有民船一律改为平头船，使之不能航行远洋。

唯一可以存在的海外贸易，只有朝贡贸易，但亦有严格限制，官府设立牙行，由有抵业的富商充当，代理市舶司管理番舶贸易；海商必须领取"引票"（执照），方能出海贸易。交易全由牙行经纪，形成了掌握外贸垄断权的"三十六行"。在明朝的官方文件中，常见"奸商棍揽""市舶豪棍""商棍"一类贬称，指的就是从事外贸的三十六行商人。这些备受歧视的行商，便是清代影响世界百年的十三行前身。无论朝廷把篱笆筑得多么严密，却挡不住民间与海外的私下交易，商人们总有办法弄到引票，取得合法身份，然后造船出海，即使没有合法身份，非法出海，也是风雨无阻。

不过，大明并不是一个完全封闭的朝代，多少还表现出与世界交往的愿望。据《明史》记载，有欧洲商人捏古伦（据史家推测，这是英文名字Nicholas的译音）因战乱滞留中国，无法返回家乡。朱元璋得知后，让官员想办法把他送走，并写了一封诏书，命其带回欧洲，交给"拂菻"国王。诏书大意说，他推翻元朝，建立大明，已经四年了，当初"凡四夷诸邦，皆遣官告谕，惟尔拂菻，隔越西海，未及报知"。中国既改朝换代，则"不可不使天下知朕平定四海之意"，故由捏古伦赍诏往谕。当时的皇帝，已有了基本的国际关系概念，政权更迭，不忘照会通商各国。

明朝历代皇帝，都把瓷器作为显耀中华文明的重要物品。每有王使访问"藩邦""藩属"时，瓷器都是贵重的见面礼之一。明洪武八年（1375）朝廷遣使出访琉球国，赐其国王的礼物中，便有陶器9000件。除此之外，另以瓷器6.95万件，绸100匹，纱、罗各50匹，铁釜990口，与琉球国交换马匹。洪武十六年（1383），遣使出访占城、暹罗和真腊，也带了1.9万件瓷器作为礼物。

那些来中国"朝贡"的使节，也趁在中国期间，千方百计到民间采购瓷器。虽然有违朝廷禁止通番的规定，但官府一般也不予追究，永乐帝宽容地说："远方之人，知求利而已，安知禁令。"后来，朝廷干脆明码标价，准许贡使与民间进行一定数量的交易，

《大明会典》便记载了，明弘治年间（1488—1505）贡使到京，每人许买青花瓷器50件，青花白瓷盘每个500贯、碗每只300贯、瓶每个500贯；豆青瓷盘每个150贯，碗每只100贯，瓶每个150贯。

明永乐三年（1405），中国发生两件与海洋有关的大事。一件是内官监太监郑和率领庞大的船队，扬帆挂席，第一次远征西洋；另一件是朝廷在广州、泉州、宁波设立市舶司，负责朝贡贸易。官府在广州西城外十八甫蚬子步大兴土木，修建高级旅舍，专门接待来广州贸易的外国"贡使"，名为怀远驿。600年前，这里商贾凑集如云、财货积聚满市。明代戏剧家汤显祖曾有《广城》诗描写："临江喧万井，立地涌千艘。气脉雄如此，由来是广州。"

明代的造船技术，值得留下不朽的一笔。郑和下西洋的船队中，有五桅战船、六桅座船、七桅粮船、八桅马船、九桅宝船，船体巨大，既稳且快。几十年后的哥伦布船队，乃至一百多年后的麦哲伦船队，与郑和船队相比，亦有相形失色之感。尽管郑和七下西洋，并非为了通商，而是为了光显天朝国威，搜罗海外奇珍异宝，但对海外贸易和东西方文化交流，不无间接的刺激作用。当时广州已开辟了经菲律宾到美洲和经印度西海岸到欧洲的航线。

明嘉靖至万历年间，海寇相继为乱，岁毋安宁，海防需要大量战船，抗倭名将俞大猷、戚继光等，都在广州督造战船。新一代官造"广船"，吸取闽浙艚船长处，性能更加优良，被誉为中国三大船型（广船、福船、沙船）之首。1978年在广州六榕路铁局巷出土一件明代的四爪锚，可略窥明代广州造船的工艺水平。

即使在朝廷把"通番"悬为厉禁时，广东民间与海外的私相交易，也从没有停止过。民间贸易得到许多豪商巨贾、华宗望族的参与，不断向朝廷禁令发起挑战。《东西洋考》一书记载："成、弘之际（成化、弘治年间，即1465—1505年），豪门巨室间有乘巨舰贸易海外者。"刑部尚书郑晓到广东巡视，发现"人逐山海矿冶番舶之利，不务农田"，令他印象深刻。明隆庆元年（1567）至隆庆六年（1572）间，海禁大弛。据清代旅行家、航海家谢清高在《海录》一书所记，当时"广州几垄断南海之航线，西洋海舶常泊广州"。

相似的记录，也频见于西方文献中。意大利地理学者赖麦锡编辑的《游记丛书》，收录了安德鲁·葛沙列斯1514年写的一封信，信中言及："中国商人亦涉大海湾，载运麝香、大黄、珍珠、锡、瓷器、生丝及各种纺织品，如花绫、绸缎、锦襕等甚多，至满剌加贸易。"

广东的丝织业久负盛名，明嘉靖朝的《广州府志》称"广纱甲于天下，缎次之"。到明代末年，佛山的丝织业已细分为八丝缎行、什色缎行、元青缎行、花局缎行、纥绸行、洋绫绸行等十八行，产品畅销海外。美国学者艾维四对明代中国丝绸、瓷器等工艺有这样的评价："在丝产、纺织、染色和瓷器制造等方面，明代中国所达到的技术水准，要比世界其他绝大多数地区人民遥遥领先。"他说："在15世纪后期，欧洲和其他各地视为珍贵的'亚洲奢侈品'当中，多半是中国生产的生丝、丝织品，产于江西景德镇、江苏宜兴及福建德化的精美无比的瓷器。"

在两千多年海上丝路上，南海I号只是一闪而过的帆影，在它前面已有千千万的船帆，在它后面也还有万万千的船帆，满载瓷器、绸缎、布匹、茶叶，解缆升帆，摇橹荡楫，鼓浪驰行于蔚蓝色的大海。

16世纪，以葡萄牙、西班牙为代表的海洋强国，在欧洲迅速崛起，并向东方展开凶猛的殖民扩张；而英国、法国等后起之秀，亦已蓄势待发。这时的中国，却因朝廷的限制，逐渐退出海洋。几乎所有历史学家都说，自从郑和七下西洋之后，中国人的身影，便从海洋上消失了。

但消失的只是官方船队的身影，不是民船的身影。朝廷想闭关锁国，却无法扼杀民间走向海洋的冲动。2007年，广东汕头渔民在南澳县东南三点金海域的乌屿和半潮礁之间，潜入海底作业时，无意发现了一艘载满瓷器的古沉船。经广东省文物鉴定站鉴定，这批文物主要为明代瓷器。广东省文化厅紧急调集水下考古人员，组成南澳沉船水下考古队，委派海洋救捞作业船舶赶赴现场，控制沉船点，并向国家文物局、广东省政府做了报告。在交通部广州打捞局的协助下，南澳沉船水下考古队对沉船进行了详细的调查、勘探，完成了水下摸探、采集和测绘工作，并将此沉船命名为"南海Ⅱ号"。

2009年9月25日，国家文物局将"南海Ⅱ号"更名为"南澳Ⅰ号"，正式启动水下考古抢救发掘。经过几轮发掘，共出水文物近三万件。其中船载货物以瓷器最多，然后是陶器、铁器、铜器、锡器等，还有不少于四门火炮和疑似炮弹的圆形凝结物。据考古人员推测，南澳Ⅰ号极有可能是从漳州出发，冲破海禁，驶往菲律宾马尼拉的走私船。

2023年，国家文物局发布消息：在南海1500米深海处，发现两处明代沉船，分别被定名为"南海西北陆坡一号沉船"和"南海西北陆坡二号沉船"。其中，一号沉船文物以陶瓷器为主，散落在上万平方米范围内，推测数量超过10万件；二号沉船则发现大量优质原木。据分析，一号船很可能是从广州出发，满载着景德镇瓷器前往东南亚国家，经过南海时因遇风暴而沉没。二号船很可能是从东南亚运名贵木材到广州，同样因风暴而沉没。2023年5月20日，国家文物局利用"深海勇士"号载人潜水器，对南海西北陆坡一号沉船进行首次考古调查。这表明中国的水下考古，已从浅海走向了深海。

历史不惜以悲剧的形式，为后世留下足够丰富的文物，补史籍文献之疏漏，还原真实的历史场景。一个个震撼人心的考古发现，把最翔实的文明记录，呈现于今人面前。在悠长的文明史上，一代一代人不顾生死、不计成败，以命相搏地奋斗，海上丝路得以千年不衰，推动中国与世界愈走愈近。中国人以征服大海的勇气与毅力，在世界史上，写下了最壮阔和引人入胜的一章。开启人类伟大的航海时代，中国人所付出的努力，并不逊于马可·波罗、哥伦布、麦哲伦，或任何一位欧洲的探险家。

越洋过海中国风

在南海I号沉没421年后，即1604年1月1日——中国的表演艺术家第一次登陆英国的戏剧舞台，为英国王室进行了演出。这一天，被欧洲历史学家认为是中国文化全面影响欧洲两个世纪的开始之日。一位英国观众叙述当天的表演："一个中国魔术师戴了假面具，剧场大厅稍低的一头，搭起一个天篷，我们这个魔术师从那里走出来，就他出生的国家的性质对国王做了长篇大论的演说。并将他的国家的实力和资源与英国进行了比较。随后他说他腾云驾雾，把几位印度和中国骑侠带来观看这个宫廷的宏伟场面。"

没什么比这个更能造成轰动效果了，一位中国人站在英国王室的舞台上，以充满自信的姿态，向着英格兰、爱尔兰国王詹姆士一世（苏格兰称詹姆士六世）——也可以说是向整个欧洲——发表演说，介绍中国的国家性质、实力与资源，并与英国进行比较。他不仅需要对中国了如指掌，也需要非常熟悉英国情况，才能让国王信服。这位魔术师表演的节目，是把几位中国人从遥远的东方，变到欧洲的舞台上。

此时此刻，那些南海I号沉船上的亡魂，仿佛也在冥冥之中，注视着这个为中国人搭起的舞台。

虽然这只是一次魔术表演，但在现实世界里，中国的各种商品、工艺品，通过海上贸易渠道，开始以前所未有的势头涌入欧洲，则绝非魔术。荷兰东印度公司进军亚洲的势头，非常之猛，把葡萄牙的商业据点，逐一拔除，取而代之。明万历三十二年（1604），也就是中国魔术师在英国发表演说的那一年，荷兰首次派船到广州，试图与中国直接贸易。在其后近一个世纪的时间里，它与中国的贸易迅速增长。不仅大量采购中国的各种瓷器、壁纸、绸缎、漆器和象牙雕刻，而且仿造中国瓷器，在南荷兰省的代尔夫特成立王室陶瓷厂，生产模仿中国瓷器的青花釉陶。

继葡萄牙之后，荷兰跃居中国商品进入欧洲主要"批发商"之位。包括法国在内的许多欧洲国家，纷纷通过荷兰进口中国的奢侈品与艺术品。荷兰商人在这股中国热潮中，赚得盆满钵满，造就了大批暴发户。有人生动地描写在殖民地巴达维亚（今印度尼西亚雅加达）生活的荷兰富人："巴达维亚最令人惊奇的是不可思议的奢华和大肆的炫耀，不仅荷兰女人如此，荷兰与本地混血的妇女亦如此……每个人都不计成本地装扮自己，穿的是绫罗绸缎，或是种种价格不菲的金色的或条纹的或花形的布料做的金绣衣物……数百个这样的人坐在教堂中，像是在展示珍珠玩偶，其中最差的看上去都更像是一位公主而不是一个平民的妻子或女儿，以至于天堂也因之失色。"

17世纪的欧洲，气象万千。神圣罗马帝国爆发内战，风尘之变，蔓延全欧，昔日的庞大帝国，分裂成400多个"主权国"，史称

"三十年战争"（1618—1648）。在东西方文化的交流史上，这是一个带有童话色彩的时代。欧洲人对中国的认知，停留在雾里看花阶段。大家都天真地相信那些由传教士、旅行家和商人所撰写的游记。在中国赚大钱的商人，把中国描绘为天堂乐园，有利于货物卖出更高的价钱；传教士也带有先入为主的观念，不是对真实的中国感兴趣，而是只关注那些能够印证他们先验知识的事物。

经过这些人有意无意的渲染，中国恍如人间仙境，青山绿水，鲜花遍地，男耕女织，丰衣足食，人皆含哺而熙，鼓腹而歌，每天的生活，就是"羌管弄晴，菱歌泛夜，嬉嬉钓叟莲娃"，虚无缥缈，了无俗尘。一般人会觉得，视觉图像总比文字真实可靠，当欧洲人看到那些精美绝伦的中国工艺品后，被上面所描绘的鱼虫花鸟、九天仙女、琼楼玉宇画面所吸引，旅行家们天花乱坠的描述，似乎变得信而有征了。

对设计师和艺术家而言，好像闯进了一个百花园。以瓷器、刺绣、漆器、壁纸等工艺品和书籍、图画为载体，中国素材大量涌入，遍地开花，信手拈来，都足以耸动观感。于是，一场声势浩大的"中国风"，在欧洲迅猛刮起，无处不在，无远弗届。

不少欧洲的收藏家，怀着猎奇之心，搜集一切来自东方的物品，从动物标本、植物标本，到珠宝、瓷器、书籍，乃至各种小艺术品，都成了搜罗的对象，皇室贵族也把这些东西作为互相馈赠的礼品。欧洲人对中国的崇拜，大到了什么程度呢？下面这个细节，也许有着普遍的意义：当人们在观赏一幅英国贵妇的肖像画时，会情不自禁地赞美："她的目光如此温柔，每次总是像中国人那样睁开眼睛。"

荷兰现代学者亨利·鲍德在《人间天堂》一书中，探讨了历史上欧洲人对中国的矛盾感情。他认为欧洲人所描绘的中国人，大抵都不是真有其人，而是欧洲人借题发挥，表达对本民族生活现状的不满。他们只去看自己想看到的东西，然后辗转相传，不断添油加醋，掺杂进许多奇幻想象。

大部分欧洲人甚至未必能分清中国文化与日本、印度的异同，在他们的观念中，中国与东方，几乎是同义词，笼统称之为"东印度"。最典型的例子是，有些印度人向英国推销织布时，哄骗买家，说上面都是中国图案，英国人信以为真，又把这些图案拿到中国，要求中国人依样画瓢，织出中国风格的布来。

哈布斯堡王朝神圣罗马帝国皇帝马克西米利安二世（1564年—1576年在位）的弟弟费迪南德是一位狂热的东方物品收藏家。在他收藏的珍品中，有241件中国瓷器；还有三幅他认为是"印度织物"的丝质卷轴画，其中两幅现仍存于维也纳艺术史博物馆，第一幅的说明文字是"一只类似天鹅的大鸟，以及其他一些鸟和各种彩绘植物"；另一幅的说明文字是"几间印度房屋，里面的妇女正在弹奏弦乐"。但熟悉中国艺术的人，一望而知这两幅都是中国工笔画，画的全是典型的中国景物——荷花、芦苇、水鸭、鸳鸯和中式的亭台楼阁，和印度没有半点关系。

分不清中国与印度的，又何止费迪南德。1576年至1612年在位的神圣罗马帝国皇帝鲁道夫二世，同样是张冠李戴。他的藏品之丰富，有历史学家戏称，16世纪的最后几年，他把首都布拉格变成了欧洲的珍品陈列馆了。在他1619年和1621年编制的藏品目录中，登记了大量的"印度产品"，包括"一箱捆在一起的五花八门的印度画卷";一些纸质的"印度画",10幅微型画,7幅刺绣画,其中一些是羽毛画;大约有120件成品或半成品的象牙制品;约700件瓷器;被列入印度珍宝的还有漆盒、漆箱、乐器、象棋和镶了珍珠母的棋盘。这些物品,其实很多是来自中国的。即使欧洲的学者也认为,他把中国、印度和日本的艺术品混为一谈了。

　　法国路易十四时代,艺术步入灿烂辉煌时期,无论雕塑、绘画、音乐、戏剧,还是建筑、园林等,无不争芳斗艳,精彩纷呈,一派蓬勃生机。路易十四对东方艺术文化,尤其是对中国瓷器,有着近乎痴迷的热爱。他鼓励传教士到中国传教,翻译中国经籍,研究汉学。清代早期到东方的法国人特别多,不少中国典籍,从《礼记》《春秋》《论语》等儒家经史,到《好逑传》一类小说,亦在这个时期,纷纷译成拉丁文、法文、英文、葡萄牙文,传入欧洲,成为文化学者的研究对象。其质量与数量,均达至历史高位。

　　路易十四曾经在凡尔赛宫旁边,修建了一座特里亚农宫,俗称"瓷宫"。园林设计完全采用中国风格,屋顶排列着瓷瓶,檐翼悬挂响铃和兽形吊饰,庭园内小桥流水,假山岩洞,曲径回环,花木幽深,模仿中国园林之形。瓷宫内外墙壁均铺上白底青花色调的陶砖,宫内四周陈列着中国花瓶和中式家具,而最特别之处是很多家具也涂成青白二色,仿佛要让人以为这是青花瓷制作的。每个大厅、每条走廊、每处拐角,都弥散着浓浓的中国情调。不过瓷宫采用的并非真正的中国瓷器,而是本地生产的陶器,瓷化不够,在日晒雨淋之下,逐渐开裂,造成屋顶渗水。

　　路易十四不满足于收藏中国艺术品,还要把中国艺术运用于日常生活。法国艺术家让·贝然扮演了开路先锋的角色。他是路易十四的宫廷设计师，凡尔赛宫等王室宫殿的装饰设计，几乎都出自他的手笔。他还为当时非常盛行的宫廷舞会、露天宴会等社交活动，担任总策划，从舞场美术，到各种服装，都由他一手设计。他以一种直截了当的方式，把中国风格引入了法国宫廷。

1684年，路易十四与曼德侬夫人秘密结婚。王后也是极热衷中国艺术的，他们委托商人，到中国景德镇订制了一件颇有纪念意义的五彩瓷雕，在这件瓷雕作品中，路易十四和曼德侬夫人身穿丝绸、织锦的中式服装，在国王的衣服上，还有中文"寿"字。穿着中式服装，是法国上流社会的一种时髦。

法国耶稣会传教士白晋1697年从中国返回欧洲后，赠送给王室一本题名《中国现况》的画册，收录了许多中国王公贵族和官员们的便装和盛装画像，那些纡朱曳紫的服装，在法国引起了一股模仿的热潮。路易十四有时竟要大臣穿上中国服装来觐见，以满足他的戏剧性想象。

1700年1月7日，为庆祝新世纪的到来，法国王室举办了一场以"中国国王"为主题的盛大宫廷舞会。这场舞会的美术总设计为了营造轰动效果，精心为路易十四这位有"太阳王"之称的君主，设计了一套中国礼服，让他坐着一顶中式的八抬大轿出场，果然令全场衣香鬓影，尽皆失色。舞会和晚宴的背景布置，全部模仿中国风情，饰以各种中国艺术品，琳琅满目，极尽奢华，甚至许多穿着中国服饰的演员，扮成中国皇帝和大臣，混在宾客之中，以营造气氛。

路易十四以乘坐中式大轿为得意，反映了当时巴黎的时尚趣味。法国人把轿子视作一件时髦玩意儿，施以漆绘，画上牡丹等物，装饰得艳丽夺目。这种轿子不用肩扛，而用手抬，称为抬椅。贵族妇女喜欢坐着招摇过市，最夸张的是比利时的一位公爵夫人，坐着30人抬的大轿子，衣锦还乡。法国著名戏剧家莫里哀在戏剧里，亦屡以轿子作为道具。

巴黎是欧洲的时尚中心、文化先锋，欧洲的服装、餐点、家居潮流，无不唯巴黎马首是瞻。路易十四成功地为欧洲制定了优雅时尚生活的标准。在路易十四末期，最时髦的巴黎贵妇，全都着魔地追逐着来自中国的外套、披肩、手套、桌布、餐具，欧洲自然一窝蜂地追随其后。

英国18世纪著名作家、《鲁滨孙漂流记》作者笛福形容：在许多附庸风雅的英国人家，狂热购买中国瓷器，把家里塞得满满当当，一直堆放到天花板，以至于因为庞大的无谓开支，闹起家庭纠纷。英国作家约翰·夏比尔在1755年出版的《英国书简》中也嘲弄地写道："放眼望去，几乎皆是中国之物……家居中的每把椅子、桌子、镜子的围框等等，都必须是中国的；墙上贴满的是中国壁纸……对中国建筑的狂热是如此之盛，以至当今的贵族狩猎者在打猎的过程中，骑马越栏不慎摔坏了腿的时候，如果那门不是东方式的向四处伸展的柴扉，他都会觉得不过瘾。"

普鲁士（德国）腓特烈二世对"中国风"的热衷，并不亚于路易十四。他的父亲腓特烈一世就对中国十分着迷，曾倾力赞助德国学者对中国文化的研究，并从一位荷兰海军将领手中买下一批中国书籍，又通过各种渠道，搜罗中国书籍，建立柏林第一个东亚图书馆。

腓特烈二世与法国大思想家、文学家、哲学家、史学家伏尔泰经常通信，从他那儿听到不少关于中国的美好故事，愈加向往，曾邀请伏尔泰到普鲁士帮他推行中国式的开明政治。他广泛收集中国的艺术品，在柏林的蒙彼朱宫（后来改为博物馆）有一本旧册子，记录着18世纪初所收藏的中国珍品，其中有悬挂中国画的音乐室；挂满中国画的铁蹄室；以中国趣味的黄木雕花框为饰的陈列室；以中国丝织物装饰的王后寝室；陈列中国字画、刺绣的房间；陈列紫檀木器和中国瓷器的房间，等等。

1752年，德国商船普鲁士国王号准备前往广州。这是一件划时代的盛事，国王批准为首次远航广州铸造了唯一的一批有广州商人像的德国银币。银币正面是腓特烈二世的头像，背面正中上方是普鲁士的鹰旗，下方是公司徽章，正中是即将远航中国广州的普鲁士国王号，左边站着一个手持猎枪的当地土著人，右边是一个穿着清朝服装的广州商人，头戴礼帽，手肩夹着一卷丝绸布料，身后放着一大箱茶叶，箱子上放着陶瓷花瓶和茶壶，这是当时中国商品的"三宝"。腓特烈大帝骑马从柏林赶到数百公里以外的埃姆登港口，亲自为普鲁士国王号送行。

据普鲁士国王号的记录，他们到达广州时，当地官员并没有接受他们的礼物。一位官员仔细看了旗上的鹰后，一本正经地说："我们曾经在这里看到过类似的大鸟，但它活不了多久，因为它有两个头。这只只有一个头的大鸟命会长一些。"这艘德国商船，用木桶装载着21.6万枚银币（约6吨银）来，准备在广州尽情采购。最后购买了大批茶叶、陶瓷、丝绸，还有大黄、调味品、矿物、珍珠母等物。首航的成功，刺激德国的"中国风"迅速升温。

1757年，腓特烈在波茨坦的无忧宫里，修筑了一座"中国茶亭"。屋顶是一个中国人撑着阳伞，柱子以棕榈树的鳞状树干为装饰。阳伞与棕榈树，在当时欧洲人的心目中，是中国的代表性符号，几乎所有关于中国的绘画，都少不了它们。茶亭内的房间，风格各异，有一些是完全按照想象的中国情景布置的。茶亭外墙的窗间与走廊，分布着许多真人大小的中国人镀金雕像，有的坐着，有的站着，或弹琴，或吹笛，或品茗，或沉思，让人觉得好像走进了一条中国村庄。

这种设计，反映出德国艺术家们总想营造出一个能够让凡夫俗子带着甜美笑容，躲开尘世烦嚣，"从此过着幸福生活"的地方。这类中国屋，在慕尼黑、维也纳等城市都可见到，不仅外形尽量符合建筑师们的中国想象，比如飞檐、吊铃、尖顶（让人联想起亭子或塔的形状）、回形窗格等，内部装饰也无不采用中国的瓷器、漆器、壁画、挂毯。盲目的模仿，甚至疯狂到了如此程度：一位德国卡塞尔地区的伯爵，下令在他的领地兴建一条真实的、完整的中国村庄。

在追述德国的"中国风"时，不能不提及德国乃至欧洲最伟大的诗人之一，生活在18世纪、19世纪之交的歌德。他在法兰克福的故居，有一间非常漂亮的"北京厅"，贴满中国壁纸，描绘着绿水青山、亭台楼阁、桃蹊柳陌等典型的中国景色。室内摆放着中国式的描金漆绘家具，钢琴上用金线勾勒出一派中国风光，壁炉也以青花图案装饰，还有仿中国的青花瓷器。出于对中国文化的喜爱，歌德还练习过中国书法，翻译过中国诗歌。

任何思想文化和艺术潮流的兴衰，都不会是单一原因造成的。"中国风"的盛行，是欧洲文化自身的"内需"，因为文艺复兴已走到了一个极限，急需外来新文化刺激一下，这时恰好遇上中国这个文明古国，无论政治制度、伦理哲学，还是文化艺术、风俗习惯，都是大多数欧洲人闻所未闻、见所未见的，似乎有着取之不尽的文化资源，不仅给艺术家提供了无限的灵感，也给哲学家、批评家提供了批判本国政治、文化的最佳武器，于是便掀起云趋鹜赴的热潮。

芳香流韵长存

在中国，历史到了灯暗转场的时刻。明亡清兴，大幕徐徐落下，再开启时，天下已易姓换代。大清沿袭明代禁海政策，先后五次颁布禁海令，寸板片帆不准下海。三次迫令沿海人民内迁，在沿海地区制造"无人区"。人们无法出海贸易，消息闭塞的海外商人虽然还有来，亦寥寥可数。据《夷难始末》一书记载，清康熙十九年（1680），朝廷从广东的夷商外贸征税，全年才得区区六十余万两。康熙五十六年（1717），朝廷九卿在商议禁南洋时议定，禁止商船前往南洋贸易，"凡出洋久留者，该督行文外国，将留下之人，令其解回立斩"。这是一场空前浩劫，中国的海洋地位，乃自此时急遽衰落。

康熙二十三年（1684），朝廷开放海禁，设立粤、闽、浙、江四海关，允许通商贸易，对外贸制度进行最大改革，以海关取代市舶司。海上丝路总算有了一丝喘息机会，呈现回黄转绿的势头。据不完全统计，从清康熙二十五年（1686）至清乾隆二十二年（1757），到广州贸易的外国商船有312艘，并逐年增多。

尽管朝廷禁令迭出，但东南沿海仍有不少中国人驾着大风帆船，冒险到南洋各国谋生。乾隆、嘉庆年间的广东文人谢清高，游历南洋诸岛，写了《海录》一书，记载当年的爪哇，已有不少"娶妻生育传至数代"的华人。在荷兰人来到之前，从东边巴厘，到西边万丹，居住着众多华人，种植水稻、胡椒、酿酒和经商。他们对当地的经济、文化，影响甚大，原住民"妇女衣服饮食稍学中国"；马来族人"富者则中国丝绸，织为文彩。以精细单薄为贵"。

暹罗是华人移居海外的主要目的地之一。早在17世纪，暹罗北大年的华人数量已超过原住民。明人张燮在《东西洋考》中形容，大泥（即北大年）一带"华人流寓者甚多，趾相踵也"。甚至有个姓张的漳州人，获封为"哪督"（今译拿督），成为当地侨领，代官管理侨民事务。张燮感叹："（暹罗）国人礼华人甚挚，倍于他夷，真慕义之国也。"这些华人在当地站稳脚跟后，便积极推动与自己祖国的通商。

在1992年至2001年间，广东新会传出惊人消息，在黄冲坑、黄坑木山和黄坑大槐等地，陆续发现四处华侨义冢，墓穴达2500多个。规模之大，落点与墓穴之多，墓主原侨居地域之广，坟墓保存之完好，均为全国罕见，被研究者称为"新会的兵马俑"。然而，这些无主孤魂，湮没在荒烟蔓草之中，被人遗忘已百多年矣。

义冢中的尸骸，当年也是一个个活生生的人，也有父母生养，也曾怀着美好的梦想与家人依依惜别，登上远洋帆船，驶向风涛万里的大海，但却从此音信全无。当他们客死异乡，化作一堆无人认领的白骨，最终被慈善机构运往国内埋葬时，也没有人知道他们姓甚名谁。对这些闯海者来说，回乡就像是一个遥不可及的梦想，一在天之涯，一在海之角，远书归梦两悠悠。广东有大量民间歌谣，反映了华侨家庭的悲惨景况。其中一首唱道："一只花碗打烂十三边，我爹出外十三年，我未落床爹就去，梳起盘龙（发髻）爹未归。"等来的结果，却往往是天人路隔，从此再无相会之日。他们的魂魄，与南海I号上的无名氏们同在。

福建安平颜氏，明正德辛巳（1521）七月廿六卒于暹罗，这就是在族谱中能找到的颜氏最早出国者。明永乐癸巳（1413）随郑和下西洋的马欢在《瀛涯胜览》中称，爪哇的"唐人皆是广东、漳泉人"，旧港国的"国人多是广东、漳泉人移居于此"。郑和下西洋时，许多闽南人随其出洋而居留不回。清乾隆三十九年（1774），广东台山广海山背乡人陈学进偕同儿子陈社保赴南洋；乾隆五十一年（1786），台山端芬梅耀萱从马六甲到槟城谋生；清嘉庆元年（1796），广东恩平最早出国的华侨李龙约，登上了前往泰国的三桅木帆船；台山上川甘氏族谱记载："泽浓公，富于冒险性，以家计相迫，于道光初年，搭帆船往美洲焉。"在闽粤沿海地区的地方史志和族谱中，这类出洋闯荡的记录，盈千累万，他们既有商人，也有农民和手工业者。这些南海I号后人的闯荡勇气，让一部渗透血泪的华侨历史，显得沉重而绚烂。

大海的故事还在延续。清雍正十年（1732），一艘属于瑞典东印度公司的商船腓特烈国王号，船上携带28门防御海盗的火炮，从哥德堡启航，驶往一个完全陌生的东方大港——广州。它穿越了大西洋，绕过好望角，于初秋时节，从南海I号沉船附近海域经过，抵达珠江口伶仃岛。因为担心中国海关不让进港，腓特烈国王号升起了英国旗。但它的担心是多余的，中国海关没有拒绝它，而是把它引领到广州的黄埔港下锚。

这是瑞典商船首次到达中国口岸。在此之前，中国和瑞典虽然没有直接贸易往来，但早在14世纪，中国的丝绸，已通过其他途径，传入瑞典了。1611年至1632年在位的瑞典国王古斯塔夫·阿道尔夫二世，既是战场上的雄狮，也是一位狂热的中国瓷器收藏家。

随着与中国的通商，17世纪、18世纪的瑞典，也义无反顾地加入了在欧洲盛极一时的"中国风"潮流里。从此，瑞典东印度公司每年都派商船到中国，多则三四艘，少则一二艘。在公司的历史上，共有132次亚洲航行，其中129次是以广州为目的港。然而，在清乾隆十年（1745），却发生了一件令人震惊的悲剧。

瑞典东印度公司的商船哥德堡号，从广州黄埔港满载着370吨茶叶、100吨瓷器和大批的丝绸、藤器、珍珠母返航，这些货物如果在瑞典拍卖，价值可达200万至250万西班牙银元。哥德堡号是瑞典东印度公司旗下第二大的远洋帆船，船身长42米，排水量833吨，1737年下水，已往返于哥德堡与广州三次，什么大风大浪都闯过来了，不料这次却在瑞典西岸哥德堡港口外约三千米处，遭遇了与南海I号相同的厄运，沉没在大海里。不过它的原因很清楚，是触礁沉没。

天意的展示，往往寓意隽永而摄人心魄。在时间与空间上，哥德堡号和南海I号相隔了562年、10000千米距离，看似毫不相干。但两者之间，有着某种神秘的命运纽带相连。它们的经历如此相似，当海洋季风吹起时，它们都高高曳起船帆，满载着一船让人喜悦与憧憬的货物，行驶在不同的航线上。它们都见识过惊涛拍岸的景象，也都卷入过更加汹涌的波浪之中，各自有着不平凡的冒险，而最后的归宿，又都是出师未捷身先死。它们俨然灵犀相通。大海的涛声，永远带有悲壮的意蕴，让人动容。

哥德堡号沉船事件两个月后，瑞典组织了第一次打捞。捞上了30吨茶叶、80匹丝绸及大量瓷器，在市场上拍卖。1746年和1747年又进行了两次打捞，捞出了1180匹丝绸。但仍有三分之二的货物，留在了海底。直到1986年再次打捞，又起出瓷器碎片约9吨，完整的瓷器400件，还有300多吨茶叶。沉睡海底两百多年的徽州名茶"雾里青"，居然还能泡出怡人的茶香，并可饮用。

1991年，瑞典派了一个60人的代表团，到广州黄埔村寻访当年的锚地。1995年，瑞典重造哥德堡号仿古商船，于2005年10月从瑞典启航，沿着当年的海上丝路，2006年7月抵达广州，重圆了哥德堡号两百多年前破碎的中国梦。

18世纪末，"中国风"在古老的欧洲大地已渐渐降温，而在美国这个新生国家，却掀起了一股不大不小的浪潮。1784年2月23日，美国首任总统华盛顿的诞辰，美国商船中国皇后号选择在这一天，载着人参、皮革、羽纱、胡椒、棉花、铅等商品，从纽约港出发。这艘船在海上航行历时188天，航程2.89万千米，在这年的秋天，终于到达广州。中国皇后号叩开了中国的大门，后继者蜂拥而来，中美贸易日趋兴旺，每年的进港船舶数，从清乾隆四十九年（1784）的一艘，到乾隆五十五年（1790）达到14艘。

文化潮流的盛衰嬗变，都是三十年河东，三十年河西。1750年前后，被维苏威火山灰掩埋千年的庞贝古城废墟，重新挖掘出来，勾起人们对古罗马的缅怀之情，一股复古风席卷而来。这时的欧洲人，拒绝相信世界上有人间乐土，拒绝相信耶稣会教士对中国的美好描述，拒绝相信伏尔泰对中国文化的推崇，甚至拒绝承认中国是在亚洲大地自然成长起来的国家，而把它的先祖说成是巴比伦的殖民。

另一个推动欧洲文化潮流改变的事件，是1789年爆发的法国大革命。亲王、世袭贵族、封爵等头衔统统废除，教会和贵族的特权，一律取消。路易十六被民众送上断头台，据说在行刑前，他就坐在一张髹了中国漆的仿造中国桌前，写下他的遗嘱。在革命的狂潮中，凡尔赛宫和许多贵族府邸的艺术品和豪华家具，都被荡涤一空。曾几何时，做过路易十四行宫的罗亚尔宫，是巴黎"中国风"的中心，如今却做了起义者的指挥所。

巴黎人记忆中的罗亚尔宫，简直就是一座中国艺术的博物馆。有一首诗，以讽刺的语调吟咏它：

> 多么神奇的国度！无须走出巴黎，
> 在罗亚尔宫，你就拥有中国物品：
> 一支中国乐队，来自北京，
> 呼呼地演奏一支马丁的独奏曲；
> 而在中国的水池，又是另一把戏，
> 从优雅的亭子，勾勒出建筑的踪迹，
> 那岩石堆砌的小山，是一堆石膏，
> 那外表美丽的岩洞，由纸板构成，
> 这样，巴黎人离住宅不远，
> 就可手执拐杖，身临广州。

然而，革命风暴一来，罗亚尔宫成了与凡尔赛宫对峙的堡垒，每天数以千计的群众汇聚于此，挤满了所有房间和走廊，聆听革命家的演讲，接受各种口号、指令。进攻巴士底狱的队伍，就从这里出发。无套裤汉们的呐喊，街道上的熊熊火光，与罗亚尔宫内纷红骇绿的装饰，繁富瑰奇的东方情调，形成强烈反差，宣示着新旧两个时代在此断裂。路易十四开启的那个奢华年代，已无奈凋谢；贵族趣味将被平民趣味所取代。整个欧洲都面临着剧烈变化，以往的甜美记忆，终被雨打风吹去。

自称"十全老人"的清朝乾隆皇帝爱新觉罗·弘历，在南海I号沉没552年后，正式嗣位，下令封闭闽、浙、江三个海关，仅保留粤海关一口通商。这是一个严重的倒退。朝廷接着还实施《防范外夷规条》，对外商在广东的活动加以种种限制，导致外国商船逐年递减，税收大幅下降。至此海上丝路已岌岌可危。就在这最困难的时期，朝廷又颁新规：从清乾隆二十五年（1760）开始，禁止蚕丝和绸缎出口。这项政策，令经济元气再受重创，如果真的实行起来，无异自绝生路。因此民间抵制强烈，迫使朝廷让步，改用配额制度，规定生丝出口不得过百担。但对中国正常的对外贸易和交往，已造成难以挽回的损失。

在广州一口通商时代，清朝沿用明朝"以官制商，以商制洋"的做法，指定若干家富商开设牙行，总揽对外贸易，承保番舶，缴纳税饷，备办贡物，管理外商，承办官府与外商的交涉。这些牙行称为"官行"或"官牙"。这就是天下闻名的广州十三行。

清道光二年（1822），广州太平门外失火，十三行遭殃，烧了七天七夜，焚烧一万五千余户，十一家洋行和各夷馆的仓储货物，约计值四千万白银，烧得干干净净。大火熔化的白银流入排水沟，竟然凝结成一条长达一二里的银锭，坚不可破！有一本叫《触藩始末》的书，描写十三行失火的情景："夜间遥望火光，五颜六色，光芒闪耀，据说是珠宝烧烈所致。"

这只是厄运的开始，灾祸将接踵而来。由于英国向中国大量倾销鸦片，导致清道光二十年（1840）第一次鸦片战争爆发。道光二十二年（1842），中英签订《南京条约》，开放广州、福州、厦门、宁波、上海五口通商。十三行从此结束了它长达一百多年垄断中国对外贸易的显赫历史。随着中国朝贡贸易体制的破灭，天朝中心的幻觉亦告破灭。清咸丰六年（1856），第二次鸦片战争爆发，英军攻破广州外城。愤怒的广州人纵火焚烧十三行。这场大火比道光二年（1822）那场更为惨烈，多少锦绣绫罗、名贵漆器、精致牙雕、美丽图画、金银玉器，百宝万货，人功精英，都在大火中烟消灰灭。

十三行之所以在历史上留下浓墨重彩的一笔，并非行商们有什么特别值得颂扬的美德善行，而是因为他们是一个时代的缩影。不仅把生意做得有声有色，而且在社会文化领域亦开风气之先，在多种文化价值的冲突与纠缠之间，得以自成段落，俨然一派。在广州这样的沿海通商城市，形成十三行这样的商人利益集团，乃瓜熟蒂落的结果，标志着以城市——而不是农村——为中心的一种新型经济模式，应运而生。流入城市的是人口与资源，流出城市的是商品与观念。

回顾历史，"中国风"从当初风靡一时，到后来的式微与转向，不能简单归咎于"欧洲中心主义"和殖民主义的侵略性，也不能简单归咎于中国的"闭关锁国"和夜郎自大。它是欧洲政治、经济、文化、科技、宗教、艺术自身发展的种种成因，交织在一起，刺激殖民主义者在海外的扩张、掠夺野心，再加上国际贸易形态的变化，不幸又碰上颟顸自大的大清皇帝，东西方文明内在的多重因素，盘根错节，互存偏见，长期积累，发酵到一定程度，便出现了突变。

其实，欧洲对中国的观感，无论是18世纪以前的无限仰慕，还是18世纪以后的极力贬低，都是为满足其本身发展的需要。中国明清两朝，在处理对外关系的思维上，并没有太大差别，只不过当欧洲处在启蒙与觉醒时代，需要确立新的文明标准，便把中国抬到九天之上，作为自我鞭策的目标；当欧洲开始向外扩张、掠夺海外资源时，又把中国贬到泥尘之中，以便为自己的侵略行为寻找合法性。

中国与欧洲同处于剧变的时代。双方各自选择的角色与态度，便决定了在未来几个世纪里，它们的不同命运。

鸦片战争前的16世纪、17世纪，中国文化对西方形成"山呼海啸，东潮西卷"之势；鸦片战争后，天地四方易位，出现了"海啸山呼，西潮东卷"的局面。这是开亘古未有之变局。然而，石头一经产生，就不可磨灭。中国艺术经过数百年的输入，渗透到西方社会的各个角落，有机地融入了西方文化，成为其组成部分，再也不能剥离开来。

丝绸、瓷器、漆器这些物品，在今天的西方社会，已不会与中国产生必然的联想，正如欧洲油画融入中国艺术之后，它就是中国油画，不会有中国画家因为画油画而自称是"欧洲画家"。因为物质生活的变迁，必然会引起文化质素的变迁。一种文化传入新的区域之后，原来的质素自然会随着环境的变化而变化。中国文化传入西方，被其吸收，就变成西方文化的一个部分，反之西方文化传入中国亦然。

这就是人类共同进步的明证。

欧洲人保护文化遗产的意识甚强，许多古老的"中国风"遗迹，都被虔诚地保存在博物馆里，让后人可以近距离细细观赏，重温那个已经逝去的繁华时代，体验一下丰盛华美的人世情怀。

瑞典斯德哥尔摩有一座东方博物馆，庋藏了10万件中国文物，以青铜、陶瓷、书画为主。人类学博物馆则庋藏了大量的中国丝绸文物，上至龙袍，下至戏服，无所不有，还有20世纪初在新疆地区发现的方格绮残片、红蓝色绢制针线筐、帛书、纹编织物。在布鲁斯纺织博物馆的31万件藏品中，有一套非常珍贵的印度、中国丝绸样册，是商人李利华在1846年收集整理的，共24卷，其中不少是来自南京、苏州、杭州、广州、四川的丝绸样板。即使在一百多年以后的今天，依然散发着温润和悦的光泽，惊鸿一瞥，已觉酡然。

在荷兰阿姆斯特丹的国立博物馆、德国柏林的夏洛滕堡和科隆的漆器博物馆里，均藏有当初在欧洲流行的中国风格漆器家具，既有来自中国的，也有荷兰、法国、英国等国仿造的。当年的主人虽已不在，但余情犹在，漆木的百载幽香，袅袅不散。

法国是"中国风"的中心地区，虽然经历了法国大革命、巴黎公社等政治风暴的洗礼，但仍有不少路易十五时代的漆器家具与艺术品幸存下来，分别收藏在巴黎的贡比涅博物馆、夏特莱宫和卢浮宫等处。游客可以欣赏中国的瓷器、漆器、丝绸锦缎、刺绣、壁毯、壁画、壁纸，还有林林总总带有中国意味的日用品，如座钟、笔筒、烛台、熏香炉等，每一件都经过时间长河的多番洗磨，愈看愈耐人寻味。

　　法国里昂的纺织业十分发达，19世纪，当地的纺织工商会开办了纺织博物馆，庋藏不少17世纪、18世纪的"中国风"锦缎产品，部分来自私人的捐献和遗赠，还有部分是从世界各地搜集来的。除了常规展览外，还会不时举办中国服饰展，一场场历史与现代的时尚盛会，在此拉开序幕又徐徐落幕。

　　位于伦敦的维多利亚与艾尔伯特博物馆，是英国仅次于大英博物馆的第二大国立博物馆，因其定位于实用的工艺美术和艺术品，因此是"中国风"各种陈设品庋藏最为丰富的博物馆之一，陶瓷、玻璃、纺织品、服装、壁纸、金银、铜铁、珠宝、家具、外销画、素描和照片，还包括整套奇本代尔设计的中国风格家具。虽然刻满了时光的印痕，但经久不变的，是其内涵深蕴，咀嚼百年，依然如新。有人说，只有真正的绅士，才配拥有它们，其实，它们本身就是一些历尽沧桑的老绅士。

　　大英博物馆的中国艺术品收藏，就更加丰富了，包括东晋画家顾恺之的旷世名作《女史箴图》（是否原作仍有争议，但至少公认是最接近顾恺之风格的作品）和琳琅满目的商周时代青铜器，还有大批敦煌文物。这些精美绝伦的中国艺术品，既有通过正常贸易渠道流往欧洲的，也有在鸦片战争、庚子之变中被武力抢劫的，还有部分是文物盗贼偷窃出去的。

据历史记录，维多利亚与艾尔伯特博物馆从1860年开始购进广州外销画，成为该馆的珍藏。2003年，维多利亚与艾尔伯特博物馆把208幅外销画送到广州展出，成为当年的一大文化盛事。这批外销画题材十分广泛，既有反映广州制瓷业、蚕丝业、制茶业生产的，也有记录各种植物、鸟类、昆虫、乐器的，还有描绘珠江风貌的，是研究珠江三角洲历史和中西文化交流史不可多得的宝贵资料。

大英图书馆是从大英博物馆中分立出来的，也庋藏了大批清代的外销画。2011年，由大英图书馆授权，首次公布了748幅外销画并在中国出版，不少是难得一见的珍品，更有硕果仅存的孤本。这些画按内容分为15类：广州港和广州府城画；历代人物服饰组画；广州街市百业组画；佛山手工制造业作坊组画；广东官府衙门建筑、陈设及官吏仪仗器用画；刑罚组画；园林宅第组画；宗教建筑、祭祀陈设画；劝戒鸦片烟组画；室内陈设组画；海幢寺组画；戏剧组画；广东船舶与江河风景组画；北京社会生活与风俗组画；北京店铺招幌组画。

繢鏾之盛，器物之繁，折射出时代人文之霪焕。人们常说，今天是昨天的来世，当那些旧时景物，在世人面前缓缓展示时，恍若时光倒流。千百年来，与风浪殊死搏斗的先人们，不会被遗忘；南海I号不会被遗忘；至今仍不知其身世的"郑知客""王十五哥""陈十七"和"蔡火长"们，也不会被遗忘，他们的冠冕，将在岁月的无尽光晕中，一一称显。

近代以来，在某些历史学家笔下，经常有意无意，把中国形容为一个闭关自守、自给自足的小农经济国，缺乏航海探险精神，缺乏对外部世界的认知欲望，以致当大航海时代来临时，茫然失策，被欧洲国家远远抛在后面。有人还把清代的容闳，说成是"第一个打开窗口看世界"的中国人，实在是很大的误谬。

中国人看世界的眼睛，从来没有闭上，对海的那一边，始终充满好奇，从徐福带三千童男女东渡，到汉代海上丝路的形成，再到隋、唐、宋、元、明、清，无数普通中国人，远涉重洋，到异国他乡经商、求学、谋生。正是有这些普通中国人在，大明王朝两百年海禁，大清王朝五令海禁、三令内迁，都没有断绝中国与海外的联系。这便是海上丝路逾两千年而不衰之因。

终章

帆正高扬

对于岁月的流逝，中国人有一种特殊的感受力，在古代诗词歌赋中，常有"唯天地之无穷兮，哀人生之长勤，往者吾弗及，来者吾不闻""念天地之悠悠，独怆然而涕下""青山依旧在，几度夕阳红"的感叹，都是这种感受力溢出其外的表达，可谓多不胜数，而在西方文学中，则很少有类似的表达。因此当南海I号沉船浮出水面时，我们不仅会关注技术性的细节，更有一种"古今多少事，渔樵一席话"的苍凉之感在心中油然而生，宛转不能自已，这是中国人特有的历史观和情感世界。沉船把人们带入了邃深的时光隧道，而在隧道另一头，粲然别有天地，召唤着人去追踪觅影。

又是一个人间好时节。温暖的阳光，柔柔地洒落下来，布满十里银滩。空气是平静的、明亮的。大海也不再喧哗，无声的波浪，使大海显得更加宽厚、辽阔，更富有诗情画意。而南海I号静静躺在水晶宫里，好像还在等待出航。构成这种诗情画意的，除了阳光、大海和被静谧深深包围的沉船，还有展现于橱窗里那些从隧道另一头来的陶瓷器、铜器、铁器、金器和木器，在灯光下变幻着华彩，无声诉说自己的身世。时间在此处已无关紧要。一切都沉浸在静谧之中。历史在这一刻显得多么迷人。

故事还没有结束，也不会结束。

广东海上丝绸之路博物馆在2016年11月进行了升级改造，2017年8月重新对外开放。馆内常设展览的主题为《丝路船说——南海Ｉ号的前世今生》。该展览面积达1.2万平方米，展线约为2000米，内容分为七大部分，分别为扬帆、沉没、探秘、出水、价值、遗珍、成果。人们可以近距离观赏从南海Ｉ号出水的各类文物，了解南海Ｉ号的发掘和研究成果、海上丝绸之路历史文化、宋代的陶瓷史和贸易史。博物馆同时也展示中国水下考古事业发展的历程以及出水文物保护和修复成果。

自从2021年对南海Ｉ号沉船的发掘工作基本完成之后，如何保护这艘古船，就成了考古人员的头等大事。沉船由于长期埋在细软的海泥下，木质船体甲板以下部分保存较好，且不少船体构件木质如新，大部分船体构件表面呈浅褐色，部分呈灰黑色。没有发现的船体在下沉过程中，遭到碰撞解体的现象，实属不幸中的万幸。

然而，暴露在海水中的部分船体和散落船木，经过800多年海水浸泡和海底生物噬食，木质水解、细胞组织受损，变得像海绵一般软绵绵。刚出水时外表看上去还挺好，但随着水分蒸发，盐分析出，木材部分起翘开裂，木质纹理酥松，船木的结构纹理、颜色，都出现令人担忧的变化。最初船木为淡黄色泽，不久就开始发棕变黑了。部分船木受船蛆啮蚀，材质酥化得很严重，一戳就凹一坑，一捻就成木渣粉土。

水下考古人员有个经验之谈："干千年，湿千年，不干不湿就三年。"文物要么保存在水底淤泥里（像龙舟一样，每年端午过后，都要埋藏在淤泥里，以利保护），要么一直保存在干燥之处，最怕的就是半干半湿，时干时湿，因为船体木材饱水度极大，出水后因水分迅速蒸发，木材开始收缩。这时人们就往船体洒水保湿，殊不知这种干湿循环，会让船木的朽败速度，比在海底快上几倍甚至几十倍。

南海I号出水后，恰恰就处在这种最不理想的环境当中。

不仅有干湿循环问题，发掘时为了喷淋保湿，经常使用高压水枪，冲击力太大，对船木机理损伤较大，而且现场保护中采取化学药物喷淋保湿，久而久之，形成了一层厚厚的乳白色开裂粉碎性物质，一些铁质文物的残损破裂和浸泡，把有害物质渗透到木质船体里，影响文物原状，形成次生危害。考古人员还发现，在2015年5月至10月的间歇期，发掘现场像下了场小雪，白花花一片，发掘面表层覆盖凝固约2毫米厚的化学药品，这就是喷淋的凝固物，看上去十分骇人。从船体的左右船板、肘板、水线甲板出水后四年间，船木机理存在不同程度的损伤劣化，高压水枪的使用和人为踩踏，均是原因之一。

如何保护降解的木材、铁器以及构成船体和各个组件的所有其他材料，成为考古界的世界性难题。为了保护沉船木质，通常需要用浸泡、喷淋、纸浆吸附等方法进行脱盐。还要采用自然脱水、PEG脱水和乙二醛脱水等方法，进行脱水处理。用冷冻干燥机使木材安全快速脱水，也是一个常用的方法。

国外有研究者尝试通过在木片上涂上聚乙二醇，以阻止木材酸化。英国沉船玛丽·露丝号船体就是采用PEG（聚乙二醇）200溶液喷淋；瑞典沉船瓦萨号的船体外部，也是采用PEG 4000浓溶液涂刷，形成增强和保护涂层。

除此之外，还要对沉船进行一系列修复工程，包括清洗、脱盐、除锈、矫正形态、查缺补漏、断裂拼接、开裂加固、衬板扶强等，还要涂防酸化的溶液，再用药水把渗到木头里的铁、硫等破坏性元素置换出来。仅清洗、脱盐、除锈这一环节，就需要三到五年，填充加固和干燥更需要十年以上。只有完成了以上整套复杂而细致的步骤，船体的复原和保护工程，才算告竣，整个过程可能需要一两代人的付出。

2022年，广东省文物局向国家文物局呈交了《关于审批“南海Ⅰ号”沉船总体保护方案的请示》。11月3日，国家文物局做出了批复，要求“考古发掘及支护阶段应对船体型线结构进行详细勘察测绘，并充分考虑船体结构变形导致的稳定性风险，加强船体整体监测、局部变形感知监测与风险预判”。国家文物局特别提出：要制订应对狭小作业空间、沉箱拆除、疫情等突发情况的安全应急预案。加强考古发掘、船体支护、沉箱拆除等作业时的监测、管理，及时发现、妥善处理险情和隐患，确保人员、文物和作业安全。

2023年是又一个癸卯年，“癸”在五行中属水，水下考古也属水。历史的惊人巧合之处在于：南海Ⅰ号沉没于癸卯年，而南海Ⅰ号的博物馆发掘，也完成于癸卯年。南海Ⅰ号的淤泥全面清理完毕后，整艘沉船完全露出来了，这时开始进入最后的测绘阶段，为沉船制作三维模型。等到测绘与建模工作全部完成以后，整个发掘就算画上圆满句号，把沉船真正移交给博物馆作展示之用。

尽管社会对南海Ⅰ号的关注度愈来愈高，宣传的温度也愈来愈炽热、电视、广播、报纸、串流平台和自媒体上，关于南海Ⅰ号的报道，可用"满目繁花"来形容，在2023年10月用"南海1号"作关键词，在百度上搜索，可得到647万个结果。但对于考古人员来说，那个天天捷报频传、喜讯连发，天天都可能有惊喜发现的阶段，已经过去。每位考古人员都要悄然隐退到公众视野之外，开始最枯燥、最默默无闻的工作：处理沉船船体，为它寻找最佳保护方法。

在他们的面前，还有很长很长一段路要走。

南海1号从发现、打捞，到完成田野发掘工作，走过了30多年。这个过程，也是中国水下文化遗产保护发展的一个缩影，见证了从无到有，再到成熟壮大的水下考古学科领域的发展历程。

中国水下考古的开拓者俞伟超先生已经远行，第一代的水下考古工作者——孙键、张威、杨林、崔勇、魏峻……还有一串长长的名单——在经过30多年风浪磨砺之后，这些当年背着水肺，迎着太阳，跃入海中的年轻人，如今有的已经荣休，有的也迈入知天命的年龄。时光的流逝，最易让人惊心。好在新芽代有成长，老树永不凋零。老辈的考古学家都有一个特点，就是退而不休、从不言弃，他们的身影，仍经常出现在大江南北的考古现场、大学讲坛和研究所里。用一位考古专家的话来说："用一生时间来做一件事，这是我的追求。"

这是何等美好的事情。

站在南海之滨看世界，一种新文明已从21世纪的海平面上喷薄而出，所有旧的社会规范、思想观念，都将进入更新换代的流程。我们已然明白，仅仅依赖传统历史、族群和文化的类缘关系，社会将无从再往前行，文化也将趋于凝固而衰落。尽管还有一些人为的樊篱存在，企图把中国隔绝在现代潮流之外，但最终也会被历史证明是白费劲的。以"友善、包容、互惠、共生、坚韧"为精魂的海上丝绸之路不会湮灭，它必将回归经贸交流、文化交流、与世界共生共荣、与人类进步相始终的本原，在21世纪再现"涨海声中万国商"的辉煌。

2006年12月，广州、泉州、宁波列入申报世界文化遗产预备名单。2016年9月9日，国家文物局召开海上丝路申报世界文化遗产工作会议，明确泉州、广州、宁波、南京、漳州、莆田、丽水、江门八个城市共31个遗产点，列入首批海上丝路申报世界文化遗产点，阳江市"南海Ⅰ号沉船及沉船点"作为关联点。随着佛山南海区奇石窑、文头岭窑与南海Ⅰ号关系的确认，2022年12月23日，海上丝绸之路保护和联合申报世界文化遗产城市联盟联席会议在广西北海举办，会议审议通过包括佛山在内的新一批城市联盟成员。佛山正式加入海上丝绸之路保护和联合申报世界文化遗产城市联盟。

2019年1月7日阳江市人民政府令第1号公布《阳江市"南海Ⅰ号"古沉船及遗址保护规定》，自2019年3月1日起施行。规定要求："对'南海Ⅰ号'古沉船及遗址进行开发利用，应当以合理、适度、可持续为基本要求。开发利用必须以确保文物安全为前提，禁止做出破坏文物、损害文物、影响文物环境风貌等破坏性利用行为。"

2020年，广东考古界有两件大事与南海Ⅰ号南宋沉船密切相关：5月5日，"广东南海Ⅰ号南宋沉船水下考古发掘项目"入选"2019年度全国十大考古新发现"，这引发行内许多人的感叹：怎么现在才评上？早就该评上了。12月21日，以南海Ⅰ号沉船发掘、保护、展示与研究为主题的广东海上丝绸之路博物馆，晋升为国家一级博物馆。

2021年10月18日，"第三届中国考古学大会"在河南省三门峡市举行。当时正值中国现代考古学百年之际，开幕式上公布了"百年百大考古发现"。广东的"两个南"——南海I号沉船与广州南越国宫署遗址及南越王墓入选。

同年11月，国务院办公厅印发了《"十四五"文物保护和科技创新规划》，南海I号沉船被列入水下考古重大项目。

叠加在南海I号上的光环愈来愈多，它在世界的知名度也愈来愈大。水晶宫每天都有无数慕名而来的参观者，有人惊叹橱窗里那些古代品物的精美，有人好奇地追问：它们值多少钱啊？据说沉船上一件瓷器就价值100万元，文物总价值超过两万亿元。

但文物的价值，又岂是金钱所能够衡量？把它与金钱价值放在同一天平上，已是一种亵渎。那些历尽千生万劫的品物，哪怕只剩下片鳞残甲，依然留存着古代工匠的奇巧慧心与血脉体温，留存着先人点点滴滴的生活信息，为我们在混沌之中寻找自己的来路，燃亮一点星光微火。这才是文物所承载的文化价值意义，值得后人细心观照。英国考古学家惠勒有句名言："考古学家要发掘出古代的人民，而不仅仅是发掘出古代的文物。"

中国与世界，历史与现实，今天与未来，每个人的遭遇际会，都因海上丝绸之路而紧紧相连，休戚共之。人类在不同地区、民族的文化理想，或不尽相同，但山与山是相连的，海与海也是相通的。文化传播的过程，既不会是南橘北枳式的移植，也不可能靠诸力争衡、互摧互压的对抗，谋一己之存，而是一个不断相互交融、相互涵化，在异中以求同，在睽中以见类，并行并育、淬厉成长的过程。

人类的文化生命如悬河之水，注而不竭，健行不息；如众流相汇，相激相荡，持载养育人间万物。这份浩瀚而庄严的文化遗产，既是中国的，也是世界的，它具有吐纳百川于汪洋的气度，无所不涵盖，无处不充贯，世界虽有雷雨之动，中华文化的精神命脉，终可承先启后，贞下起元，在壮阔无垠的蓝天碧海之间，彰显其光辉，日新而后致广大。

壮哉，南海Ｉ号；伟哉，南海Ｉ号。